COURS

DE

PHYSIQUE MATHÉMATIQUE

DE LA

FACULTÉ DES SCIENCES

Par J. BOUSSINESQ

MEMBRE DE L'INSTITUT

PROFESSEUR HONORAIRE DE LA FACULTÉ DES SCIENCES DE L'UNIVERSITÉ DE PARIS

COMPLÉMENTS AU TOME III

CONCILIATION

DU VÉRITABLE DÉTERMINISME MÉCANIQUE AVEC L'EXISTENCE
DE LA VIE ET DE LA LIBERTÉ MORALE

PARIS

GAUTHIER-VILLARS ET Cⁱᵉ, ÉDITEURS

LIBRAIRES DU BUREAU DES LONGITUDES, DE L'ÉCOLE POLYTECHNIQUE

Quai des Grands-Augustins, 55

1922

COURS

DE

PHYSIQUE MATHÉMATIQUE

DE LA

FACULTÉ DES SCIENCES

COMPLÉMENTS AU TOME III

8° R

17543

(4)

PARIS. — IMPRIMERIE GAUTHIER-VILLARS ET Cⁱᵉ,

Quai des Grands-Augustins, 55.

66190-22

COURS

DE

PHYSIQUE MATHÉMATIQUE

DE LA

FACULTÉ DES SCIENCES

Par J. BOUSSINESQ

MEMBRE DE L'INSTITUT
PROFESSEUR HONORAIRE DE LA FACULTÉ DES SCIENCES DE L'UNIVERSITÉ DE PARIS

COMPLÉMENTS AU TOME III

CONCILIATION
DU VÉRITABLE DÉTERMINISME MÉCANIQUE AVEC L'EXISTENCE
DE LA VIE ET DE LA LIBERTÉ MORALE

PARIS

GAUTHIER-VILLARS ET Cⁱᵉ, ÉDITEURS

LIBRAIRES DU BUREAU DES LONGITUDES, DE L'ÉCOLE POLYTECHNIQUE
Quai des Grands-Augustins, 55

1922

Tous droits de traduction, d'adaptation et de reproduction réservés pour tous pays.

TABLE DES MATIÈRES.

I.

COMPLÉMENT A LA DEUXIÈME PARTIE, CONCERNANT LA THÉORIE DE LA LUMIÈRE.

Sur l'existence d'un milieu pondérable qui semble résister beaucoup plus, comme l'éther lumineux impondérable, aux petits glissements mutuels de ses couches qu'à leur rapprochement.

Quoique l'éther impondérable lumineux soit probablement le seul milieu matériel ayant ses atomes assez espacés, pour supprimer les plus fortes répulsions entre eux et les rendre ainsi beaucoup plus résistants aux petits glissements mutuels de leurs couches qu'à la compression de celles-ci, il me semble cependant que certains milieux pondérables *très mous* doivent, mais pour d'autres raisons, posséder une propriété analogue, du moins dans le cas des très petites déformations (ou déformations élastiques). Ce sera, par exemple, un amas de laine non pressée, composée de nombreux filaments plus ou moins courts, s'entre-croisant dans tous les sens. Chaque couche d'un tel amas résiste notablement au glissement, sur elle, des couches voisines parallèles, dont elle entraîne toujours quelque filament enchevêtré à son intérieur et presque moins facile à en dégager qu'à rompre. Au contraire, de médiocres rapprochements ou écartements des couches, n'étendant que modérément les fibres et les faisant surtout fléchir, n'y produiront que des résistances insignifiantes, vu la petitesse de densité admise de la laine.

On observera que, dans un pareil amas, rien ne subsiste des lois de Coulomb sur le frottement, faites pour le glissement mutuel de corps durs à surface plus ou moins polie. Ici, au contraire, le rapport de la composante normale de la pression exercée sur une couche, à sa composante tangentielle, paraît susceptible de recevoir les valeurs les plus petites; ce qui correspondrait à un coefficient de frottement en quelque sorte infini. D'où impossibilité, pour le milieu, de transmettre, avec une *célérité* ou vitesse de propagation sensible, des ondes à vibrations longitudinales. Mais il y a, au contraire, une certaine *élasticité* du milieu, et une célérité finie de transmission, pour les glissements mutuels des couches ou les ondes à vibrations transversales.

II.

COMPLÉMENT A LA TROISIÈME PARTIE DU TOME III,
CONCERNANT SURTOUT LA TENSION SUPERFICIELLE DES LIQUIDES.

Aplatissement suivant l'axe polaire, par la tension superficielle, d'une goutte liquide de révolution et sans pesanteur, possédant une vitesse angulaire donnée ω de rotation autour de cet axe.

I. Parmi les analogies physiques auxquelles pensèrent les théologiens du XIII⁰ siècle pour s'expliquer la sphéricité de la Terre, il y a celle des gouttes de pluie ou de rosée que l'on voit pendre aux feuilles des arbres, gouttes si bien arrondies surtout après s'être détachées pour tomber en chute libre. Ces théologiens sembleraient donc avoir admis, au moins implicitement, la fluidité primitive de notre Globe, comme le firent d'une manière explicite, cinq cents ans plus tard, Newton et ses disciples en recourant à la pesanteur. Or, il peut y avoir un certain intérêt théorique à poursuivre la même analogie des gouttes d'eau, mais d'une manière plus précise que ne l'a fait Plateau, jusque dans la question de l'aplatissement polaire du méridien terrestre, en attribuant à la goutte une rotation initiale et, d'ailleurs, une figure de révolution devenue *permanente;* ce qui fera désormais disparaître de la tension superficielle les termes de *viscosité* et réduira, sous la surface libre de la goutte, l'excédent de la pression intérieure sur la pression extérieure, à la formule ordinaire ou statique (14) de la page 179 du Tome III, formule indiquant pour la pression sous la surface, quand il ne s'en exerce aucune au dehors, le produit du double $2f$ de la tension superficielle du liquide par la *courbure moyenne* de la surface au point considéré, demi-somme des inverses des deux rayons de courbure principaux.

II. Adoptons, dans un plan méridien de la goutte, un demi-axe équatorial, a, comme axe d'abscisses x, et un demi-axe polaire, b, comme axe d'ordonnées y. De plus, pour fixer les idées et simplifier, supposons non volatile et isolée dans l'espace, ou même soustraite à toute action extérieure, notre goutte liquide, dont nous ferons enfin la densité égale à 1. A la face interne de la couche superficielle (de révolution), la pression p, due entièrement à la tension constante f de celle-ci, sera donc le produit de $2f$ par la courbure moyenne de cette couche, courbure ayant, parmi ses expressions connues, la suivante,

$$(1) \qquad \frac{1}{2x}\frac{d}{dx}\left(\frac{xy'}{\sqrt{1+y'^2}}\right),$$

en tous les points (x, y) du demi-méridien situé du côté des x positifs [1].

Comme l'inertie (*force centrifuge*) sera, par unité de volume, $\omega^2 x$, suivant les x positifs, les équations d'Euler exigeront une pression p constante le long de toute parallèle à l'axe des y et croissant avec x, aux divers points tant intérieurs que superficiels du demi-plan méridien en question, comme la fonction primitive de $\omega^2 x$. En appelant ι le rayon de courbure du méridien et, en particulier, ι_0 ce qu'il devient au pôle ($x = 0, y = b$) de la couche superficielle, *ombilic* où l'inverse de ι_0 exprime justement la courbure moyenne (1), $\frac{2f}{\iota_0}$ sera la pression intérieure au pôle; et elle s'accroîtra de $\frac{\omega^2}{2}x^2$ partout ailleurs. Tout le long du demi-méridien à ordonnée y, où p se réduit au produit de $2f$ par (1), il viendra donc après division par f, *comme équation différentielle seconde du méridien*,

$$(2) \qquad \frac{2}{\iota_0}+\frac{\omega^2}{2f}x^2=\frac{1}{x}\frac{d}{dx}\left(x\frac{y'}{\sqrt{1+y'^2}}\right).$$

---

[1] En effet, une des courbures principales en (x, y) est celle même du méridien, $\frac{y''}{(1+y'^2)^{\frac{3}{2}}}$ ou $\frac{d}{dx}\frac{y'}{\sqrt{1+y'^2}}$, inverse du rayon de courbure du méridien. L'autre courbure principale a son centre, comme on sait, à l'intersection de la normale N en (x, y) avec une normale voisine, menée à l'extrémité d'un élément de chemin pris, à partir de (x, y), le long du *cercle parallèle* de rayon x ayant son centre sur l'axe des y. L'intersection dont il s'agit se trouvant justement sur l'axe des y, c'est la normale même N en (x, y), prolongée ainsi jusqu'à l'axe des y, et faisant l'angle à tangente $\left(-\frac{1}{y'}\right)$ avec sa projection x sur le rayon du *parallèle*, qui est le second rayon de courbure principal. Cette projection x de N s'effectue donc sous un angle dont la tangente est $-\frac{1}{y'}$ et, par suite, le cosinus, $\sqrt{\frac{y'^2}{1+y'^2}}$, ou $\frac{y'}{\sqrt{1+y'^2}}$ (car les deux courbures doivent être comptées de même sens quand y' et y'' ont même signe). On a donc

$$x=\frac{Ny'}{\sqrt{1+y'^2}};$$

et la seconde courbure principale a pour expression

$$\frac{1}{N}=\frac{y'}{x\sqrt{1+y'^2}}.$$

En l'ajoutant à la courbure ci-dessus du méridien et prenant la moitié, il vient bien, comme courbure moyenne,

$$\frac{1}{2}\left[\frac{d}{dx}\frac{y'}{\sqrt{1+y'^2}}+\frac{1}{x}\frac{y'}{\sqrt{1+y'^2}}\right]=\frac{1}{2x}\frac{d}{dx}\left(\frac{xy'}{\sqrt{1+y'^2}}\right)$$

Multipliée par $x\,dx$ et intégrée, celle-ci donne, si C désigne la constante arbitraire introduite,

$$(3) \qquad x\,\frac{y'}{\sqrt{1+y'^2}} = \frac{x^2}{\iota_0} + \frac{\omega^2}{8f}x^4 + C.$$

M. Globà-Michaïlenko, qui est, ce semble, le premier géomètre ayant abordé ces sortes de questions, a donné, dans sa thèse de doctorat d'Université ès sciences mathématiques, cette équation (3) [1], et a montré, en la résolvant par rapport à y', puis intégrant une fois de plus, que le méridien est une courbe dont l'ordonnée égale une certaine intégrale hyperelliptique de l'abscisse x, où figure sous le signe $\int$, en dénominateur, un radical carré portant sur un polynome pair du huitième degré. C'est que M. Globa considère une goutte adhérant à un solide tournant qui l'entraîne, cas où la couche superficielle n'a pas de point sur l'axe $x = 0$.

Mais, ici, il y a deux pôles où s'annule, avec x, le premier membre de (3). Et le second membre y donne $C = 0$. Alors, en supprimant partout un facteur x et élevant au carré, il vient :

$$(4) \qquad \frac{y'^2}{1+y'^2} = \frac{x^2}{\iota_0^2}\left(1 + \frac{\omega^2 \iota_0}{8f}x^2\right)^2.$$

Isolons y'^2, puis extrayons la racine carrée *négative* des deux membres, pour nous borner au premier quart du méridien (compris dans l'angle des coordonnées positives) où y', nul au pôle, décroît jusqu'à $-\infty$ en allant vers l'équateur où $x = a$, tandis que y a diminué de b à zéro. En posant finalement, pour abréger,

$$(5) \qquad u = \frac{x^2}{\iota_0^2} \quad (\text{ou} \quad x = \iota_0\sqrt{u}) \quad \text{et} \quad \omega\sqrt{\frac{\iota_0^3}{8f}} = k,$$

nous aurons l'équation cherchée du méridien :

$$(6) \qquad y = b - \frac{\iota_0}{2}\int_0^{\frac{a^2}{\iota_0^2}} \frac{(1 + k^2 u)\,du}{\sqrt{1 - u(1 + k^2 u)^2}}.$$

L'ordonnée s'y exprime par une intégrale elliptique du carré x^2 de l'abscisse.

III. Les deux rayons, équatorial a et polaire b, se détermineront en écrivant que, pour $x = a$, la tangente est parallèle à l'axe des y, ou que la quantité

---

[1] *Voir*, par exemple, sa seconde Thèse, ou thèse pour le doctorat d'État, soutenue à Paris, en 1920 [*Contribution à l'étude des mouvements d'une masse fluide en rotation*; Gauthier-Villars, 1920, p. 23, équation (x)]. Elle a paru aussi au *Journal de Mathématiques pures et appliquées*, année 1920.

placée sous le radical du dénominateur s'annule. On a donc tout à la fois, grâce, finalement, à l'extraction d'une racine carrée positive,

$$(7) \qquad x(1 + k^2 x^2) = 1 \qquad \left(\text{où} \quad x = \frac{a}{\iota_0}\right), \qquad b = \frac{\iota_0}{2} \int_0^{x^2} \frac{(1 + k^2 u)\, du}{\sqrt{1 - u(1 + k^2 u)^2}}.$$

On commencera, ι_0 et k étant censés connus, par évaluer la racine positive x de la première (7); puis la dernière (7) fera connaître b.

La méthode de Cardan donne, pour la racine x, l'expression

$$(8) \qquad x = \sqrt[3]{\frac{1}{2k^2}\left(\sqrt[3]{\gamma + 1} - \sqrt[3]{\gamma - 1}\right)} \qquad \text{où} \qquad \gamma = \sqrt{1 + \frac{4}{27 k^2}}.$$

Mais il nous suffira, ci-après où k^2 sera supposé très petit relativement à l'unité et, par suite, x peu inférieur à 1, de faire dans la première (7)

$$x = 1 - t \ (\text{d'où } x^3 = 1 - 3t),$$

puis de négliger $t k^2$ devant k^2, pour trouver

$$(9) \qquad\qquad t = k^2 \qquad \text{ou} \qquad x = 1 - k^2.$$

D'autre part, pour étudier de plus près la courbe (6), nous remplacerons, au second membre de (6), b par sa valeur (7), qui donnera, comme relation entre y et x, la formule

$$(10) \qquad\qquad y = \frac{\iota_0}{2} \int_{\frac{x^2}{\iota_0^2}}^{x^2} \frac{(1 + k^2 u)\, du}{\sqrt{1 - u(1 + k^2 u)^2}}.$$

IV. Mais, supposant k^2 assez petit, essayons de développer les seconds membres de la dernière (7) et de (10) suivant ses puissances successives. A cet effet, posons, dans (10), $u = v^2$ afin d'avoir, aux deux limites inférieure et supérieure, x et z au lieu de leurs carrés. Il viendra $du = 2v\, dv$ et la relation (10) prendra la forme

$$(11) \qquad\qquad y = \iota_0 \int_{\frac{x}{\iota_0}}^{z} \frac{v(1 + k^2 v^2)\, dv}{\sqrt{1 - v - k^2 v^3}\,\sqrt{1 + v + k^2 v^3}}.$$

Le trinome placé sous le premier radical se dédoublera lui-même en deux facteurs, si l'on y remplace le terme constant 1, d'après la première (7), par $x + k^2 x^3$; car ce trinome devient alors

$$(x - v)\left[1 + k^2(x^2 + xv + v^2)\right].$$

Et la relation (11) pourra s'écrire

$$(12) \qquad y = \iota_0 \int_{\frac{x}{\iota_0}}^{z} \frac{v\, dv}{\sqrt{(x - v)(1 + v)}}$$

$$\times \left[1 + k^2 v^2\right]\left[1 + k^2(x^2 + xv + v^2)\right]^{-\frac{1}{2}}\left[1 + k^2 \frac{v^3}{1 + v}\right]^{-\frac{1}{2}}.$$

Or, sous le signe $\int$, les puissances des expressions entre crochets, à premier terme ι, sont développables, par la formule du binome de Newton, en séries convergentes, procédant suivant k^2, k^4, k^6, ...; après quoi, leur produit l'est de même. On n'aura donc plus à intégrer que des différentielles algébriques ne contenant aucune autre irrationnelle que le radical

$$\sqrt{(\alpha - v)(1 + v)}.$$

Et, en donnant, par exemple, à ce radical, la forme $(\alpha - v)t$, il ne restera à intégrer que des différentielles rationnelles en t.

Bornons-nous au cas où sont négligeables les termes en k^4, k^6, ... et où, par suite, dans les termes en k^2, α se trouve réductible à sa première valeur approchée ι. Il vient alors, par des simplifications immédiates donnant, sous le signe $\int$, le trinome $1 - \dfrac{k^2}{2} - \dfrac{k^2}{2}\dfrac{v}{1+v}$ comme produit des facteurs où figure k^2, et si l'on se contente d'abord de faire $x = 0$ à la limite inférieure,

$$(13) \qquad b = 2v_0\left(1 - \frac{k^2}{2}\right)\int_{\sqrt{\frac{1}{\alpha}}}^{\infty}\frac{(\alpha t^2 - 1)\,dt}{(t^2+1)^2} - v_0\frac{k^2}{2}\int_1^{\infty}\left(\frac{t^2-1}{t^2+1}\right)^2\frac{dt}{t^2}.$$

Ici, la première intégrale donne

$$\left[\alpha\arctan t - \frac{1+\alpha}{2}\left(\frac{t}{t^2+1} + \arctan t\right)\right]_{\sqrt{\frac{1}{\alpha}}}^{\infty}$$

et, toutes réductions faites,

$$\frac{\sqrt{\alpha}}{2} - \frac{1-\alpha}{2}\arctan\sqrt{\alpha} = \frac{1}{2}\left[1 - \frac{k^2}{2} - \frac{\pi}{4}k^2\right] = \frac{1}{2}\left(1 - \frac{2+\pi}{4}k^2\right),$$

le deuxième membre résultant de la substitution de $1 - k^2$ à α.

La première partie du second membre de (13) vaut donc

$$(14) \qquad v_0\left(1 - \frac{k^2}{2}\right)\left(1 - \frac{2+\pi}{4}k^2\right) = v_0\left(1 - \frac{4+\pi}{4}k^2\right).$$

Quant au dernier terme de (13), la fonction sous le signe $\int$ s'y décompose en

$$\frac{1}{t^2} - \frac{1}{(t^2+1)^2},$$

et elle a en tout la fonction primitive

$$(15) \qquad -\frac{1}{t} - \frac{2t}{t^2+1} - 2\arctan t,$$

qui, entre les limites 1, ∞, donne, comme intégrale définie, $2 - \dfrac{\pi}{2}$.

Le dernier terme de (13) sera, par suite,

$$(16) \qquad - \imath_0 \frac{1 - \pi}{4} k^2.$$

En l'ajoutant à (14), il viendra, pour le demi-petit axe du méridien ou demi-axe polaire b, l'expression approchée très simple

$$(17) \qquad b = \imath_0 (1 - 2 k^2) \quad (^1).$$

Comme a, ou $\imath_0 x$, égale $\imath_0 (1 - k^2)$, on déduira immédiatement de là l'expression analogue, encore plus simple, de l'aplatissement $\dfrac{a - b}{a}$ du méridien :

$$(18) \qquad \text{Aplatissement} = k^2.$$

V. Enfin, l'expression (5) de k dépend de la vitesse angulaire ω et du rayon $\imath_0$ de courbure au pôle ou, ce qui revient au même, de la pression intérieure p_0 sous le pôle. Or, ici où la pression est supposée nulle au dehors, ses variations dans l'intérieur se régleront d'après le volume plus ou moins grand, d'ailleurs invariable, de la goutte. *Nous nous donnerons ce volume* par le rayon R qu'elle a *quand sa forme est sphérique*.

Évaluons-le en fonction de ω et de $\imath_0$. L'élément naturel en est (pour le demi-volume) la couche circulaire $\pi x^2 dy$, de base πx^2 perpendiculaire à l'axe des y, et de hauteur dy, intervalle de deux couches élémentaires consécutives, depuis l'équateur $y = o$ jusqu'au pôle $y = b$. Or l'intégrale définie (10), différentiée par rapport à sa limite inférieure, en continuant à y appeler, pour abréger, $\imath_0^2 u$ le carré de x, donne, d'une part, $x^2 = \imath_0^2 u$, et, d'autre part, dy, que l'on prendra ici, comme du, en valeur absolue.

Il vient ainsi

$$dy = \frac{\imath_0}{2} \frac{(1 + k^2 u)\, du}{\sqrt{1 - u(1 + k^2 u)^2}};$$

(¹) Une première rédaction, un peu plus développée qu'ici, de la majeure partie (nᵒˢ I à VI inclusivement) de cette étude sur la forme d'une goutte liquide tournante, avait déjà paru en tête du Volume des *Annales scientifiques de l'École Normale supérieure* pour 1921. Malheureusement, une erreur de calcul, au dernier terme de notre formule (13), qui était marquée (16) dans le Mémoire cité, déparait cette formule et plusieurs des suivantes, non pas tant en viciant les résultats dans de grandes proportions, qu'en détruisant leur simplicité et, par suite, leur élégance. Par exemple, au lieu de donner, comme ici, $\imath_1 = $ R, elle conduisait à poser $\imath_0 = $ 0.9666 R. Cette erreur masquait donc complètement la beauté des formules.

C'est une élève déjà assez ancienne du Cours de Physique mathématique, Mˡˡᵉ Suzanne Jandin, professeur à l'École normale supérieure libre de jeunes filles, de Neuilly, qui a découvert cette erreur et fait ainsi connaître, dans une belle question de Physique, les formules approchées, si élégantes, portant ci-après les nᵒˢ (23) à (27).

d'où, en observant que u variera, du pôle à l'équateur, depuis zéro jusqu'à α^2,

$$(19) \qquad \text{Demi-volume} = \pi \iota_0^2 \int_0^{\alpha^2} u \, \frac{\iota_0}{2} \, \frac{(1 + k^2 u) \, du}{\sqrt{1 - u(1 + k^2 u)^2}}$$

$$= \frac{\pi \iota_0^3}{2} \int_0^{\alpha^2} \frac{u(1 + k^2 u) \, du}{\sqrt{1 - u(1 + k^2 u)^2}}.$$

Le demi-volume étant $\frac{2}{3} \pi R^3$, une multiplication par $\dfrac{3}{2 \pi \iota_0^3}$ dònnera finalement

$$(20) \qquad \left(\frac{R}{\iota_0}\right)^3 = \frac{3}{4} \int_0^{\alpha^2} \frac{u(1 + k^2 u) \, du}{\sqrt{1 - u(1 + k^2 u)^2}}.$$

Les réductions ordinaires des *différentielles polynomes* [1] ramènent cette dernière intégrale à celle dont nous avons fait le calcul approché au nº IV précédent. Elles conduisent, en effet, à la formule de réduction, que vérifient des différentiations immédiates :

$$(21) \qquad \int \frac{u(1 + k^2 u) \, du}{\sqrt{1 - u(1 + k^2 u)^2}} = - \frac{2}{3 k^2} \sqrt{1 - u(1 + k^2 u)^2}$$

$$- \frac{1}{3 k^2} \int \frac{(1 + k^2 u) \, du}{\sqrt{1 - u(1 + k^2 u)^2}}.$$

En évaluant par celle-ci le second membre de l'équation (20), puis tenant compte de la dernière (7), il vient exactement, entre les trois rayons R, ι_0, b, la relation simple

$$(22) \qquad \left(\frac{R}{\iota_0}\right)^3 = \frac{1}{2 k^2} \left(1 - \frac{b}{\iota_0}\right).$$

Cette relation montre que les deux rapports $\dfrac{b}{\iota_0}$, $\dfrac{R}{\iota_0}$ sont dans une étroite dépendance l'un de l'autre et que l'excédent de l'unité sur le premier est, au cube du second, dans le petit rapport $2 k^2$.

Si l'on admet, comme nous le faisons ici presque partout, des valeurs de k^2 assez petites, pour qu'on puisse négliger k^4 en comparaison, la formule approchée (17) de b donnera simplement, dans (22),

$$(23) \qquad \left(\frac{R}{\iota_0}\right)^3 = 1, \qquad \text{ou} \qquad \iota_0 = R.$$

Donc *la goutte, en passant, de sa forme primitive sphérique de repos, à sa forme aplatie par la petite rotation angulaire* ω, *garde sensiblement*

---

[1] *Voir*, par exemple, mon *Cours d'Analyse infinitésimale pour la Mécanique et la Physique*, t. II, fascicule complémentaire, pp. 272 et suiv.

son rayon polaire de courbure R, *qui se trouve être ainsi presque invariable tant que le petit carré* k^2 *a son propre carré* k^4 *négligeable.*

Mais il est clair que le rapport de ι_0 à R ainsi obtenu n'est qu'un *rapport limite*, exact pour $k^2 = 0$ seulement. Lorsque k^2 est très petit, ce rapport prend naturellement la forme $1 + \nu k^2 + \dots$, avec un premier coefficient ν constant, encore inconnu. Et la dernière formule (23) devient

$$(23\,bis) \qquad \iota_0 = R(1 + \nu k^2 + \dots).$$

En attendant qu'une *troisième* approximation du problème, poussée jusqu'aux termes en k^4, ou du moins un procédé indirect plus simple, qui s'offrira à nous, ait déterminé ν, il faudra évidemment garder la constante ι_0, de préférence à R, dans le courant des calculs.

VI. En rapprochant l'expression (17) de b, R($1 - 2k^2$), celle de a, R($1 - k^2$), enfin, celle, (5) de k (p. XI), il vient immédiatement les quatre rapports à très peu près égaux :

$$(24) \qquad \frac{R - a}{R} = \frac{a - b}{R} = \frac{k^2}{1} = \frac{\omega^2 R^3}{8f}.$$

L'égalité des deux premiers montre que le grand axe 2a de la goutte est très sensiblement la moyenne (tant arithmétique que géométrique) du diamètre 2R primitif ou de repos et du petit axe 2b. D'après les troisième et quatrième rapports, la différence $2a - 2b$ des mêmes axes, rapportée au diamètre primitif 2R, a la petite valeur k^2, proportionnelle à R^3 (c'est-à-dire au volume), au carré ω^2 de la vitesse angulaire et à l'inverse de la tension superficielle f.

VII. Évaluons enfin par (13), (14), etc., ou plutôt par les formules dont celles-là sont des spécifications, non plus seulement b, mais l'ordonnée y du premier quart du méridien, qui correspond à une abscisse x quelconque entre zéro et $a = \iota_0 x = \iota_0(1 - k^2)$, abscisse dont nous appellerons v le rapport à ι_0.

La limite inférieure des intégrations en t devient alors $\sqrt{\dfrac{1 + v}{2 - v}}$, ou, à une première approximation, $\sqrt{\dfrac{1 + v}{1 - v}}$. Et l'on obtient, comme premier terme du second membre de la formule (13) appropriée au cas présent, en remplaçant finalement x par $1 - k^2$, ou même par 1 dans tout terme en k^2 :

$$(25) \quad \iota_0(2 - k^2)\left[\frac{1}{2}\sqrt{(1 + v)(2 - v)} - \frac{1 - x}{2}\,\text{arc tang}\,\sqrt{\frac{x - v}{1 + v}}\right]$$
$$= \iota_0\left[\sqrt{(1 + v)(1 - v - k^2)} - \frac{k^2}{2}\sqrt{1 - v^2} - k^2\,\text{arc tang}\,\sqrt{\frac{1 - v}{1 + v}}\right].$$

Quant au dernier terme de (13), tout entier petit, il devient de même

$$(26) \qquad - \iota_0\frac{k^2}{2}\left(\sqrt{\frac{1 - v}{1 + v}} + \sqrt{1 - v^2} - 2\,\text{arc tang}\,\sqrt{\frac{1 - v}{1 + v}}\right).$$

Il vient donc pour la somme des deux termes, où se détruisent les arcs tangente,

$$(27) \qquad y = \iota_0 \left[\sqrt{(1+v)(1-v-k^2)} - \frac{k^2}{2}\left(2\sqrt{1-v^2} + \sqrt{\frac{1-v}{1+v}} \right) \right],$$

formule se réduisant bien à (17) pour $v = 0$ et à zéro pour $v = 1 - k^2$ (ou, dans les termes en k^2, pour $v = 1$).

VIII. Comme il est essentiel à l'applicabilité de notre analyse, que le coefficient k^2 ait de petites valeurs à côté de 1, l'expression (21) de k^2 montre que le produit $\omega^2 R^3$ devra être petit à côté de f, ou que le volume des gouttes, proportionnel à R^3, devra se trouver, *toutes choses égales d'ailleurs*, en raison inverse du carré ω^2 des vitesses angulaires. Notre analyse s'appliquera donc à des gouttes d'autant plus volumineuses que leur rotation sera plus lente. C'est ce qui permettra d'après les deuxième et troisième rapports (24), chez les grosses gouttes, des différences absolues notables entre a et b, sans que la forme générale cesse d'être presque sphérique.

IX. Quelque sensible que soit l'aplatissement polaire k^2, une relation très simple régit, aux divers points du méridien, les rayons ι de courbure.

Portons, d'après (4), dans la formule $\dfrac{d}{dx}\left(\dfrac{y'}{\sqrt{1+y'^2}} \right)$ de $\dfrac{1}{\iota}$ (p. x), la racine carrée négative du second membre de cette équation (4), où y' est négatif pour le premier quart considéré du méridien; et nous aurons, vu la seconde (5), en multipliant par le rayon polaire ι_0 de courbure (soit négatif comme y', soit pris, ainsi que ι, en valeur absolue),

$$(28) \qquad \frac{\iota_0}{\iota} = 1 + 3k^2\frac{x^2}{\iota_0^2} = 1 + 3k^2 u.$$

La courbure du méridien augmente avec u comme on s'y attendait bien, c'est-à-dire en allant du pôle vers l'équateur; et c'est dans le rapport de 1 à $1 + 3k^2 u$. L'accroissement relatif total de la courbure est, à l'équateur, $3k^2a^2$, ou, sensiblement, $3k^2$, dans le cas de faibles aplatissements. La formule (28) et la deuxième (23) donnent donc alors, en appelant ι_e le *rayon de courbure équatorial du méridien*,

$$(28\ bis) \qquad \iota_e = \iota_0(1 - 3k^2).$$

X. Soit (ξ, η) le centre de courbure pour le point quelconque (x, y) du premier quart du méridien. La distance de ces deux points est ι; et la droite qui les joint, normale au méridien en (x, y), a pour coefficient angulaire $-\dfrac{1}{y'}$, tangente de l'angle de cette normale avec le rayon équatorial a, angle qui serait la *latitude géographique* λ en (x, y), si le méridien était un *méridien terrestre*. Or l'équation (10) (p. xii), différentiée par rapport à x en y appelant u la limite inférieure $\frac{x^2}{\iota_0^2}$, donne

$$-\frac{dy}{dx} \quad \text{ou} \quad -y' = -\frac{u(1+k^2u)}{\sqrt{1-u(1+k^2u)^2}},$$

ou, par suite,

$$(29) \qquad \tan\lambda = \frac{\sqrt{1-u(1+k^2u)^2}}{\sqrt{u}(1+k^2u)}, \qquad \cos\lambda = \sqrt{u}(1+k^2u),$$
$$\sin\lambda = \sqrt{1-u(1+k^2u)^2}.$$

Projetons sur les deux axes des x et des y positifs le rayon ι de courbure, compté à partir du centre (ξ, η); et il viendra

$$(30) \qquad x-\xi = \iota\cos\lambda = \frac{\iota_0\sqrt{u}(1+k^2u)}{1+3k^2u},$$
$$y-\eta = \iota\sin\lambda = \frac{\iota_0\sqrt{1-u(1+k^2u)^2}}{1+3k^2u}.$$

En raison des valeurs de x et de y, qui sont $x = \iota_0\sqrt{u}$ et, d'après (10),

$$y = \frac{\iota_0}{2}\int_{\frac{x^2}{\iota_0^2}}^{\alpha^2} \frac{(1+k^2u)\,du}{\sqrt{1-u(1+k^2u)^2}},$$

nous aurons donc, pour les coordonnées ξ, η du centre de courbure, c'est-à-dire du point de la développée du méridien qui correspond au point (x, y) de celui-ci :

$$(31) \quad \xi = \frac{2k^2\iota_0 u\sqrt{u}}{1+3k^2u}, \quad \eta = \frac{\iota_0}{2}\left[\int_u^{\alpha^2} \frac{(1+k^2u)\,du}{\sqrt{1-u(1+k^2u)^2}} - \frac{2\sqrt{1-u(1+k^2u)^2}}{1+3k^2u}\right].$$

La première de ces formules constitue une relation simple entre la courbe et sa développée, *vues en projection sur l'équateur*. Quant à la seconde, elle ne me paraît devenir accessible que lorsque l'on néglige les termes en k^4. En effet, l'équation (21) permet de remplacer, dans la deuxième (31), l'intégrale qui y figure par

$$-3k^2\int_u^{\alpha^2} \frac{u(1+k^2u)\,du}{\sqrt{1-u(1+k^2u)^2}} + 2\sqrt{1-u(1+k^2u)^2};$$

et cette expression de η devient dès lors

$$(32) \quad \eta = 3k^2\iota_0\left[\frac{u\sqrt{1-u(1+k^2u)^2}}{1+3k^2u} - \frac{1}{2}\int_u^{\alpha^2} \frac{u(1+k^2u)\,du}{\sqrt{1-u(1+k^2u)^2}}\right].$$

XI. Comme elle a le facteur k^2 en évidence, on peut, dans son autre facteur, si l'on néglige k^4, faire $\alpha = 1$ et supprimer partout, devant l'unité, k^2u, $3k^2u$.

Il vient alors

$$(33) \qquad \eta = 3k^2 z_0 \left(u\sqrt{1-u} - \frac{1}{2}\int_u^1 \frac{u\,du}{\sqrt{1-u}} \right),$$

ou, après réduction,

$$(34) \qquad \eta = -2k^2 z_0 (1-u)^{\frac{3}{2}},$$

en observant qu'une intégration par parties donne

$$-\frac{1}{2}\int \frac{u\,du}{\sqrt{1-u}} - \int u\,d\sqrt{1-u} = u\sqrt{1-u} - \int \sqrt{1-u}\,du$$
$$= u\sqrt{1-u} + \frac{2}{3}(1-u)^{\frac{3}{2}},$$

et, par suite,

$$-\frac{1}{2}\int_u^1 \frac{u\,du}{\sqrt{1-u}} = -u\sqrt{1-u} - \frac{2}{3}(1-u)^{\frac{3}{2}}.$$

Joignons-y l'expression (31) de ξ, réduite de même à

$$(35) \qquad \xi = 2k^2 z_0 u^{\frac{3}{2}}.$$

XII. On voit que, pour k^2 assez petit, la développée est microscopique, ramassée autour de l'origine. Examinée *à la loupe*, on l'agrandira linéairement dans le rapport de $2k^2 z_0$ à 1, *en prenant comme unité de longueur $2k^2 z_0$* et attribuant, par suite, à (35) et à (34), les formes simplifiées :

$$(36) \qquad \xi = u^{\frac{3}{2}}, \qquad \eta = -(1-u)^{\frac{3}{2}}.$$

La première donne alors $u = \xi^{\frac{2}{3}}$ et l'élimination de u entre elles conduit à l'équation de la développée

$$(37) \qquad \eta = -\left(1 - \xi^{\frac{2}{3}}\right)^{\frac{3}{2}},$$

ou, par l'élévation des deux membres à la puissance $\frac{2}{3}$ et l'isolement final du terme 1 dans le second membre,

$$(38) \qquad \xi^{\frac{2}{3}} + \eta^{\frac{2}{3}} = 1.$$

XIII. On reconnaît, sous cette forme, l'équation classique de la microscopique développée, entourant le centre de son étoile à quatre pointes égales, qui caractérise le cercle, considéré comme limite d'ellipses dont l'aplatissement s'évanouirait.

Et, en effet, pour k^2 très petit, le méridien diffère, ici, aussi peu qu'on veut d'une circonférence, à développée infiniment ramassée ou contractée autour du centre.

XIV. Mais revenons à l'équation approchée du méridien, (27), où v est $\frac{x}{r_0}$ et k^2 défini par (24), pour en dégager une vue nette de cette courbe, comparativement à l'ellipse construite sur les mêmes axes $2a$, $2b$, ou dont l'équation serait

$$(39) \qquad \frac{x^2}{a^2} + \frac{y^2}{b^2} - 1 = 0.$$

A cet effet, nous chercherons les valeurs que reçoit, le long de notre courbe, le premier membre de l'équation (39).

Exprimons-y d'abord le terme en y.

L'inverse de b étant, d'après (17), $\dfrac{1 + 2k^2}{r_0}$, la formule (27) donnera aisément

$$(40) \qquad \frac{y}{b} = \sqrt{(1+v)(1-v-k^2)} + k^2\left(\sqrt{1-v^2} - \frac{1}{2}\sqrt{\frac{1-v}{1+v}}\right).$$

Élevons au carré, en négligeant, au second membre, le carré des termes où figure k^2 : il viendra, par des réductions immédiates,

$$(41) \qquad \frac{y^2}{b^2} = 1 - v^2 - 2k^2v^2.$$

Formons le carré analogue de $\dfrac{x}{a} = v(1+k^2)$. Cela donne

$$\frac{x^2}{a^2} = v^2 + 2k^2v^2,$$

puis, en ajoutant (membre à membre) cette relation à (41),

$$(42) \qquad \frac{x^2}{a^2} + \frac{y^2}{b^2} = 1.$$

Donc le méridien, lieu des points (x, y), se confond avec une ellipse, et *notre goutte liquide tournante est un ellipsoïde de révolution à axes $2a$, $2a$, $2b$*, ayant, par suite, comme volume,

$$\frac{4}{3}\pi a^2 b = \frac{4}{3}\pi r_0^3(1-k^2)^2(1-2k^2) = \frac{4}{3}\pi r_0^3(1-4k^2).$$

Or ce volume égale celui de la figure sphérique de repos $\frac{4}{3}\pi R^3$. La relation, jusqu'ici inconnue, entre r_0 et R, sera par suite

$$(43) \qquad r_0^3(1-4k^2) = R^3, \qquad \text{ou} \qquad r_0 = \left(1 + \frac{4}{3}k^2\right)R.$$

XV. Tel est le procédé simple, annoncé après la formule (23 *bis*), pour déterminer la constante v, qui égale ainsi $\frac{4}{3}$.

Alors l'équation (28) définissant les rayons ι de courbure du méridien devient complètement explicite, c'est-à-dire exprimée au moyen de la donnée immédiate R. Et il en résulte

$$(41) \qquad \frac{\iota}{R} = 1 + 3k^2\left(\frac{4}{9} - \frac{x^2}{R^2}\right).$$

On voit que le rayon de courbure ι du méridien excède R aux latitudes dont le cosinus $\frac{x}{R}$ n'atteint pas $\frac{2}{3}$, c'est-à-dire supérieures à $48°11'\frac{1}{2}$ environ ; mais il est moindre que R dans la large zone équatoriale à latitudes plus basses, zone comprenant la fraction $\frac{\sqrt{5}}{3} = 0,7454$ ou les trois quarts environ de la surface totale de la goutte.

À l'équateur $x = R$, ce rayon de courbure, qu'on peut alors appeler ι_e, devient

$$(45) \qquad \iota_e = R\left(1 - \frac{5}{3}k^2\right).$$

XVI. Dans une première rédaction du présent travail, des erreurs de calcul, commises sur les formules (17), (23), (27), etc., avaient vicié et surtout compliqué les résultats [1], notamment l'équation (42), où le terme constant 1 se trouvait accru d'une partie en k^2, fonction entière du cosinus et du sinus de l'azimut θ du rayon vecteur r, émané de l'origine et aboutissant au point quelconque (x, y) de l'ellipse à axes $2a$, $2b$. Il en résultait que ce rayon r avait besoin, pour joindre la surface de la goutte, d'être prolongé d'une petite quantité $h = k^2 f(\cos\theta, \sin\theta)$, positive ou négative, avec f fonction entière.

Tous les rayons vecteurs r étant sensiblement normaux tant à l'ellipse qu'à la surface liquide, l'allongement h exprimait à très peu près, de chaque côté de l'équateur $y = 0$, l'épaisseur d'une mince couche ou *calotte* recouvrant l'ellipsoïde et occupée par le liquide de la goutte tournante, en sus de l'ellipsoïde même. Il y avait donc lieu d'évaluer le volume des deux calottes, de celle, par exemple, qui était censée s'étendre du pôle $(x = 0, y = b)$ au cercle équatorial $y = 0$, limites où devait ainsi, pour $\theta = 0$ et $\theta = \frac{\pi}{2}$, s'évanouir l'épaisseur h ; et, à cet effet, il convenait de diviser la surface du demi-ellipsoïde correspondant, base concave de la calotte, en zones élémentaires sensiblement sphériques,

$$2\pi R\, dy = 2\pi R\, d(R\sin\theta) = 2\pi R^2 \cos\theta\, d\theta,$$

zones supportant une mince couche liquide d'épaisseur uniforme

$$h = k^2 f(\cos\theta, \sin\theta).$$

---

[1] Voir la note de la page XIV.

Cela donnait, comme recouvrant la zone, un volume élémentaire, produit par h de la zone même.

La somme de tous les volumes analogues, depuis $\theta = o$ jusqu'à $\theta = \dfrac{\pi}{2}$, exprimait donc la petite partie, extérieure à l'ellipsoïde, de la demi-goutte considérée. Et si l'on voulait en avoir l'épaisseur *moyenne*, que j'appelais h_m, il n'y avait qu'à diviser ce volume par la base concave totale, $2\pi R^2$ à très peu près, de la calotte. Il venait donc

$$(46) \qquad h_m = \int_0^{\frac{\pi}{2}} h \cos\theta \, d\theta = k^3 \int_0^{\frac{\pi}{2}} f(\cos\theta, \sin\theta) \cos\theta \, d\theta.$$

Or la quadrature à effectuer ainsi pour chaque terme de h se faisait sans difficulté.

XVII. Mais un calcul exact, aux quantités près de l'ordre de k^3, nous ayant donné $h = o$, cette formule (46) serait inutile, s'il n'y avait pas lieu de songer, quelque jour, à obtenir une approximation plus élevée, portant justement sur les termes en k^3. Or il semble probable qu'à ce moment une calotte analogue soit à considérer, où l'on aurait

$$(47) \qquad h = k^3 f(\cos\theta, \sin\theta)$$

et, par suite, au lieu de (46),

$$(48) \qquad h_m = k^3 \int_0^{\frac{\pi}{2}} f(\cos\theta, \sin\theta) \cos\theta \, d\theta.$$

Par exemple, et pour fixer les idées, réduisons-y la fonction f, qui doit s'annuler aux deux limites $\theta = o$, $\theta = \dfrac{\pi}{2}$, à sa forme la plus simple possible

$$(49) \qquad f = A \cos\theta \sin\theta,$$

avec un coefficient A connu. Il viendrait alors

$$(50) \qquad h_m = A k^3 \int_0^{\frac{\pi}{2}} \cos^2\theta \sin\theta \, d\theta = A \frac{k^3}{3} \left(- \cos^3\theta\right)_0^{\frac{\pi}{2}} = A \frac{k^3}{3},$$

III.

COMPLÉMENT AUX TROIS DERNIÈRES PARTIES DU TOME III, C'EST-A-DIRE AUX APERÇUS DE PHILOSOPHIE NATURELLE, MAIS SURTOUT A LA CINQUIÈME PARTIE, CONCERNANT LE PROBLÈME MÉCANIQUE DES POUVOIRS DIRECTEURS.

Je vais reproduire ici, profondément remanié et complété, le travail étendu inséré dans le Tome de 1878 des *Mémoires de la Société des Sciences, de l'Agriculture et des Arts de Lille*, dont il est question à la page 367 du Tome III de mon Cours, et qu'on peut regarder historiquement comme le point de départ de cette Théorie mécanique des pouvoirs directeurs. Ce qui suit, presque jusqu'à la fin du Volume, est donc, en quelque sorte, une deuxième édition du Mémoire indiqué de 1878. La rédaction n'en est d'ailleurs pas nouvelle. Je l'ai faite tout entière en 1879, sur un exemplaire même du Volume imprimé, ayant ses larges marges remplies de mon écriture serrée, et que je conserve. Il y a peut-être quelque intérêt, vu l'importance de la question, à publier tel quel ce manuscrit; car l'ensemble des exemplaires de la première édition, que possédait la *Société des Sciences*, a disparu, avec toutes les collections de celle-ci, dans l'incendie de l'Hôtel de Ville de Lille, durant l'occupation allemande, après épuisement complet, d'ailleur, de mon tirage à part, depuis de longues années.

Je supprimerai ici toute formule mathématique quand il suffira de renvoyer le lecteur à des pages de la cinquième Partie du Tome III. Grâce à cette suppression et à celle de problèmes spéciaux de Mécanique rationnelle que contenait aussi le Mémoire primitif, je pourrai, sans grossir notablement le Volume, y faire entrer : 1° les parties les plus intéressantes d'une *Étude sur divers points de la Philosophie des Sciences*, imprimée en 1879 dans le même Recueil de la Société des Sciences de Lille (t. VII); 2° un opuscule de la même époque et extrait du même Recueil, *Sur l'impossibilité d'arriver aux notions géométriques par une simple condensation d'un grand nombre de résultats de l'expérience*; 3° trois articles, l'un de moi (*Revue philosophique* d'octobre 1878), les deux autres de Renouvier, mentionnés à la page 367 du Tome III. Enfin, la reproduction de certains de ces travaux déjà anciens nous suggérera quelques applications nouvelles de ce qu'on appelle le *seuil des sensations* à des questions soulevées dans ces derniers temps (Note finale III).

Entrons maintenant en matière.

Conciliation du véritable déterminisme mécanique avec l'existence de la vie et de la liberté morale; par M. J. BOUSSINESQ, professeur à la Faculté des Sciences de Lille.

(Deuxième édition, revue et augmentée, rédigée en 1879.)

AVERTISSEMENT.

Ce Mémoire, dont je donne au public une deuxième édition, n'est pas un travail de Métaphysique, comme le titre qu'il porte; interprété d'une certaine manière, pourrait le faire supposer. C'est simplement une étude physico-mathématique sur une importante question de philosophie naturelle qui préoccupe depuis deux siècles un grand nombre d'esprits.

Que présentent de particulier, pour le Mécanicien géomètre, ces curieux systèmes matériels qu'on appelle des organismes vivants? Si la vie, à ses divers états, est la manifestation d'un principe directeur spécial, comme l'affirme le bon sens, et comme l'admettent Berzélius, Claude Bernard, Cournot, etc., comment ce principe directeur peut-il présider à la formation des organes et influer sur leurs mouvements, sans créer ni détruire aucune énergie, sans disposer même d'aucune force, mécanique, physique ou chimique, évaluable en poids ou par son travail, ainsi que l'ont conclu de leurs expériences les plus grands physiologistes et chimistes contemporains? Telle est la question abordée dans ce Mémoire. J'en indique, et j'en développe pour les cas les plus simples, l'unique solution, constituée par des bifurcations de voies, c'est-à-dire par la multiplicité des intégrales qu'admettent, dans des circonstances singulières, à partir d'un même état initial, les équations différentielles du mouvement de certains systèmes matériels. De pareils cas existent, contrairement à une opinion généralement enseignée, depuis Leibniz, dans les Cours de Mécanique. Le Mémoire actuel a justement pour but principal d'établir ce fait, d'en signaler des exemples simples, et de montrer que le principe de détermination qui doit alors suppléer à l'insuffisance des équations différentielles, n'est pas une force au sens des géomètres, c'est-à-dire n'est pas une cause modifiant les accélérations des points du système.

Une certaine indétermination des intégrales, malgré la détermination complète des accélérations en fonction des situations relatives produites à chaque instant, serait donc le vrai caractère distinctif de la vie, conformément à ce qu'on sait touchant l'instabilité physico-chimique extrême, et inimitable ou caractéristique, des êtres vivants.

L'Analyse ne peut actuellement examiner en détail, de ce point de vue, que des systèmes très simples, infiniment moins complexes que n'est un organisme animé. D'ailleurs, elle se borne à déterminer les conditions mécaniques ou matérielles des phénomènes, à désigner les circonstances dans lesquelles surviennent des bifurcations de voies, sans qu'il lui soit permis, du moins encore, d'aborder le mode même d'intervention, pour chaque cas, du pouvoir directeur préposé à l'évolution des phénomènes vitaux. En d'autres termes, ce n'est que par le dehors que le calcul atteint les faits dont il s'agit : il en fixe simplement les limites, exprime des conditions nécessaires pour qu'ils se produisent.

Cependant, dès ses premiers pas dans la voie nouvelle, il prouve à sa manière et il fait comprendre l'impossibilité pratique de la génération spontanée, ce principe général qui domine toute la physiologie. Persistance en quelque sorte indéfinie (pour des conditions de milieu assez favorables) de la vie *une fois produite*, mais probabilité infiniment faible de première réalisation des circonstances physico-chimiques propres à l'apparition d'êtres vivants, tel est le double fait qui se révèle au géomètre dès l'étude d'un couple d'atomes.

Accessoirement, je suis amené à traiter diverses questions fondamentales, intéressant soit la science proprement dite, soit la philosophie des Mathématiques. Telles sont : l'interprétation de la continuité et de l'asymptotisme dans les applications de l'Analyse aux choses réelles, l'analogie du mécanisme de la vie avec celui d'un mouvement ondulatoire, la dissipation de l'énergie et la réversion des mouvements matériels, le rôle et la légitimité de l'intuition géométrique, l'étude de la notion des forces mécaniques, etc.

Dans cette deuxième édition, j'ai complété ou modifié bien des passages, en vue de rendre mon essai moins indigne de l'accueil bienveillant des géomètres, des naturalistes et des philosophes. Il va sans dire, toutefois, que j'ai respecté le plan et même, en bien des endroits, le texte primitif de l'Ouvrage.

Lille, 1879.

RAPPORT DE M. PAUL JANET A L'ACADÉMIE DES SCIENCES MORALES ET POLITIQUES SUR UN MÉMOIRE DE M. BOUSSINESQ INTITULÉ : *Conciliation du véritable déterminisme mécanique avec l'existence de la vie et de la liberté morale* (¹).

M. Boussinesq, professeur à la Faculté des Sciences de Lille, a adressé à l'Académie un Mémoire manuscrit intitulé : *Conciliation du véritable déterminisme mécanique avec l'existence de la vie et de la liberté morale*. Ce Mémoire étant d'une nature toute spéciale et toute technique, M. le Secrétaire perpétuel a bien voulu me demander d'en faire l'analyse et d'en dégager l'idée principale, ainsi que tout ce qui peut intéresser la philosophie et la morale. Tel est l'objet du rapport que j'ai l'honneur de présenter à l'Académie.

Si je disais que l'auteur du Mémoire a voulu démontrer le libre arbitre par les Mathématiques, je craindrais de jeter bien à tort une prévention défavorable sur un travail qui est d'une nature très sérieuse et n'a rien de commun avec la métaphysique de fantaisie. S'il est généralement déraisonnable de vouloir démontrer par les sciences exactes les vérités morales qui sont d'un autre ordre, il est, au contraire, très légitime de chercher à écarter par les Mathématiques les objections et les difficultés qui peuvent naître des Mathématiques elles-mêmes. Or, si l'on considère que la liberté humaine produit des mouvements dans le monde extérieur, et s'applique même immédiatement aux mouvements de notre propre corps; — puisque le type généralement présenté de l'acte libre est celui-ci : je veux mouvoir mon bras, et je le meus, — si l'on considère, d'un autre côté, que le mouvement est un phénomène soumis à des lois mathématiques, qui sont l'objet d'une science appelé *Mécanique*, on comprendra que la liberté puisse se trouver en conflit avec les lois mathématiques du mouvement, et qu'il puisse naître de la Mécanique des difficultés spéciales que la Mécanique seule puisse lever. Tel est précisément l'objet du Travail de M. Boussinesq.

(¹) Ce Rapport, lu à l'Académie des Sciences morales, le 26 janvier 1878, a été inséré au tome IX (nouvelle série), pages 696 à 719, des *Comptes rendus* de cette Académie (numéro de mai 1878); il y est suivi (pages 721 à 757) de la partie philosophique du Mémoire même.

Nous n'avons pas besoin de dire que nous déclinons toute compétence quant aux théories mathématiques de l'auteur : elles relèvent du jugement des mathématiciens. Mais ce qui est intéressant pour nous est de nous demander, en supposant à ces théories l'exactitude que la haute situation scientifique de l'auteur nous autorise à leur accorder, quel secours la philosophie pourrait en tirer. Pour bien comprendre la question, il nous faut remonter plus haut.

Descartes, en fondant, comme il le dit lui-même, sa physique sur l'idée des perfections divines, était parti de cette pensée que Dieu, étant immuable, a dû mettre dans le monde quelque chose de son immutabilité ; et il en avait conclu qu'il y a une quantité permanente dans l'univers, et que cette quantité est la *quantité de mouvement :* c'est-à-dire que la somme des mouvements qui sont dans l'univers est constante, qu'elle ne peut être ni augmentée, ni diminuée ; d'où il suit que la volonté humaine ne peut pas créer de mouvement ; d'où il suivrait, à ce qu'il semble, que la volonté ne pourrait pas mouvoir de corps, si Descartes ne corrigeait cette conséquence excessive en disant sinon textuellement, au moins en fait, que la volonté, sans avoir la puissance de créer le mouvement, a la puissance de le diriger. Diriger le mouvement, ce n'est pas la même chose que le produire ; ce n'est que le déplacer, c'est en détruire une portion, de telle sorte que le mouvement se reproduise ailleurs, et que la somme reste constante. L'action de la volonté sur le corps et la possibilité des mouvements volontaires étaient donc sauvegardées.

Mais bientôt Leibniz (¹), en modifiant la formule de Descartes, et en creusant plus avant le principe de la conservation d'une certaine quantité dans l'univers, avait dû écarter la distinction précédente entre la production et la direction du mouvement. « Oui, disait-il, il y a une quantité constante dans l'univers ; mais cette quantité n'est pas la quantité de mouvement, c'est la quantité de force. » Tout mouvement résulte d'une force, et l'homme ne peut pas plus produire de force que produire de mouvement. La quantité de force dans l'univers ne peut être ni augmentée, ni diminuée ; d'où il suit que l'homme ne peut pas plus diriger le mouvement que le créer. Car, diriger le mouvement, c'est détourner un mouvement donné d'une direction antérieure ; mais en vertu des lois de l'inertie, le

----

(¹) Voir *Théodicée*, I, 64.

corps ne peut être détourné de sa direction que par une cause : donc il faut une nouvelle force pour détourner le sens du mouvement, pour le diriger. Que l'on ne dise pas : cette force qui dirigera le mouvement, c'est celle de l'âme elle-même. Non; car il ne s'agit pas ici de la force au sens métaphysique et intellectuel, il s'agit d'une force mécanique, évaluable au dynamomètre; ou, si l'on aime mieux considérer le *travail* de la force que la force elle-même, comme les physiciens font souvent aujourd'hui, il s'agit de la quantité mathématique représentée par la formule $\frac{1}{2}MV^2$.

Nul effet sans travail, tel est l'axiome de la Mécanique : c'est cette quantité constante qu'il faut toujours retrouver, sous une forme ou sous une autre, dans toutes les transformations de mouvement. Or, l'âme ne pourrait être considérée comme force qu'à la condition d'être un agent mécanique, d'entrer dans l'engrenage des forces physiques, de n'être elle-même qu'un moment de la transformation universelle de la force dynamique de la nature : c'est cela même que prétend le déterminisme. Quant à savoir si l'âme peut agir autrement, là est précisément la question.

La doctrine de la conservation de la force, établie théoriquement par Leibniz, démontrée mathématiquement par Huygens, est devenue, de nos jours, une vérité expérimentale de premier ordre, par suite de la découverte de la théorie mécanique de la chaleur. Il a été démontré par l'expérience, et toute une science nouvelle s'en est suivie, que « la quantité du travail détruit dans une machine correspond constamment à une quantité de chaleur produite ». En d'autres termes, d'une manière plus générale, « que les frottements, le choc, en un mot, ce que l'on appelle les résistances passives, qui consomment en pure perte, dans les machines, une portion notable du travail moteur, engendrent de la chaleur (¹) ». La chaleur prend donc la place du mouvement; bien plus, elle est elle-même un mouvement et elle est soumise aux lois de la Mécanique. Grâce à elle, toute une portion de la force mécanique de l'univers, que l'on pouvait croire dissipée et perdue, puisqu'elle ne se retrouvait pas en mouvement visible, se retrouve maintenant en mouvements insensibles qui n'agissent sur nos sens qu'en tant que chaleur : le grand principe de la

---

(¹) D'ALMEIDA et BOUTAN, *Traité de Physique* (1867), t. I, Livre II, Chap. IV.

persistance de la force était donc merveilleusement confirmé. D'un autre côté, Lavoisier avait démontré, en fondant la Chimie moderne, que, dans toutes les transformations des corps, la quantité de masse ou de matière reste toujours la même. Ainsi, même quantité de matière, même quantité de force, telle est la double loi fondamentale qui régit l'univers. Le fameux *nihil ex nihilo* n'était plus un axiome métaphysique : il devenait une vérité palpable, accablante, de la science et de l'industrie, fondement de toutes les inductions et de toutes les opérations que nous formons sur la nature.

Ainsi l'univers forme une vaste machine, dont toutes les opérations sont soumises à la Mécanique, dont les mouvements sont déterminés par les mouvements antérieurs : tous, même les mouvements appelés volontaires, sont écrits d'avance d'une manière infaillible, à ce qu'il semble, dans les premiers mouvements qu'a reçus la matière à son origine. Dans ce vaste engrenage, soumis à une fatalité inflexible, que devient la volonté humaine ?

Il semble que nous soyons réduits à ce dilemme : ou la volonté est absolument impuissante, ou elle ne peut agir qu'en faisant partie elle-même du système, c'est-à-dire à titre de force mécanique, aveugle et fatale. Mais alors, c'en est fait de la liberté humaine.

Il y avait cependant une issue, que Leibniz avait aperçue avec une profonde sagacité. Là est l'origine d'une théorie qui a passé pour absolument chimérique, parce qu'on ne faisait pas assez attention aux motifs profonds qui l'avaient suggérée; c'est la doctrine de *l'harmonie préétablie* (¹). Que l'âme ne puisse ni produire le mouvement, ni le diriger, c'est ce qui paraît résulter des considérations précédentes; mais s'il n'y a pas d'action directe, il peut y avoir au moins correspondance. Pourquoi la cause première n'aurait-elle pas calculé la série des mouvements de l'univers, de telle façon qu'à un moment donné, tel mouvement correspondît à telle volition, et réci-

---

(¹) On a cru généralement que l'hypothèse de l'harmonie préétablie n'avait que des raisons métaphysiques; mais sa véritable origine est celle que nous venons d'indiquer, comme on le voit par ce passage de la *Monadologie* : « Descartes a reconnu que les âmes ne peuvent donner de la force aux corps, parce qu'il y a toujours la même quantité de force dans la matière. Cependant, il a cru que l'âme pouvait changer la direction des corps. Mais c'est parce qu'on n'a point su, de son temps, la loi de la nature, qui porte encore la conservation de la même direction totale dans la matière. *S'il l'avait remarqué, il serait tombé dans mon système de l'harmonie préétablie.* » (*Monadologie*, 80.)

proquement? Pourquoi n'aurait-elle pas disposé dans les âmes une loi interne de développement, telle qu'à tels mouvements extérieurs correspondraient d'une manière constante telles et telles sensations? L'acte volontaire serait tout interne et n'aurait besoin d'aucune force mécanique pour agir au dehors. Ce seraient les lois de la Mécanique elles-mêmes qui auraient été prédéterminées pour servir à nos volontés. Dans cette hypothèse, l'absolu mécanisme ne serait pas en contradiction avec la volonté libre. Il est vrai que, dans Leibniz, l'hypothèse de l'harmonie préétablie ne sauvait pas la liberté, parce qu'il admettait encore un déterminisme interne dans les âmes, en outre du déterminisme externe; mais c'est un ordre d'idées dont nous n'avons pas ici à nous occuper.

Ainsi l'harmonie préétablie peut affranchir la liberté des liens de la Mécanique; cela est très soutenable : mais à quel prix! au prix des affirmations les plus exorbitantes, et, en conséquence, les plus étranges. D'abord cette hypothèse contredit non seulement le sens commun, mais encore le sens intime, qui semble bien nous attester de la manière la plus éclatante une action directe de la volonté sur nos organes. De plus, s'il est vrai, comme l'a dit Leibniz, que tout se passe dans les âmes comme s'il n'y avait pas de corps, et que tout se passe dans les corps comme s'il n'y avait pas d'âmes, ne s'ensuit-il pas que tout l'univers des corps pourrait être soudainement détruit sans que nous nous en apercevions. Ainsi, qu'il plaise à Dieu d'anéantir le monde sauf une seule monade, cette monade persisterait à elle toute seule à représenter l'univers tout entier? Mais alors à quoi bon un univers? Et pourquoi supposer qu'il existe autre chose que cette monade unique? Réciproquement, qu'il plaise à Dieu d'anéantir les âmes en laissant subsister les corps, le cours de l'histoire n'en resterait pas moins tel qu'il doit être; et, pour un observateur extérieur, rien n'aurait changé. Voyez-vous ces révolutions, ces guerres, ces grandes entreprises politiques, ces luttes parlementaires, ces grands discours éloquents, voire même ces séances académiques et ces lectures publiques, tout cela accompli par des corps sans âme, par des automates sans vie et sans pensée! Une telle division du monde en deux portions si indépendantes l'une de l'autre, si séparées, si étrangères l'une à l'autre, qu'elles ne peuvent pas s'assurer de leur existence respective, une telle hypothèse, qui ressemble à un somnambulisme universel, est-elle bien préférable au fatalisme lui-même? Et est-ce une garantie bien solide pour la morale, que de la faire reposer sur les conceptions les plus extraordinaires de l'esprit humain ?

Je ne rappellerai pas, pour ne pas trop étendre ces considérations préliminaires, les autres essais de conciliation qui ont été proposés par les métaphysiciens, et, par exemple, la profonde distinction de Kant entre les phénomènes et les nouménes, les premiers seuls soumis au mécanisme, les seconds se confondant pour Kant avec les êtres libres eux-mêmes ; le monde mécanique n'étant que l'apparence, la liberté étant le fond ; le premier, produit par notre sensibilité et notre imagination, la seconde étant notre être même, notre essence même. Mais, laissant de côté les hypothèses métaphysiques, demandons-nous si, du côté de la science elle-même, du côté de la Mécanique, il n'y a pas lieu d'entrevoir la possibilité d'une conciliation.

Un géomètre philosophe, que la science a perdu récemment, M. Cournot, avait émis une pensée importante, et qui aurait pu servir de point de départ au travail que nous avons sous les yeux. Il avait fait remarquer que l'homme peut, par son intelligence, en améliorant et en combinant de mieux en mieux les rouages d'une machine, atténuer indéfiniment la part de travail physique que l'ouvrier directeur de cette machine doit exécuter pour *la mettre en train*, et lui faire ainsi produire un certain effet sous l'impulsion d'une force motrice empruntée à la nature inorganique ; de là, par un procédé de raisonnement familier aux mathématiciens, le procédé infinitésimal, il avait conclu que l'on pouvait concevoir comme possible un cas où ce travail serait rigoureusement nul. Ce serait, par exemple, le cas des machines organisées, des organismes, où la force physique, purement mécanique, serait remplacée par ce que M. Cournot appelle le *pouvoir directeur*, pouvoir qui interviendrait et agirait, dit-il, « non pas à la manière des forces physiques, non en ajoutant son action aux leurs, ou en les neutralisant par une action contraire du même genre, mais en leur imprimant une direction appropriée ». C'était revenir, comme on le voit, au principe de Descartes ; mais peut-être avec cette différence, qu'au lieu d'une direction rigoureusement mécanique, qui avait pu prêter aux objections de Leibniz, il s'agirait ici d'une direction d'un tout autre genre, n'ayant rien de commun avec les forces de la Mécanique.

Cette pensée de M. Cournot, dont l'esprit pénétrant et exigeant est connu de tous les philosophes, a été acceptée et reproduite, sous sa propre responsabilité, par un de nos savants confrères de l'Institut, membre de la Section de Mécanique, M. de Saint-Venant, qui l'année dernière, devant l'Académie des Sciences, fort étonnée et peut-être peu charmée de se trouver inopinément transportée sur le terrain nuageux et flottant de la métaphysique, a lu une note curieuse *sur l'accord de la liberté morale avec les lois de la Mécanique* ([1]). Je dois dire que cette Note de M. de Saint-Venant a eu pour occasion le premier travail de M. Boussinesq, rédigé d'abord sous une forme toute mathématique, et dont il a bien voulu nous réserver le développement philosophique.

Dans la crainte de commettre quelque inexactitude, si facile à un philosophe dans des matières si spéciales, j'emprunte à M. Boussinesq lui-même le résumé qu'il nous donne du travail de M. de Saint-Venant. Celui-ci, dit-il, « réduit, dès l'abord, l'effet mécanique de la volonté à un très petit travail, auquel il donne le nom de *travail décrochant* », parce qu'il le compare à celui de l'ouvrier qui tire le déclic (ou crochet) retenant élevé de plusieurs mètres un mouton destiné à enfoncer des pieux; ou à celui d'un homme qui presse la détente d'une arme chargée. Il montre ensuite qu'un perfectionnement de plus en plus grand des mécanismes permet de réduire indéfiniment ce travail; et il est d'avis que la nature, plus parfaite que l'art, peut bien avoir réussi à l'annuler tout à fait dans les organismes animés.

Le travail décrochant de plus en plus atténué, tel que le décrit M. de Saint-Venant, pouvant devenir nul par l'art de la nature, la volonté pour diriger les mouvements n'aurait donc besoin d'aucun travail mécanique : elle n'aurait à créer aucune force nouvelle; son action, d'une toute autre nature, laisserait intactes les conditions mécaniques exigées par la Science, et la métaphysique aurait sa part sans être obligée de violer les lois de la Physique.

Je dois dire, pour être exact, que la théorie précédente est loin d'avoir satisfait tous les savants. On conteste que, d'un travail mécanique indéfiniment diminué, il soit logique de conclure à la possibilité d'un travail nul; on s'est demandé si l'atténuation progressive du travail *directeur* n'a pas eu pour cause le travail antérieur des ouvriers qui ont fait la machine, de celui qui l'a dessinée, et même

---

([1]) *Comptes rendus de l'Académie des Sciences* (5 mars 1877).

de celui qui l'a conçue; car on ne peut pas supposer sans pétition de principe que l'intelligence et la volonté de l'inventeur ne sont pas elles-mêmes des forces mécaniques, puisque c'est cela même qui est en question.

Cependant, c'est déjà pour la philosophie un point capital, que des savants autorisés aient pu penser qu'il n'est pas contradictoire de supposer des mouvements dirigés par un acte intellectuel, idéal, spirituel, sans aucune addition ni soustraction de forces mécaniques; et, cette pensée fût-elle contestée par d'autres savants, il serait toujours permis aux philosophes de les renvoyer les uns aux autres. Mais on peut faire un pas de plus, et c'est ici qu'intervient le travail de M. Boussinesq, dont il n'a pas encore été question jusqu'ici, mais qu'il nous eût été impossible de comprendre et d'apprécier, si nous n'avions résumé d'abord l'ordre d'idées dans lequel il vient se placer, et où il apporte un élément nouveau, une vue ingénieuse qui peut faire comprendre l'hypothèse de MM. Cournot et de Saint-Venant, en écartant l'apparence de paradoxe qu'on avait cru trouver dans leurs théories.

L'idée de M. Boussinesq consiste à utiliser, au profit de la possibilité de la liberté morale, une théorie bien connue des géomètres sous le nom de *solutions singulières*, et dont un exemple particulier (laissé jusqu'ici dans l'ombre) constitue ce qu'on pourrait appeler le *paradoxe de Poisson* (voir plus loin le n° 42). D'après cette théorie, il y aurait, nous dit M. Boussinesq, des cas d'indétermination mécanique parfaite, c'est-à-dire des cas où un mobile, arrivé à certains points, appelés par l'auteur *points de bifurcation*, pourrait indifféremment prendre deux ou plusieurs directions différentes, tout en satisfaisant, dans l'un comme dans l'autre cas, à l'équation mathématique. Il y aurait des cas où un corps pourrait indifféremment ou rester en repos, ou aller en avant ou en arrière, à gauche ou à droite, sans que l'état précédent déterminât d'une manière nécessaire l'une de ces hypothèses, toutes donnant satisfaction également à tous les principes de la Mécanique; de telle sorte que, pour déterminer l'une de ces hypothèses, nul travail nouveau ne serait nécessaire. On comprend que, dans cette supposition, une action extra-physique, extra-mécanique, pût être l'effet d'un pouvoir directeur. L'auteur compare ingénieusement la volonté à un ingénieur qui, « chargé de construire un canal le long d'une ligne de faite peut, de tous les points de ce *parcours singulier*, distribuer à volonté l'eau du canal dans l'une ou dans l'autre des deux vallées adjacentes, sans avoir à la faire dévier de ses lignes de pente naturelles ».

Il y aurait donc, suivant M. Boussinesq, des cas, dans des conditions à la vérité très spéciales, et qu'il serait *peut-être* aussi difficile de réaliser artificiellement, même les plus simples, que de faire tenir un cône sur sa pointe, mais qui sont théoriquement possibles, il y aurait des cas, dis-je, où l'état initial d'un système ne tracerait pas aux phénomènes des chemins complètement déterminés : ces chemins admettraient des bifurcations nombreuses, qui se reproduiraient même indéfiniment sur tout le tracé du système, et permettraient ainsi l'existence continue d'un pouvoir directeur chargé à chaque instant de déterminer la direction. L'analyse ne peut démontrer ce théorème que dans des cas extrêmement simples, par exemple, dans un système de deux atomes, et dans d'autres systèmes fictifs, infiniment moins compliqués que ne peut être le système d'un organisme vivant. Mais la nature a des ressources que l'art ne connaît pas ; et l'on peut supposer par analogie qu'elle a réalisé, par un calcul transcendant qui ne dépasse pas ses forces, des cas où non pas deux atomes, mais des milliards d'atomes, composés en système et grâce à une préparation préalable, se prêteraient à des milliards de bifurcations. La flexibilité de la vie se concilierait ainsi avec la rigueur des lois mécaniques.

En un mot, ce que nous recueillons de la théorie précédente, c'est que les mathématiques n'excluent pas, et autorisent même à supposer, dans certaines conditions, une sorte d'indétermination, et des possibilités de bifurcation où la chiquenaude, pour décider le mobile dans un sens ou dans l'autre, pourrait être nulle, en tant que force calculable par les procédés scientifiques. Le physicien, le mécanicien qui observeront le résultat retrouveront toujours la quantité permanente dont ils ont besoin. Le pouvoir directeur n'entrera pas dans le calcul, et son action n'aura pas moins été réelle, quoique non évaluable au dynamomètre.

« On sait combien les géomètres du siècle dernier, dit M. Boussinesq, jugèrent surprenantes les intégrales singulières qui s'offrirent à leurs recherches et que l'analyse donnait en réponse à certaines questions de géométrie. Je ne crois pas me tromper en affirmant, d'après ma propre expérience, que le même étonnement se produit, de nos jours encore, chez les esprits réfléchis qui étudient pour la première fois le chapitre de l'Analyse infinitésimale où il en est traité. Cet étonnement a pour cause la propriété, mystérieuse et incontestable, que possèdent les solutions singulières de soustraire à un déterminisme absolu certains accroissements finis de fonctions, alors que les accroissements infiniment petits ou les dérivées de ces fonctions ne cessent pas un instant d'être déterminés de proche en proche sans ambiguïté.

» On trouverait naturel qu'une propriété aussi extraordinaire eût signalé à l'attention les solutions dont il s'agit, dès l'époque de leur découverte, comme propres à représenter ce qu'il y a de spontané, d'extra-physique ou de spécial, dans les phénomènes de la vie. Ne semble-t-il pas qu'elle aurait dû, presque immédiatement, leur faire attribuer surtout pour rôle d'exprimer les conditions géométriques et mécaniques de l'existence, si merveilleuse et vraiment *singulière*, d'êtres doués de conscience, d'activité libre, au sein de l'immense monde inorganique, au milieu d'un réseau de lois paraissant régler toutes les variations infiniment petites des choses?

» Personne, cependant, à ma connaissance, n'avait émis jusqu'à présent cette idée, si simple et, en quelque sorte, inévitable. Quoiqu'on n'ignorât pas que la nature ne laisse guère, sans les réaliser quelque part, des faits analytiques aussi étendus que celui des solutions singulières, aucun géomètre ne paraît avoir cherché quel pourrait être dans le monde visible le domaine propre de ces intégrales, leur champ d'application. Et pourtant, on avait fort bien aperçu, dès le xviiᵉ siècle, le magnifique usage qu'on devait faire des solutions d'équations différentielles dans la représentation des phénomènes qui se transforment avec continuité; puisque l'Analyse infinitésimale existait à peine que déjà l'on assignait toute la nature inorgani que comme domaine aux intégrales générales.

» Les solutions singulières ne seraient probablement pas restées sans application aux mouvements réels, on aurait tout au moins pressenti leur emploi, si les zoologistes s'étaient trouvés plus souvent mathématiciens, ou si les mécaniciens géomètres avaient pensé plus souvent à ce que pourraient bien être, sous le rapport de leur science, ces curieux systèmes matériels qu'on appelle des êtres organisés.

» Je ne connais, continue l'auteur, que Poisson qui ait essayé de tirer parti en Mécanique des solutions singulières. C'est dans son grand Mémoire sur ces intégrales, publié au Tome VI du *Journal de l'École Polytechnique*. Il n'a pas manqué de signaler la difficulté qu'elles font naître au point de vue du déterminisme absolu. Mais, ne pensant nullement aux phénomènes vitaux, il la regarde comme un paradoxe très digne d'exercer la sagacité du géomètre, et qu'il renonce lui-même à éclaircir, non sans y avoir sans doute travaillé » ([1]).

On voit par les citations précédentes, que l'auteur du Mémoire n'explique pas seulement, par les solutions singulières, la liberté morale, mais encore un ordre de faits beaucoup plus étendu, à savoir les faits organiques et vitaux. Il admet très nettement, avec la plupart des grands physiologistes ou chimistes de notre temps, qu'il n'y a pas de force vitale dans le sens propre que l'on a pu attacher à cette expression, c'est-à-dire d'une force spéciale qui ferait contrepoids aux forces physico-chimiques et en neutraliserait l'action, d'une force qui suspendrait les affinités chimiques naturelles ou en substituerait d'une autre nature. Non; suivant les paroles de M. Berthelot, que l'auteur accepte sans restriction, les effets chimiques de la vie sont dus « au jeu des forces chimiques ordinaires, au même titre que les effets physiques et mécaniques de la vie ont lieu suivant le jeu des forces purement physiques et mécaniques. Dans les deux cas, les forces moléculaires mises en œuvre sont les mêmes, car elles donnent lieu aux mêmes effets ». Cependant, ceux-là même, à quelques exceptions près, qui étendent le plus loin le principe précédent, admettent d'une manière plus ou moins vague qu'il y a bien quelque autre chose, qui ne rentre pas dans la formule précédente. Par exemple, Berzélius, tout en niant expressément l'hypothèse d'une force vitale chimique particulière, dit que « le principe inconnu que nous appelons la vie prépare, d'une manière à nous incom-

---

([1]) Voici le passage de Poisson, que l'auteur aurait peut-être dû citer, car il est singulièrement significatif :

« Le mouvement, dans l'espace, d'un corps soumis à l'action d'une force donnée, et partant d'une position et d'une vitesse aussi données, doit être absolument déterminé. C'est donc une sorte de *paradoxe*, que les équations différentielles dont le mouvement dépend puissent être satisfaites par plusieurs équations. » (POISSON, *Journal de l'École Polytechnique*, t. VI, p. 106.)

préhensible, des conditions variées qui servent au développement de l'affinité des éléments ». M. Claude Bernard entend quelque chose d'analogue lorsqu'il parle de « *forces directrices* qui sont morphologiquement vitales, tandis que les forces exécutives sont les mêmes que dans les corps bruts », ou encore lorsqu'il dit : « Les phénomènes semblent dirigés par quelques conditions invisibles dans la route qu'ils suivent, dans l'ordre qui les enchaîne.... C'est cette puissance ou propriété évolutive qui constituerait le *quid proprium* de la vie. »

« Mon explication, dit maintenant l'auteur de notre Mémoire, vient éclaircir la manière de voir de Berzélius et de Claude Bernard, qui, tenant avec juste raison à ne sacrifier aucun des principes établis par l'expérience, même quand on ne parvient pas nettement à les concilier entre eux, ont admis, dans les phénomènes matériels de la vie, l'intervention d'un pouvoir directeur distinct, sans lequel les forces physico-chimiques pourraient bien produire, dans des circonstances convenables, les principes immédiats qui sont les matériaux de l'organisme, mais ne réussiraient pas à les grouper en cellules et en organes de formes déterminées. »

« La présence ou l'absence de solutions singulières et de la flexibilité qu'elles permettent dans l'enchaînement des faits, continue l'auteur, paraît fournir un caractère géométrique propre à distinguer les mouvements essentiellement vitaux, ceux surtout qui sont volontaires, des mouvements accomplis sous l'empire exclusif des lois physiques. Un être animé serait, par conséquent, celui dont les équations de mouvement admettraient des intégrales singulières, provoquant, à des intervalles très rapprochés ou même d'une manière continue, par l'indétermination qu'elles feraient naître, l'intervention d'un principe directeur spécial. Ce principe, bien différent du principe vital des anciennes écoles, n'aurait à son service aucune force mécanique qui lui permît de lutter contre celles qu'il trouverait dans le monde ; il profiterait seulement de leur insuffisance, dans les cas singuliers considérés ici, pour influer sur la suite des phénomènes. Inconscient au début de l'existence individuelle, et même toujours en ce qui concerne la vie végétative, mais d'autant plus docile à une loi supérieure ou extra-physique qui nous est encore inconnue, il réaliserait à sa manière, dans chaque animal et dans chaque plante, un type spécifique héréditairement transmis, en employant à cet effet des matériaux communs empruntés au milieu minéral ou à d'autres organismes. Parvenu ensuite, chez l'homme et les animaux supérieurs, à un degré assez avancé de développement, et après avoir acquis des organes suffisamment délicats, c'est-à-dire un système nerveux, il deviendrait sensible à certains rapports de ces organes avec le reste de son corps et avec le monde extérieur, s'éveillerait sous leur choc mutuel et apprendrait dès lors à diriger sciemment la force physique pour la faire servir à l'accomplissement de desseins prémédités.

» Le jeu habituellement trop étroit des lois du mouvement l'empêcherait d'ailleurs de se manifester dans d'autres cas, c'est-à-dire chez les corps privés de vie : en sorte qu'il n'y aurait dans sa manière d'apparaître rien d'irrégulier, rien de fortuit. Tout en agissant avec le caractère de conscience ou d'inconscience, de liberté ou de nécessité, qu'il présente chez les divers êtres vivants, il entrerait en exercice, comme les forces physico-chimiques elles-mêmes, dès que l'occasion lui en serait offerte ou que certaines conditions déterminées se trouveraient réalisées. Je n'ai pas besoin de faire observer que l'existence de ces conditions n'aurait nullement pour effet de dicter à la volonté son choix : leur réalisation la mettrait, au contraire, en pleine possession d'elle-même, en état de s'abstenir ou d'agir à sa guise. »

On se rend compte maintenant, parfaitement, je crois, à l'aide de ces citations, de la pensée fondamentale de M. Boussinesq. Je regrette que mon incompétence dans les Sciences mathématiques, ainsi que le caractère des travaux de notre Académie, ne nous permettent pas de suivre, dans les démonstrations qu'il en donne, le développement de son principe. Contentons-nous de dire qu'il résume les phénomènes en deux classes : « L'une comprendra ceux où les lois mécaniques exprimées par les équations différentielles détermineront à elles seules la suite des états par lesquels passera le système, et où, par conséquent, les forces physico-chimiques ne laisseront aucun rôle disponible à des causes d'une autre nature. Dans la seconde classe se rangeront, au contraire, les mouvements dont les équations admettront des intégrales singulières, et dans lesquels il faudra qu'une cause distincte des forces physico-chimiques intervienne, de temps en temps ou d'une manière continue, sans d'ailleurs apporter aucune part d'action mécanique, mais simplement pour diriger le système à chaque bifurcation qui se présentera. »

Après avoir cité la conclusion de l'auteur, il nous reste à conclure, notre tour, et à résumer ce que la philosophie peut extraire d'intéressant pour elle dans le travail que nous venons d'analyser.

Sans aucun doute, personne de nous ne le contestera, plutôt que de sacrifier la liberté morale au mécanisme mathématique, ou encore plutôt que d'admettre une contradiction absolue entre l'ordre moral et l'ordre physique; en un mot, plutôt que de sacrifier ou la morale d'une part, ou la logique de l'autre, on se déciderait à admettre les hypothèses métaphysiques les plus contraires au sens commun. Mieux vaut mille fois l'harmonie préétablie de Leibniz, l'idéalisme transcendental de Kant, que le fatalisme ou une antinomie insoluble. Mais il est évident aussi qu'il serait plus simple et plus satisfaisant pour l'esprit, de trouver une conciliation qui s'accorderait avec le sens commun, et qui ne nous forcerait à nier ni l'action de l'âme sur le corps, ni la réalité du monde extérieur. Or c'est ce qui se pourrait, si l'on établissait que la Science elle-même n'exclut pas une certaine indétermination phénoménale; en un mot, qu'elle n'exclut pas, malgré la rigueur des lois mécaniques, un certain contingent dans les phénomènes.

C'est ce que le bon sens instinctif de Voltaire semble avoir pressenti, malgré les inexactitudes manifestes de son langage, dans une Note remarquable du *Poème sur le tremblement de terre de Lisbonne.* Il combat la doctrine de la chaîne des êtres et des événements, développée par Pope en vers magnifiques dans son poème sur l'homme.

« Tous les corps, dit Voltaire, ne sont pas nécessaires à l'ordre et à la conservation de l'univers; et tous les événements ne sont pas essentiels à la série des événements. Une goutte d'eau, un grain de sable de plus ou de moins ne peuvent rien changer à la constitution générale. La nature n'est asservie ni à aucune quantité précise, ni à aucune forme précise. Nulle planète ne se meut dans une courbe absolument régulière; nul être connu n'est d'une figure précisément mathématique; nulle quantité précise n'est requise pour nulle opération.... Il y a des événements qui ont des effets et d'autres qui n'en ont pas.... Dans toute machine, il y a des effets nécessaires au mouvement et d'autres indifférents, qui sont la suite des premiers et qui ne produisent rien: Les roues d'un carrosse servent à le faire marcher; mais, qu'elles fassent voler un peu plus ou un peu moins de poussière, le voyage se fait également.... On ne peut donc assurer que l'homme soit nécessairement placé dans un des chaînons attachés l'un à l'autre par une suite non interrompue. Tout est enchaîné ne veut dire autre chose, sinon : tout est arrangé. Dieu est la cause et le maître de cet arrangement. Le Jupiter d'Homère était l'esclave des destins; mais, dans une philosophie plus épurée, Dieu est le maître des destins. »

Il est évident qu'il ne faut pas prendre au pied de la lettre les assertions précédentes; autrement, comme l'a montré J.-J. Rousseau dans une réponse savante et d'une dialectique serrée à la Note précédente, le lien de la cause et de l'effet serait rompu à chaque pas; et la prévision de l'avenir serait impossible. Bien loin de dire que la nature n'est asservie à aucune quantité précise, il faut dire que, plus on pénètre dans les dernières profondeurs de la nature, plus on trouve qu'elle est asservie à des quantités précises. Mais, si vous écartez ces inexactitudes évidentes et ces à peu près qui sont le propre du sens commun, il reste une vérité profonde : il y a du contingent dans la nature; autrement, c'en serait fait de la liberté humaine.

L'auteur d'une thèse très distinguée de la Faculté des Lettres, *Sur la contingence dans les lois de la nature*, présentée avec éloges à l'Académie par notre confrère, M. Caro, s'est précisément proposé de démontrer d'une manière philosophique et sévère ce que Voltaire avait exprimé sous forme populaire et familière, et par conséquent sans précision, c'est-à-dire qu'il y a du contingent dans la nature. Il s'est efforcé de prouver que l'on chercherait vainement à conserver la liberté humaine, tant qu'on accepterait comme démontré que l'univers physique dont notre corps fait partie est régi absolument et sans exception par des lois mathématiques. Il a donc soutenu cette doctrine, que les mathématiques n'expriment que la résultante abstraite de tous les phénomènes naturels; que le réel proprement dit, en tant que réel, est contingent et indéterminé; que les lois mathématiques ne sont que des approximations, des moyennes représentant en gros les phénomènes; mais que, partout où il y a du concret, fût-ce dans le dernier atome de matière, il y a oscillation entre deux états possibles, une alternative qui ne peut être décidée que par la liberté suprême. L'auteur de cette thèse admettait donc, rigoureusement et philosophiquement, ce qui semble dans Voltaire un simple préjugé du bon sens, à savoir, que « la nature n'est assujettie à aucune quantité précise, et que Dieu est le maître des destins ».

L'auteur de cette thèse remarquable (¹), dont toutes les considérations précédentes font maintenant ressortir la portée, trop dissimulée, il faut le dire, aux yeux du lecteur, par la forme abstraite et obscure d'une exposition trop concise et d'une langue trop sybillique, cet auteur cependant avait serré la question de plus près qu'on n'avait fait encore; car il rendait évident que l'envahissement de la Mécanique, que l'on ne peut empêcher aujourd'hui de pénétrer presque dans l'empire des êtres vivants et jusque dans les phénomènes de la motilité volontaire, ne laissait d'autre issue aux défenseurs du libre arbitre que l'harmonie préétablie ou l'idéalisme de Kant, à moins qu'on ne consente à admettre hardiment que tout est contingent, que les lois de la nature ne sont que des à peu près, et que la matière phénoménale est un monde de fluctuation, qui n'est réglé que dans des directions générales et à un point de vue purement abstrait. Mais cette conception elle-même n'aurait-elle pas de graves inconvénients? Comment dire que les lois de la nature ne sont qu'approximatives, lorsque nous voyons que, plus on écarte les causes d'erreur, plus elles s'appliquent avec rigueur et précision; d'où il semble bien résulter que leur inexactitude vient de notre faute et non de celle de la nature? Dire que les lois ne sont que des à peu près, n'est-ce pas dire qu'il n'y a pas de lois, et n'échapperait-on pas au fatalisme pour tomber dans le positivisme? Ensuite, le contingent n'est-il pas bien près du fortuit et, pour échapper à la causalité stricte, n'est-on pas certain de tomber dans le hasard?

C'est ici que le travail de M. Boussinesq viendrait au secours de celui de M. Boutroux et, tout en en justifiant la pensée fondamentale, la restreindre dans de justes limites, et l'exprimer dans des termes précis qui la rendraient beaucoup plus vraisemblable. S'il pouvait être vrai, ce dont les mathématiciens peuvent seuls juger, qu'il y a une sorte d'indétermination qui laisse intacte l'application la plus rigoureuse possible des lois mécaniques, peut-être trouverait-on là une conciliation plus satisfaisante entre les deux lois fondamentales de notre esprit : la loi de causalité efficiente, qui veut que tout s'explique par ce qui précède, et qu'il n'y ait pas plus dans l'effet que dans la cause; et la loi de finalité ou de progrès, qui veut que

---

(¹) M. Boutroux.

nous ajoutions sans cesse, à ce qui précède, quelque chose de nouveau qui n'y est pas implicitement contenu. Le monde physique soumis à la première loi, sans cesser d'être jamais le domaine de la quantité constante, pourrait, grâce à la flexibilité indiquée par le savant auteur de notre Mémoire, devenir l'expression du monde idéal où règne une autre loi. Il y aurait une véritable harmonie préétablie entre les deux mondes, ou plutôt une pénétration de l'un dans l'autre, sans que jamais le savant eût le droit de protester, ses équations différentielles étant toujours satisfaites, et l'idée active qui constitue l'âme étant d'une nature trop élevée au-dessus de la force pour avoir besoin d'entrer dans le calcul.

Conciliation du véritable déterminisme mécanique avec l'existence de la vie et de la liberté morale. — AVANT-PROPOS : *Accord de la théorie exposée dans ce Mémoire avec l'opinion la plus accréditée relativement à la nature des phénomènes vitaux.*

Quelques géomètres ont paru surpris de l'idée fondamentale de ce Mémoire, telle que l'a fait connaître un premier résumé, très succinct, inséré a . *Compte rendu* de la séance du 19 février 1877 de l'Académie des Sciences de Paris (t. LXXXIV, p. 362). Je crois donc utile de montrer ici que cette idée fondamentale, consistant à expliquer ce qu'il y a de spécial dans les phénomènes matériels de la vie par la supposition d'une indétermination mécanique parfaite chez tous les êtres vivants, ou par des solutions singulières, lieux de réunion et de bifurcation des intégrales qu'admettraient les équations de mouvement d'un organisme animé, est d'accord avec l'opinion des plus illustres naturalistes et chimistes au sujet de la nature des fonctions vitales; qu'elle constitue même, à proprement parler, la seule forme mathématique sous laquelle on puisse systématiser cette opinion, de manière à lui donner un corps, à en faire une doctrine précise.

Et d'abord, je ne pense pas qu'aucun des physiologistes ou chimistes contemporains qui font autorité admette l'existence d'actions vitales particulières, évaluables à la manière des forces physico-chimiques, ou qui, venant *se composer* avec celles-ci, produiraient, à l'intérieur d'un organisme en vie, des accélérations et des réactions chimiques différentes de celles que pourraient présenter, aux mêmes instants, d'autres systèmes matériels formés d'atomes exactement pareils, groupés de la même manière et animés d'égales vitesses. Je me contenterai de recueillir, à ce sujet, les témoignages d'Alexandre de Humboldt et de Berzélius, parmi les morts, ceux de MM. Claude Bernard (¹) et Berthelot, parmi les vivants.

Alexandre de Humboldt, après avoir cru quelque temps à l'existence d'une force vitale opposée aux affinités chimiques et capable de suspendre l'action de celles-ci dans tout organisme animé, a renoncé à cette opinion. C'est ce qu'on peut voir, par exemple, dans les *Tableaux de la nature* (traduction de M. Galuski, Paris, 1868), à l'addition qui complète ou plutôt corrige le Livre VI (p. 649) : « Depuis, dit-il, la réflexion et des études constantes dans le domaine de la Physiologie et de la Chimie ont profondément ébranlé mon ancienne croyance à des forces vitales distinctes.... J'appelle animées les substances dont les parties, séparées arbitrairement les unes des autres, s'altèrent, tout en restant dans les mêmes conditions extérieures qu'auparavant.... Les organes se déterminent l'un l'autre; ils se donnent réciproquement la température et la disposition particulière dans lesquelles certaines affinités s'exercent exclusivement à toutes les autres. Ainsi, dans un organisme, tout devient but et moyen.... Ce qui rend surtout difficile de ramener, d'une manière satisfaisante, les phénomènes vitaux de l'organisme à des lois physiques et chimiques, de même à peu près que de prédire les changements météorologiques qui s'accomplissent dans l'océan aérien, c'est la complication des phénomènes, la multiplicité des forces qui agissent simultanément et les conditions de leur activité.

» Je suis resté fidèle, dans le *Cosmos*, à la même méthode : j'ai présenté les mêmes considérations sur les forces et les affinités vitales, au sujet desquelles on peut consulter le Mémoire de Pulteney, dans les *Travaux de la Société royale d'Édimbourg* (t. XVI, p. 305), sur l'impulsion créatrice et sur le principe actif de l'organisation.... La description physique du monde doit rappeler que les matériaux dont est formé le tissu des animaux et des plantes se retrouvent dans l'écorce inorganique de la terre. Elle doit montrer ces êtres soumis aux mêmes lois qui régissent les corps bruts, et

---

(¹) Rien ne pouvait faire présager la perte, si regrettable pour la Science et le pays, de l'éminent physiologiste, quand je rédigeai cet Avant-Propos (en juin 1877) après avoir terminé le Mémoire.

signaler, dans les combinaisons ou les décompositions de la matière, l'action des mêmes agents qui donnent aux tissus leur forme et leur fluidité. Seulement, ces forces agissent alors sous des conditions mal observées jusqu'à ce jour, que l'on désigne sous le nom vague de phénomènes vitaux, et que l'on a groupées systématiquement d'après des analogies plus ou moins réelles. »

Voici maintenant l'opinion de Berzélius, telle qu'elle est reproduite et acceptée par M. Becquerel, aux pages 21 et 22 d'une étude *Sur l'intervention des forces physico-chimiques dans les phénomènes de nutrition* (*Mémoire de l'Académie des Sciences de Paris*, t. XL, 1876). « Dans la nature vivante, il se manifeste, sans doute, des phénomènes physiques et chimiques tellement différents de ceux de la nature inorganique, qu'on pourrait se croire autorisé à admettre une force vitale chimique; mais, en examinant les choses de plus près, nous reconnaîtrons facilement les effets des forces naturelles ordinaires, placées sous l'influence d'une multitude de conditions différentes qui ne se présentent que très rarement et dont la plupart ne s'offrent jamais dans la nature inorganique.... Le principe inconnu que nous appelons la vie prépare, d'une manière à nous incompréhensible, des conditions infiniment variées, qui servent au développement de l'affinité des éléments et déterminent l'accession des éléments du dehors, la formation de combinaisons nouvelles très variées... (*Traité de Chimie*, par Berzélius, t. V, p. 4). »

Des idées analogues, mais plus développées et plus explicites, sont présentées par M. Claude Bernard, à la page 223 de son *Rapport sur la marche et les progrès de la Physiologie générale en France* (1867). « Il n'y a, dit-il, en réalité, qu'une physique, qu'une chimie et qu'une mécanique générales, dans lesquelles rentrent toutes les manifestations phénoménales de la nature, aussi bien celles des corps vivants que celles des corps bruts. Il n'apparaît pas, en un mot, dans l'être vivant, un seul phénomène qui ne retrouve ses lois en dehors de lui. De sorte qu'on pourrait dire que toutes les manifestations de la vie se composent de phénomènes empruntés, quant à leur nature, au monde cosmique extérieur, mais seulement manifestés sous des formes ou dans des arrangements particuliers à la matière organisée, et à l'aide d'instruments physiologiques spéciaux.... Je pourrais encore exprimer l'idée qui précède.

en disant que, dans les corps vivants, les *forces directrices* ou *évolutives* sont morphologiquement vitales, tandis que leurs *forces exécutives* sont les mêmes que dans les corps bruts. Ainsi, un os se fait à l'aide de substances chimiques que le chimiste pourra reproduire; mais il ne fera pas l'os avec sa forme spécifique, ni avec son arrangement caractéristique. La morphologie organique caractérise donc l'être vivant; mais cette loi morphologique, qui donne naissance à la matière organisée, est servie, cependant, par les forces physico-chimiques générales. »

Plus loin, dans une note de la page 233, l'illustre physiologiste ajoute : « Les sciences modernes, en admettant le déterminisme, en font la condition même de la liberté, ce qui distingue radicalement le déterminisme du fatalisme. En effet, l'acte libre ne peut exister que dans la période directrice du phénomène; mais, une fois dans la période exécutive, le déterminisme doit être absolu, pour que la liberté en découle nécessairement. »

Enfin, M. Berthelot, dans la conclusion de son *Traité de Chimie organique fondée sur la synthèse* (t. II, p. 807), dit à son tour : « Ce que la Chimie ne peut faire dans l'ordre de l'organisation, elle peut l'entreprendre pour la fabrication des substances renfermées dans les êtres vivants. Si la structure même des végétaux et des animaux échappe à ses applications, au contraire, elle a le droit de prétendre à former les principes immédiats, c'est-à-dire les matériaux chimiques, qui constituent les organes, indépendamment de la structure spéciale en fibres et en cellules que ces matériaux affectent dans les animaux et dans les végétaux.... Par le fait de cette formation et par l'imitation des mécanismes qui y président dans les végétaux et les animaux, on peut établir, contrairement aux opinions anciennes, que les effets chimiques de la vie sont dus au jeu des forces chimiques ordinaires, au même titre que les effets physiques et mécaniques de la vie ont lieu suivant le jeu des forces purement physiques et mécaniques. Dans les deux cas, les forces moléculaires mises en œuvre sont les mêmes, car elles donnent lieu aux mêmes effets.... »

On voit que l'opinion d'après laquelle il n'existe pas de force vitale proprement dite, en entendant le mot force au sens des mécaniciens, des physiciens et des chimistes, a pour elle les plus grands noms de la Science. Or cette opinion, traduite dans le langage des géomètres, revient à admettre que l'accélération actuelle de chaque

atome d'un organisme animé est une fonction parfaitement déterminée de sa situation par rapport aux autres atomes existants, qu'elle
est sous la dépendance de cette situation, de la manière précise qui
résulte des lois physico-chimiques. En d'autres termes, les mêmes
équations différentielles régissent les mouvements d'atomes en présence, soit que ces atomes constituent un organisme vivant, soit
qu'ils forment un corps brut.

MM. Du Bois-Reymond, Huxley, etc., ont conclu de là que les
forces physico-chimiques règlent à elles seules toute la série des
mouvements dans les êtres animés, et qu'il est impossible de faire de
la vie une cause à part, capable d'influer sur la suite des phénomènes
visibles. Je montre, dans cette étude, comment les bifurcations
d'intégrales des équations différentielles du mouvement, et notamment les solutions singulières, lieux de telles bifurcations, fournissent l'unique moyen, qui existe, d'échapper à une conséquence
aussi opposée au bon sens en général, et aux données de l'observation psychologique en ce qui concerne spécialement les mouvements volontaires. Mon explication vient donc éclaircir la manière
de voir de Berzélius et de M. Claude Bernard qui, tenant avec juste
raison à ne sacrifier aucun des principes établis par l'expérience,
même quand on ne parvient pas nettement à les concilier entre eux,
ont admis, dans les phénomènes matériels de la vie, l'intervention
d'un *pouvoir directeur* distinct, sans lequel les forces physico-chimiques pourraient bien produire, dans des circonstances convenables, les principes immédiats qui sont les matériaux de l'organisme,
mais ne réussiraient pas à les grouper en cellules et en organes de
formes déterminées.

Deux géomètres français contemporains, à ma connaissance,
M. Cournot et M. de Saint-Venant, se sont occupés des mêmes
questions. En outre, M. l'ingénieur en chef Philippe Breton se les
est posées à un point de vue particulier, très original, que j'apprécie
plus loin (n° 26).

M. de Saint-Venant a publié, dans les *Comptes rendus* de l'Académie des Sciences (t. LXXXIV, p. 419, 5 mars 1877), un article
intitulé *Accord des lois de la Mécanique avec la liberté de
l'homme dans son action sur la matière* (*). L'éminent Acadé-

___

(*) *Voir* aussi le même article, avec une petite Note complémentaire, dans le
journal les *Mondes* de M. l'abbé Moigno (numéro du 22 mars 1877).

micien y réduit, dès l'abord, l'effet mécanique de la volonté à un très petit travail, auquel il donne le nom de *travail décrochant*, parce qu'il le compare à celui de l'ouvrier qui tire le déclic retenant élevé de plusieurs mètres un mouton destiné à enfoncer des pieux, ou à celui d'un homme qui presse la détente d'une arme chargée. Il montre ensuite qu'un perfectionnement de plus en plus grand des mécanismes permet de réduire indéfiniment ce travail; et il est d'avis que la nature, plus parfaite que l'art, peut bien avoir réussi à l'annuler tout à fait dans les organismes animés. Au fond, si l'on tient compte des affinités naturelles des idées, ou de notre répugnance à croire que des forces vitales, dynamométriquement mesurables, existeraient sans jamais produire aucun travail, cette opinion de M. de Saint-Venant revient à celle de M. Claude Bernard, qui admet l'influence d'un principe directeur, tout en lui refusant le pouvoir de créer aucune force mécanique, c'est-à-dire de modifier, en quoi que ce soit, les équations différentielles du mouvement.

M. Cournot, dès l'année 1861, avait développé, sur le même sujet, de profondes réflexions, dont M. de Saint-Venant et moi n'avons eu connaissance qu'après nos publications de mars et avril 1877 (¹). C'est au Livre III, Chapitre IV (t. I, p. 364), de son beau *Traité de l'enchaînement des idées fondamentales dans les sciences et dans l'histoire*. Il y dit d'abord, comme A. de Humboldt et Berzélius, que « le propre de la vie est d'établir entre les parties de l'être vivant une solidarité, un *consensus* de réactions harmoniques, qui mettent en jeu des forces physiques destinées à rester latentes et inefficaces sans l'influence de ce principe d'unité harmonique, de direction commune et d'homogénéité ».

Il donne ensuite, pour faire comprendre, par des comparaisons, le mode d'action du principe vivifiant dont il parle, l'exemple d'une armée bien organisée, où le chef suprême remplit un rôle analogue, l'exemple d'un navire, que dirigent les manœuvres de l'équipage pendant que le vent fournit la force motrice, etc. Enfin, il montre la possibilité d'atténuer indéfiniment, en améliorant et combinant de mieux en mieux les rouages, la part de travail physique que doit dépenser l'ouvrier chargé de diriger une machine, notamment pour

---

(¹) J'ai publié, en effet, une première rédaction, très succincte, du Mémoire actuel, dans le même numéro des *Mondes* qui contient l'article de M. de Saint-Venant, et une autre rédaction, un peu augmentée, dans la *Revue scientifique* du 14 avril 1877.

la mettre en train; et il ne doute pas que cette part ne soit nulle dès qu'il s'agit du pouvoir directeur d'un organisme vivant. « Ainsi, conclut-il (p. 370), nous ne manquons pas de termes de comparaison qui puissent nous aider à comprendre comment le principe de la vie et de l'organisation pourrait intervenir et agir, non à la manière des forces physiques, non en ajoutant son action aux leurs ou en les neutralisant par une action contraire du même genre, mais en leur imprimant une direction appropriée. Ce que l'homme fait par combinaisons réfléchies, l'énergie vitale le ferait spontanément, sans conscience d'elle-même, bien plus sûrement et avec un artifice infiniment plus merveilleux : grand mystère sans doute.... »

Et il attribue, plus loin (p. 374), l'impossibilité, où il se trouve, d'annuler par un raisonnement direct le petit travail préalable (ou décrochant) dont il s'agit, à une imperfection du procédé logique auquel il a eu recours; à peu près (je suppose) comme lorsqu'un mode imparfait ou mal choisi de calcul donne pour résultat d'un problème d'arithmétique la fraction périodique $0,11111...$, au lieu de la valeur simple et exacte, $\frac{1}{9}$, de cette fraction indéfinie. « De même, ajoute-t-il, dans la question qui nous occupe, on pourrait dire que ce raisonnement indirect, duquel il résulte que l'intervention du principe vital comme force physique peut être atténuée autant que l'on veut, équivaut, au fond, pour qui sait l'interpréter d'après toutes les analogies, à quelque raisonnement direct, qui nous échappe faute de données convenables ou de moyens convenables de les mettre en œuvre, et duquel il résulterait que cette part concomitante peut et doit être rigoureusement nulle. »

Je n'ai pas besoin de faire observer que les solutions singulières fournissent précisément le mode de raisonnement direct qui supprime la difficulté. En effet, c'est aux bifurcations d'intégrales des équations de mouvement qu'un principe directeur n'a besoin d'aucune force mécanique pour conduire le système matériel en qui il réside : c'est là que tout *travail décrochant* devient superflu, là seulement que la *vie* peut influer sur les faits d'une manière qui lui soit propre, c'est-à-dire sans emprunter le mode d'action des forces physiques.

COURS
DE
PHYSIQUE MATHÉMATIQUE
DE LA
FACULTÉ DES SCIENCES

COMPLÉMENTS AU TOME III.
Conciliation du véritable déterminisme mécanique avec l'existence de la vie et de la liberté morale.

CHAPITRE I.
APERÇU GÉNÉRAL SUR CETTE ÉTUDE.

1. *Les lois physico-chimiques déterminent la dérivée, par rapport au temps, de l'état actuel, ou sont exprimées par des équations différentielles.*

Les savants s'accordent pour admettre que les lois physiques et chimiques sont réductibles, en dernière analyse, à des équations différentielles, reliant les unes aux autres les transformations successives de la matière, ou déterminant la *dérivée*, par rapport au temps, de chacune des quantités qui définissent l'état d'un système de corps, en fonction des valeurs actuelles de ces quantités. En d'autres termes, ce que les lois physiques permettent de déduire immédiatement de l'état actuel, ce n'est pas précisément l'accroissement très petit qu'éprouvera, pendant un instant aussi très petit, chaque quantité concourant à définir l'état du système, c'est la limite vers laquelle tend le rapport de l'accroissement considéré au temps employé à l'acquérir lorsqu'on fait décroître jusqu'à zéro les deux termes du rapport. Le quotient limite ainsi défini, appelé *dérivée* (ou *fluxion*) de la quantité, mesure en quelque sorte la *pente* de celle-ci, sa *rapidité* actuelle de variation : il saisit comme à sa source et il évalue ce qu'un naturaliste appellerait le pouvoir d'évolution de la quantité. En disant que la dérivée de l'état actuel est une fonction déterminée de l'état actuel lui-même, la science donne une forme précise à cette vérité de bon sens, que le présent est gros de l'avenir, ou qu'il y a une relation étroite entre ce qui est et ce qui sera (¹).

La découverte des équations dont il s'agit constitue même, pour chaque branche de la Science, le plus grand progrès qu'elle puisse faire, ce progrès capital qui s'est trouvé accompli en astronomie le jour où Newton, en démontrant la loi de l'attraction des astres, a pu former les équations de mouvement du système planétaire. Les géomètres sont parvenus, depuis, à établir pareillement des équations différentielles, très approchées, qui régissent l'équilibre et les vibrations des solides élastiques, d'autres équations différentielles pour l'équilibre et le mouvement des fluides; et ils commencent à soumettre à l'analyse l'équilibre et le mouvement de ces corps semi-fluides qui sont, les uns, pulvérulents, les autres, malléables ou plastiques. De plus, en étendant les formules de l'élasticité aux vibrations de l'éther répandu dans les espaces intra-stellaires et à celles de ces mélanges d'éther et de molécules pondérables plus massives qui constituent les corps diaphanes ou diathermanes, ils ont réussi à expliquer, jusque dans leurs particularités les plus délicates, les phénomènes si variés que présentent la lumière et la chaleur rayonnante. D'autre part, et sans avoir pu pénétrer encore dans le détail des mouvements oscillatoires très rapides, quoique imperceptibles, qui constituent indubitablement la chaleur possédée par un corps, ils ont établi des équations qui régissent, au moins entre certaines limites de température, la propagation de cette chaleur d'une région du corps aux régions voisines. Ils ont commencé également à évaluer en fonction de l'état actuel, dans les cas les plus simples et pour des réactions s'effectuant assez lentement, la rapidité des transformations chimiques qui s'opèrent dans un milieu de composition donnée, etc.

Une saine et légitime induction conduit donc à poser ce principe,

---

(¹) On voit que la notion de *dérivée* a une haute importance en philosophie, en histoire naturelle et sociale, en chimie, en économie politique ou financière (taux d'accroissement d'un capital), etc.; et combien il est à désirer qu'elle devienne familière à d'autres savants que les géomètres et les physiciens.

que les lois auxquelles obéit la matière inorganique s'expriment au moyen d'équations différentielles, ou, en d'autres termes, que la dérivée, par rapport au temps, de chacune des quantités dont dépend l'état d'un système de corps, est une fonction parfaitement déterminée des valeurs actuelles de ces quantités mêmes. Telle est la loi générale qui embrasse tous les faits constatés, qui résume toutes les lois particulières acquises à la science, qui apparaît, en un mot, comme le couronnement naturel des conquêtes scientifiques de trois siècles d'études persévérantes.

De l'avis unanime des savants, ce grand principe régit les effets visibles ou calculables des énergies inconnues de la matière brute avec le plus haut degré de précision auquel nous puissions prétendre : il en donne la meilleure explication susceptible d'être formulée mathématiquement, la seule qui semble exacte dans la mesure même de la continuité avec laquelle paraît s'écouler le temps et avec laquelle paraissent varier toutes les quantités physiques fonctions de cette variable indépendante. Nous ne saurions donc choisir pour notre étude une base plus solide, un point de départ moins contesté, ou laissant subsister, dans l'esprit, des traces moindres de ce doute que le sentiment profond de notre faiblesse nous impose dans toute recherche philosophique et même scientifique.

2. *Ces lois s'étendent très probablement aux mouvements intérieurs des organismes animés.*

D'ailleurs, la tendance des physiologistes, légitime en ce qu'elle résulte de leurs observations, et directement justifiée pour ce qui concerne les phénomènes de pesanteur, d'élasticité, de filtration, etc., est de n'excepter aucunement des lois physiques ou chimiques la matière qui vient faire partie d'un organisme animé, quoique les circonstances, très spéciales, au milieu desquelles elle se trouve tant qu'elle appartient à cet organisme, la rendent capable de mouvements particuliers, incomparablement plus divers que ceux qu'elle avait présentés jusque-là. Les recherches expérimentales les plus délicates, entreprises en vue de prouver que les énergies de la matière brute se heurteraient, chez les êtres vivants, à des forces d'une autre espèce et n'y produiraient pas tous leurs effets propres, ont été, au contraire, impuissantes à montrer aucune limitation de cette nature, aucune exception aux lois physico-chimiques. Celles-ci, autant que nous pouvons en juger, développent aussi pleinement leurs effets dans les organismes animés que dans les autres corps.

Et nous concevons qu'en effet des lois vraiment naturelles, comme sont, sans doute, les lois primordiales du mouvement, doivent régir tous les faits naturels sans exception. Il répugnerait à la saine raison qu'elles fussent suspendues dans tout un ordre de phénomènes. Aussi une pareille idée n'est-elle jamais venue à l'esprit des plus grands philosophes, Descartes, Leibniz, etc.

Or, plusieurs savants croient que cette extension des lois physiques, aux mouvements intérieurs des corps organisés, équivaut à admettre la complète détermination de toute la suite de leurs états par les lois dont il s'agit; ils croient qu'elle démontre, par conséquent, l'impossibilité de faire intervenir dans ces mouvements toute cause distincte de celles qui agissent et se révèlent déjà dans la matière brute. La vie végétale, et même animale, n'est pour eux, dans ses formes et ses mouvements si variés, que le plus riche épanouissement des effets des forces physiques et chimiques, ou comme une cristallisation plus merveilleuse que celle des dissolutions salines. C'est au nom du principe même que nous venons d'énoncer comme résumant les lois de la nature inorganique, au nom du calcul intégral dont relève la théorie des équations différentielles, qu'ils supposent tous les corps, sans exception, régis par un mécanisme inflexible et complet (¹).

Ils regardent, en particulier, la suite de tous les états intérieurs d'un cerveau humain, organe de la pensée et de la volonté, comme fatalement déterminée par les lois mécaniques du mouvement de ses molécules et des molécules étrangères qui entrent en rapport avec lui. Or un enchaînement aussi absolu de la liberté de l'homme, quant à ses conditions physiques d'exercice, revient à la suppression de cette liberté même dans ce qu'elle a de plus intime, de plus essentiel, en tant du moins que, d'accord avec la conscience et le bon sens, on voit en elle l'expression d'une action effective du moi sur les organes. Car tout acte délibéré est inséparable de pensées, de sentiments, qui

----

(¹) *Voir*, par exemple, dans la *Revue scientifique* de MM. Yung et Alglave (t. VII, p. 337, numéro du 10 octobre 1874), le discours, d'ailleurs très remarquable, prononcé par M. Du Bois-Reymond, Secrétaire perpétuel de l'Académie des Sciences de Berlin, à une réunion des naturalistes et des médecins allemands.

ne peuvent se produire sans l'intervention du cerveau et qui sont modifiés ou supprimés quand celui-ci est affecté de certaines manières, comme le prouvent l'influence des anesthésiques, celles du délire, de la folie, etc. Le sentiment intérieur, si clair cependant, de notre action personnelle, n'est donc, pour les savants dont je parle, qu'une pure illusion. Comme les lois physiques et chimiques leur paraissent régler jusqu'aux plus petits détails des mouvements des corps, ils ne voient pas qu'il soit possible d'assigner dans le monde visible la moindre place à une cause libre, non plus qu'à ce principe mystérieux, la *vie*, qu'on ne peut refuser à tout être ayant conscience de quelques-uns de ses actes, et que le bon sens attribue même au végétal, jugeant trop invraisemblable l'hypothèse qui ferait de la plante un laboratoire désert de physique et de chimie.

Dans le système de ces savants, il ne subsiste, en toute rigueur, de la liberté humaine, que ce qui peut s'expliquer par l'hypothèse surnaturelle de l'harmonie préétablie (prise dans un sens plus restreint que ne l'entendait Leibniz), c'est-à-dire par l'intervention d'une intelligence supérieure, qui aurait disposé de l'état initial de la matière et de ce que contiennent peut-être de contingent les lois qui la régissent, pour réaliser, comme il est théoriquement possible dans une certaine mesure, une suite de mouvements en rapport avec les actes intérieurs des âmes. Force leur est, en effet, d'enfermer dans le mystérieux domaine du sens intime les phénomènes de sensibilité, d'intelligence, de volonté, dont ils admettent la correspondance parfaite à certains mouvements matériels sans leur accorder la moindre influence sur la production de ceux-ci.

3. *Mais, tout en s'exerçant pleinement, elles sont alors insuffisantes pour déterminer la suite des faits.*

Je me propose d'établir qu'une pareille conclusion, négatrice de toute vraie et active liberté, de toute influence de la vie sur la matière, est en désaccord avec la logique, et qu'elle n'a pu se produire que par l'omission d'un fait analytique important. Ce fait consiste en ce que des équations différentielles, même parfaitement déterminées, reliant les uns aux autres les états successifs d'un système, sont loin d'être assimilables à des équations finies qui donneraient directement ces états en fonction du temps et des circonstances initiales. En effet, l'intégration introduit fréquemment, dans les quantités dont des équations différentielles font connaître seulement la dérivée ou les accroissements infiniment petits, une indétermination pour ainsi dire illimitée, quand il existe ce que les géomètres appellent des *solutions singulières*. Il est même des cas où des bifurcations d'intégrales, mais bien plus restreintes, sont possibles sans qu'il y ait aucune de ces solutions, comme on verra aux nᵒˢ 2 et 4 d'une Note insérée à la suite de ce Mémoire (Note V).

Les problèmes où l'on étudie l'évolution d'un système matériel se divisent donc, *a priori*, en deux classes, suivant que les intégrales, résultant des lois physico-chimiques qui déterminent à chaque instant la dérivée de l'état actuel, comportent ou ne comportent pas l'indétermination dont il s'agit. Or il est naturel, à première vue, de ne ranger dans la classe régie par un mécanisme complet que les phénomènes de la nature inorganique, les seuls qui, d'après les données du bon sens, aient été abandonnés sans réserve à la domination des lois physico-chimiques.

Ainsi, c'est l'essence même de ces lois, leur expression classique, telle qu'elle est acceptée unanimement, qui conduit à reconnaître des bornes à leur empire, à concevoir une classe de mouvements naturels qu'elles sont impuissantes à déterminer. Une pareille conclusion, bien que pouvant être basée sur l'observation exclusive des faits de la nature inorganique, n'a rien d'illégitime ; car, il est possible, sans sortir du champ de ces faits, d'en explorer les limites, et de reconnaître qu'il y a, au delà, place pour un autre ordre de phénomènes.

L'analyse mathématique appliquée à la mécanique des corps bruts ne peut pas, il est vrai, nous faire franchir les limites qu'elle constate, c'est-à-dire nous introduire dans le domaine qui est au delà et nous apprendre les faits réels qu'il comprend. On concevrait même, si la nature nous offrait uniquement des êtres sans vie, que nous fussions tentés de nier la réalité de ce domaine extra-physique ou des limites ainsi reconnues, et d'expliquer leur apparition dans la science par l'imperfection de notre esprit, par l'existence de nuances, imperceptibles pour nous, qui distingueraient légèrement les véritables lois physico-chimiques d'avec leurs expressions mathématiques reçues, et qui, au lieu d'ôter quelque chose à la rigueur de nos équations différentielles, réputées si inflexibles, compléteraient au contraire leur déterminisme. Mais les données de l'expérience, telles qu'elles

s'offrent au sens commun, viennent sur ce point en aide au calcul :
car elles permettent d'ériger en axiome que la vie est irréductible
aux énergies des corps bruts, et que les êtres organisés, en qui elle
se révèle, constituent avec ces corps la totalité des choses visibles.
Donc, sans autre preuve et sous peine de s'abandonner irrémédiablement à un scepticisme déraisonnable, on a le droit de dire que ce
sont précisément les êtres vivants qui remplissent la lacune signalée
ou qui, du moins, y trouvent leur place. Cette hypothèse est seule
fondée en droit, seule conforme à l'expérience, surtout dès qu'il est
reconnu que la supposition contraire d'un déterminisme absolu, déjà
condamnée par le bon sens, ne peut nullement s'appuyer sur les lois
physico-chimiques.

4. *Caractère distinctif probable des êtres vivants et nécessité
d'un principe directeur qui leur soit spécial.*

Ainsi, la présence ou l'absence de bifurcations de voies, de solutions singulières, et de la flexibilité qu'elles permettent dans l'enchaînement des faits, paraît fournir un caractère géométrique propre
à distinguer les mouvements essentiellement vitaux, ceux surtout qui
sont volontaires, des mouvements accomplis sous l'empire exclusif
des lois physiques. Un être animé serait, par conséquent, celui dont
les équations de mouvement admettraient de telles bifurcations,
provoquant, à des intervalles très rapprochés ou même d'une manière
continue, par l'indétermination qu'elles feraient naître, l'intervention
d'un *principe directeur* spécial. Ce principe directeur, bien différent du principe vital des anciennes écoles, n'aurait à son service
aucune force mécanique qui lui permît de lutter contre celles qu'il
trouverait dans le monde; il profiterait seulement de leur insuffisance, dans les cas singuliers considérés ici, pour influer sur la suite
des phénomènes.

Inconscient au début de l'existence individuelle, et même toujours
en ce qui concerne la vie végétative, mais d'autant plus docile à une
loi supérieure ou extra-physique qui nous est encore inconnue, il
réaliserait à sa manière, dans chaque animal et dans chaque plante,
un type spécifique héréditairement transmis, en employant à cet effet
des matériaux communs empruntés au milieu minéral ou à d'autres
organismes. Parvenu, au bout d'un certain temps de vie embryon-

naire, chez l'homme et les animaux supérieurs, à un degré assez avancé de développement, et après avoir acquis des organes suffisamment délicats, c'est-à-dire un système nerveux, le principe directeur deviendrait sensible à certains rapports de ces organes avec le reste de son corps et avec le monde extérieur; il s'éveillerait sous leur choc mutuel, et apprendrait dès lors à diriger sciemment la force physique pour la faire servir à l'accomplissement de desseins prémédités.

Le jeu habituellement trop étroit des lois du mouvement l'empêcherait d'ailleurs de se manifester dans d'autres cas, c'est-à-dire chez les corps privés de vie : en sorte qu'il n'y aurait dans sa manière d'apparaître rien d'irrégulier, rien de fortuit. Tout en agissant avec le caractère de conscience ou d'inconscience, de liberté ou de nécessité, qu'il présente chez les divers êtres vivants, il entrerait en exercice, comme les forces physico-chimiques elles-mêmes, dès que l'occasion lui en serait offerte, ou que certaines conditions déterminées se trouveraient réalisées. Je n'ai pas besoin de faire observer que l'existence de ces conditions, dans le cas des actes libres, n'aurait nullement pour effet de dicter à la volonté son choix : leur réalisation la mettrait, au contraire, en pleine possession d'elle-même, en état de s'abstenir ou d'agir à sa guise, l'abstention n'étant, bien entendu, que purement relative et constituant une manière spéciale, provisoire ou définitive, de se déterminer, une des voies laissées ouvertes par les lois mécaniques (¹).

(¹) On peut voir, au sujet de ces actes délibérés, le n° 352 *bis* (p. 351 et 352) du Tome III dont le présent Volume est un complément.

CHAPITRE II.

CONSIDÉRATIONS SUR LA REPRÉSENTATION ANALYTIQUE DES PHÉNOMÈNES
ET SUR LEUR DIVISION, INDIQUÉE PAR LA THÉORIE, PROUVÉE PAR
L'EXPÉRIENCE, EN DEUX CLASSES TRÈS DISTINCTES.

8. *Le calcul n'atteint, dans l'explication des phénomènes, que
l'élément géométrique.*

Tous les phénomènes, physiques ou physiologiques, qui ont pour
théâtre l'étendue et qui se développent dans le temps, comportent, à
certains égards, une représentation géométrique. Ils ont, sans doute,
un fond caché, en général inaccessible à nos moyens de connaître,
qui se bornent à nous faire pressentir son existence, parfois cependant
entrevu par le sens intime, lorsqu'il est question de certains
faits produits dans nos organes. Quand ce que nous percevons ainsi
est une sensation, il nous est possible de l'apprécier sous le rapport
de la grandeur, en la comparant à diverses sensations de même
nature et discernant celles qui lui sont supérieures en intensité de
celles qui sont moindres; mode d'évaluation fort imparfait, puisqu'il
se borne à ranger des quantités d'une même espèce par ordre de
grandeur croissante, sans mesurer leurs intervalles respectifs (¹).
Mais, outre leur fond obscur, les phénomènes physiques ou physiologiques présentent un côté clair, explicable par des groupements et
des mouvements déterminés d'atomes.

C'est de ce côté clair, susceptible d'être figuré, que le géomètre
s'occupe; et le physicien même lui attribue une importance capitale,
car il n'en trouve pas d'autre qui puisse devenir l'objet d'une étude
précise, quantitative. Aussi dit-on souvent que les sciences positives
tendent à ne montrer dans l'univers que de la matière et du mouve-

---

(¹) *Voir* à la fin du Mémoire la Note II, *Sur l'évaluation et la loi physiologique
des sensations.*

ment : maxime vraie en ce sens seulement, que le monde visible n'offre de clair, aux yeux du savant, que les formes et les changements qu'elles éprouvent d'un instant à l'autre, ce qui peut se mesurer et se dessiner, au moins en imagination.

Au contraire, tout ce qui, hors du moi, échappe aux catégories de la forme et de la quantité mesurable, notamment les substances, ainsi que les forces, énergies ou puissances de diverses sortes auxquelles nous attribuons instinctivement les mouvements qui se produisent dans le monde inorganique ou dans celui de la vie inconsciente, et dont l'existence nous est garantie par un certain sens des choses que nous ne pouvons mettre en doute, tous ces objets sont absolument obscurs pour nous. Notre intelligence, qui nous affirme leur réalité, se trouve impuissante à nous les montrer et ne nous permet de fonder sur eux aucune science positive.

6. *Ses résultats doivent même être interprétés avec circonspection. Signification physique de l'asymptotisme.*

Le mathématicien est d'ailleurs obligé d'imposer au côté géométrique des choses la forme de son esprit, c'est-à-dire d'assimiler les atomes à de simples points, mus dans un espace à trois dimensions, continu et infiniment divisible, pendant que s'écoule un temps également continu et divisible à l'infini. En effet, une position, dans l'espace, une époque, dans le temps, ne paraissent pas suffisamment définies tant que leurs dimensions n'ont pas décru jusqu'à zéro; et la distance de deux positions ou de deux époques, distance qui exprime leur rapport et qui est l'élément mesurable des phénomènes, n'a de sens net qu'autant qu'elle relie deux points sans étendue ou deux instants sans durée.

Notre nature intellectuelle nous fait donc substituer inévitablement aux quantités ou aux figures réelles qui existent dans le monde et que l'observation ne nous montre pas avec une précision absolue, des quantités abstraites ou des figures idéales, dont les notions nous paraissent seules assez claires pour servir de base à nos raisonnements. L'accord des observations les plus précises avec les conséquences de cette multiple assimilation prouve que les idées ainsi mises en œuvre s'appliquent aux réalités avec une exactitude suffisante, et que, sous ce rapport du moins, l'adaptation de notre esprit aux choses laisse peu à désirer. Nous sommes même convaincus que nos conceptions abstraites des grandeurs et des figures peuvent exprimer les faits naturels avec une exactitude très supérieure à celle que comportent les meilleures expériences. L'intuition géométrique, ce pouvoir que nous avons de nous représenter l'étendue figurée et d'en exprimer en nombre chaque partie, nous paraît invinciblement la plus parfaite de nos facultés intellectuelles. C'est celle que nous accuserions la dernière, celle que nous jugerions avoir le moins besoin de progresser pour se mettre, d'une manière adéquate, à l'unisson ou à la forme des objets extérieurs. Ce qui prouve qu'elle est très voisine de la perfection, qu'il ne lui est plus possible, en quelque sorte, d'en approcher, c'est qu'elle n'a pas varié d'une manière appréciable depuis les premières origines des sciences, depuis Thalès de Milet. En garantie de sa véracité, elle s'est montrée absolument pareille chez tous les hommes connus, à quelque époque et à quelque société qu'ils appartinssent, dictant les mêmes réponses à tous ceux qui l'ont consultée attentivement sur telle ou telle question : genre de contrôle qu'elle peut seule, à ce qu'il semble, supporter victorieusement, ou qui, dans tout autre ordre d'idées, trouverait sans doute en défaut notre faible raison. En un mot, l'intuition géométrique paraît comprendre ce qu'il y a de plus ressemblant en nous et hors de nous, ce qui, dans notre intelligence, est à la fois le mieux approprié à la forme de notre esprit et à la nature du monde extérieur (¹).

Toutefois le bon sens, faculté d'apprécier un peu vague et presque instinctive, mais n'en résumant que mieux l'impression produite à la longue par le réel sur l'esprit, nous porte à ne pas regarder cette adaptation comme absolument parfaite. Il incline l'ingénieur, le physicien, à refuser aux choses la divisibilité à l'infini de la grandeur abstraite, à n'attacher par suite aucune importance, aucune réalité objective même, aux quantités qui sont au-dessous d'un certain degré de petitesse, sans lui permettre cependant de fixer le point où finirait le concret, où commencerait l'abstrait pur (²).

(¹) *Voir* à la fin du Mémoire la Note III, *Sur le rôle et la légitimité de l'intuition géométrique*, avec son *Annexe* à la suite.

(²) S'il en est bien ainsi, c'est-à-dire si aucune quantité réelle n'est indéfiniment divisible, l'attraction exercée sur un corps déterminé par un autre qui s'en éloigne de plus en plus, doit enfin, après avoir décru autant que possible conformément à la loi de Newton, s'annuler *en toute rigueur objective*, quand la distance dépasse

Par exemple, l'ingénieur, le géographe n'hésitent pas à dire que, de chaque point d'une ligne de *faîte* du sol, il se détache deux lignes ordinaires de plus grande pente, une à droite et l'autre à gauche, alors que le géomètre voit ces deux lignes, prolongées indéfiniment du côté de l'amont, longer le faîte en s'en approchant de plus en plus mais sans s'y réunir complètement, si ce n'est dans le cas exceptionnel où le sol aurait une de ses courbures infinie tout le long du faîte considéré. Le même ingénieur, cherchant la forme du gonflement ou *remous* produit sur un cours d'eau par la construction d'un barrage, n'est nullement surpris que l'analyse attribue à ce remous, du côté de l'amont, une longueur infinie, avec une hauteur qui tend vers zéro à mesure qu'on s'éloigne du barrage. Il sait que l'*asymptotisme* est, pour deux courbes, un excellent moyen de se souder l'une à l'autre, de se raccorder, quoique l'analyse pure rejette à l'infini ce raccordement.

Le physicien interprète de même les résultats du calcul, quand il trouve qu'un pendule, une fois mis en mouvement dans un milieu résistant, n'arrive au repos qu'au bout d'un temps infini, ou qu'un corps opaque n'intercepte la lumière que s'il a une épaisseur infinie. D'une manière générale, l'un et l'autre admettent que *l'analyse fait annuler une fonction asymptotiquement, c'est-à-dire pour une valeur infinie de la variable, quand la quantité physique représentée par cette fonction s'évanouit, mais d'une manière trop graduelle pour qu'on puisse fixer soit l'instant précis, soit l'endroit précis, où elle disparaît.*

7. *Expression de l'état statique et de l'état dynamique d'un système de points : les lois mécaniques déterminent la dérivée du second de ces états en fonction du premier.*

L'état d'un système matériel, sous le rapport de sa figure, de la

---

une certaine limite, inassignable pour nous. Cette limite serait le véritable *rayon d'activité* de l'attraction du corps. Sa mise en compte permettrait d'expliquer, de la manière la plus naturelle, comment, malgré l'immense étendue de l'univers et la valeur finie de la densité moyenne de la matière dans toute cette étendue, la pesanteur (ou force *de gravitation*) en chaque point de l'espace, est toujours finie, souvent même très petite par rapport aux actions exercées à d'imperceptibles distances entre des quantités minimes de matière.

situation de ses divers atomes M, M$_1$, M$_2$, ..., se définit d'ordinaire au moyen des coordonnées de ceux-ci, x, y, z; x_1, y_1, z_1; x_2, y_2, z_2; ..., par rapport à trois axes rectangulaires fixes : les valeurs de ces coordonnées caractérisent ce qu'on appelle l'*état statique* du système.

La figure et la situation dont il s'agit se modifiant en général d'un instant à l'autre, les coordonnées x, y, z, x_1, y_1, z_1, ... sont des fonctions continues du temps t. On peut toujours regarder chacune de ces fonctions comme ayant une dérivée (¹), et celle-ci mesure la rapidité de variation de la coordonnée correspondante ou le mouvement actuel de l'atome suivant le sens de cette coordonnée. Les trois dérivées,

$$ x' = \frac{dx}{dt}, \qquad y' = \frac{dy}{dt}, \qquad z' = \frac{dz}{dt}, $$

par exemple, définissent à chaque instant le mouvement de l'atome M, son *état dynamique* : on les appelle les *vitesses du point* suivant les axes. Elles déterminent, comme on voit, les accroissements dx, dy, dz reçus, durant un instant infiniment petit dt, par les coordonnées x, y, z de l'atome. Ainsi, de l'état dynamique de chaque point, dépend le changement qu'éprouve son état statique durant un temps infiniment petit.

Une observation attentive des faits a permis de reconnaître, qu'à l'inverse, les vitesses, suivant trois axes, de tout point d'un système éprouvent, durant un instant infiniment petit dt, des variations parfaitement déterminées dès qu'on donne, outre la direction des axes choisis, l'état statique actuel de ce point par rapport aux autres points avec lesquels il est en relation. En d'autres termes, l'état statique actuel du monde matériel règle les dérivées premières des vitesses de ses divers points, dérivées appelées *accélérations*, et qui sont les *dérivées secondes* des coordonnées. On peut donc poser, comme premier principe fondamental de la Mécanique, que les dérivées secondes, par rapport au temps, des coordonnées de divers atomes mis en présence les uns des autres, égalent des fonctions, parfaitement déterminées par les lois physiques, de ces coordonnées elles-mêmes.

(¹) *Voir* à la fin du Mémoire la Note IV, *Sur la possibilité d'attribuer des dérivées à toutes les fonctions continues qui se présentent dans les applications.*

Cette loi est l'expression du *déterminisme mécanique*, tel que l'observation des phénomènes dépendant des forces physico-chimiques conduit à le poser. Elle fournit à chaque instant, en fonction de l'état statique actuel, la dérivée seconde du même état par rapport au temps, et ne rattache que de cette manière, déjà bien étroite, l'avenir au présent et au passé.

L'observation des phénomènes vitaux nous conduira, il est vrai, à superposer à ce déterminisme mécanique, dans certains des cas où il ne règle pas tout, un *déterminisme physiologique* d'une tout autre nature. Mais ce nouveau déterminisme devra lui-même être prouvé par l'expérience, qui ne manquera pas de lui tracer ses limites.

8. *Coup d'œil sur les lois générales de la Mécanique.*

Les équations différentielles du mouvement d'un système s'obtiennent donc en égalant les dérivées secondes, par rapport au temps, des coordonnées de ses divers points, à des fonctions de ces coordonnées que l'observation est chargée de faire connaître. Si l'on multiplie les trois équations ainsi obtenues pour chaque atome, par un certain coefficient constant, appelé la *masse* de l'atome, les seconds membres des diverses équations du mouvement de tout le système se décomposeront, comme l'on sait, chacun, en autant de parties qu'il y a d'atomes en rapport avec l'un d'eux : une quelconque de ces parties égalera la projection, sur l'axe coordonné auquel l'équation considérée se rapporte, d'une droite menée, à partir du point dont on évalue l'accélération, suivant la ligne qui le joint à un autre point matériel en rapport avec lui; et la droite dont il s'agit, positive ou négative suivant qu'elle est dirigée vers le second point ou dans le sens opposé, égalera d'ailleurs la dérivée, par rapport à leur distance actuelle, d'une *certaine fonction* de toutes les distances des divers points du système pris deux à deux.

Celle-ci est dite la *fonction des forces* ou (au signe près) *l'énergie potentielle* du système : sa dérivée, par rapport à la distance r d'un *couple* de deux points, s'appelle *l'action mutuelle* ou l'attraction mutuelle (pouvant être soit positive, soit négative) de ces deux points : elle est finie et continue pour toutes les valeurs finies de r, devient infinie négative pour $r = 0$ (à cause de l'*impénétrabilité* de la matière) et tend vers zéro quand r grandit indéfiniment.

Enfin, l'action de deux points a une expression bien différente, suivant que leur distance r est extrêmement petite, imperceptible à nos sens, ou suivant qu'elle est de l'ordre de celles que notre vue peut apprécier.

Dans le second cas, la dérivée ou action considérée ne dépend que de la distance des deux atomes et de leurs masses : elle égale le quotient du produit des masses par le carré de la distance (en admettant qu'on adopte une unité de masse convenable) : sa valeur est donc indépendante de la présence des atomes qui peuvent se trouver dans le voisinage des deux dont il s'agit, et indépendante même de la nature chimique de ceux-ci, supposé qu'il existe des atomes de plusieurs espèces, ou que les différences chimiques des corps dits *simples* ne tiennent pas uniquement à des modes divers de groupement atomique. La résultante de toutes les actions exercées ainsi, *à des distances sensibles*, sur l'unité de masse d'un atome quelconque, est appelée la *pesanteur* au point de l'espace qu'occupe cet atome.

Dans le premier cas, au contraire, c'est-à-dire quand la distance r est imperceptible, l'action d'un couple de points a une expression bien plus complexe, d'ailleurs inconnue. On peut affirmer toutefois qu'elle est en général incomparablement plus grande qu'aux distances visibles, qu'elle change de signe un nombre impair de fois, de manière à être négative aux plus petites distances, positive aux moins petites, enfin qu'elle ne dépend pas d'une manière appréciable de l'existence ou de la situation des atomes qui sont à des distances perceptibles du couple dont il s'agit, condition nécessaire pour que les phénomènes physico-chimiques produits quelque part ne varient qu'avec l'état de la matière en cet endroit, conformément à ce que montre l'observation.

Telles sont, en peu de mots, les lois que l'expérience a fait connaître comme applicables à tous les systèmes matériels. Elles permettent d'établir quelques principes simples extrêmement importants, dont les plus employés sont ceux des quantités de mouvement, des moments, des forces vives ou de l'énergie (¹) : je n'ai pas ici à les

---

(¹) Il y a encore le principe du *viriel*, trouvé par M. Clausius et par M. Yvon Villarceau. On obtient la formule qui l'exprime en ajoutant les équations de mouvement, préalablement multipliées par les coordonnées correspondantes x, y, z, x_1, y_1, z_1, ..., ou plutôt par les excédents de ces coordonnées sur leurs valeurs relatives au repos, quand on étudie les oscillations d'un système de points de part

exposer. Mais la fonction des forces elle-même n'a encore été déterminée que d'une manière approximative ou partielle, et seulement pour des mouvements d'une nature particulière. Les principaux sont : 1° les mouvements des corps célestes et généralement ceux où n'intervient que la pesanteur, c'est-à-dire l'action mutuelle de points situés au delà des très petites distances auxquelles s'exercent les forces dites vulgairement *actions de contact;* 2° les mouvements perceptibles des solides élastiques peu déformés et des fluides; 3° la plupart des phénomènes relatifs aux gaz permanents.

9. *Des intégrales singulières et des bifurcations de voies.*

Un système d'équations différentielles, qui fait connaître, en fonction des valeurs actuelles de certaines quantités x, y, z, x', y', z', x_1, y_1, z_1, ..., les variations dx, dy, dz, dx', ..., éprouvées par celles-ci pendant un instant infiniment petit dt, détermine d'ordinaire, comme on le sait et comme je le démontre dans la Note V à la fin du Mémoire, la suite des états par lesquels passent ces quantités : en d'autres termes, il définit les variables x, y, z, x', y', z', ... en fonction du temps t et de leurs valeurs *initiales* x_0, y_0, z_0, x'_0, y'_0, z'_0, ..., ou valeurs de x, y, z, x', ... à une époque unique $t = t_0$, choisie d'ailleurs, en général, arbitrairement. Les formules qui représentent ainsi, sous forme finie, x, y, z, x', ... en fonction de t et de x_0, y_0, z_0, x'_0, ... sont appelées intégrales *générales* du système d'équations différentielles; ce qu'elles deviennent quand on y met pour les constantes arbitraires x_0, y_0, ... leurs valeurs numériques, données dans chaque cas et variables avec continuité d'un cas aux cas voisins, s'appelle le système d'intégrales *particulières* convenant à ce cas.

Mais les géomètres savent qu'en outre de toutes les intégrales particulières ainsi obtenues, certaines équations différentielles admettent des solutions d'une nature spéciale, dites *solutions singulières.* Il faut, pour que cela arrive, que, si l'on prend les dérivées premières,

---

et d'autre de certaines situations d'équilibre stable. Ce principe, utile dans la théorie des mouvements vibratoires (où il fournit une relation entre la demi-force vive moyenne et l'énergie potentielle moyenne), n'a pas cependant l'importance des principes, plus anciennement connus, des quantités de mouvement, des moments et des forces vives, parce qu'il ne constitue pas, comme eux, une nouvelle intégrale première des équations du mouvement.

par rapport aux fonctions cherchées x, y, z, x', ..., des seconds membres des équations différentielles $\left(\text{qui ont pour premiers membres}\right.$ $\frac{dx}{dt}$, $\frac{dy}{dt}$, $\frac{dz}{dt}$, $\frac{dx'}{dt}$, ..$\left.\right)$, quelques-unes au moins de ces dérivées soient infinies pour certaines séries continues de valeurs de x, y, z, x', ...; et que, de plus, ces séries de valeurs vérifient les équations différentielles proposées: Les expressions singulières ainsi obtenues pour x, y, z, x', ... sont des fonctions de t et de constantes arbitraires en nombre moindre que celles x_0, y_0, z_0, ..., dont il a été question ci-dessus. La suite des valeurs que x, y, z, x', ... y reçoivent à mesure que t varie, *se sépare*, à un instant quelconque, de la suite pareille de valeurs de x, y, z, x', ... représentée par le système d'intégrales particulières dans lequel ces variables seraient *actuellement* les mêmes.

Les solutions singulières relient donc les uns aux autres, par des chemins qui satisfont aux équations différentielles proposées, les divers systèmes d'intégrales particulières. Tantôt elles croisent, en quelque sorte, celles-ci, en donnant à x, par exemple, des valeurs plus grandes, avant le point de raccordement, et plus petites, après, que celles que fournit pour cette variable l'intégrale particulière; tantôt, et c'est même le cas le plus connu (peut-être même le seul qui fût connu jusqu'ici), elles les touchent en les *enveloppant* ou sans les couper, c'est-à-dire en donnant à la variable x par exemple, aux environs du point de raccordement, des valeurs constamment plus grandes ou constamment plus petites que celles que reçoit aux mêmes instants cette variable dans l'intégrale particulière. Les diverses intégrales y conduisent dans la partie de leur cours qui précède le point où elles s'y raccordent, et elles s'en détachent dans la partie suivante. Ces solutions singulières, lorsqu'elles existent, sont donc tout à la fois des lieux de réunion et des lieux de bifurcation des intégrales particulières. Il faudrait des circonstances très spéciales, des discontinuités à peu près inadmissibles, pour que les intégrales particulières ne se prolongeassent pas de part et d'autre de leurs points de jonction avec les intégrales singulières, et pour que celles-ci devinssent, par suite, soit seulement des lieux de concentration, ou comme des *veines* où viendraient se terminer, se fondre les intégrales particulières, soit seulement des lieux de bifurcation, ou comme des *artères* d'où elles sortiraient.

En outre des solutions singulières proprement dites, relativement rares, il y a, et bien plus fréquemment, certaines intégrales particulières, que j'appellerai *asymptotes*, dont les autres intégrales particulières se rapprochent indéfiniment, soit dans l'avenir, soit dans le passé, soit dans l'un et dans l'autre, mais en ne s'y réunissant que pour $t = \pm \infty$. Étant donnée une de ces intégrales, il existe toujours une intégrale particulière qui n'en diffère pas sensiblement pour toutes les époques ou postérieures, ou antérieures, à telle époque déterminée qu'on voudra, et qui en diffère cependant, d'une manière très notable, aux époques précédant ou suivant celle-là. D'après la signification attribuée à l'asymptotisme dans les applications de l'Analyse aux phénomènes (p. 12), les intégrales asymptotes devront être regardées, suivant les cas, soit comme des lieux de convergence, de réunion, des intégrales particulières, soit comme des lieux de divergence ou de bifurcation, soit enfin comme l'un et l'autre à la fois. Elles se présenteront sans doute quand le raccordement ou la séparation de deux intégrales s'effectuera d'une manière trop graduelle pour que l'esprit puisse en fixer l'instant précis.

Les *solutions singulières proprement dites* et les *intégrales asymptotes* paraissent donc remplir à peu près, quoique avec des nuances différentes, un même rôle, qui consiste à établir, entre les divers systèmes d'intégrales particulières, un passage tout le long duquel les équations différentielles sont aussi bien vérifiées que dans chacun de ces systèmes. Je les qualifierai toutes du nom de *solutions singulières*. Dans les exemples que j'en donnerai au Chapitre suivant, les unes et les autres s'obtiendront par le procédé bien connu qui consiste à égaler à l'infini les facteurs d'intégrabilité des équations différentielles proposées. Mais les premières, ou solutions singulières proprement dites, diffèrent des secondes, en ce qu'elles sont seules astreintes à rendre infinies quelques-unes des dérivées des deuxièmes membres de ces équations par rapport aux fonctions cherchées x, y, z, x', ...

Enfin, indépendamment de ces diverses solutions singulières, proprement dites ou asymptotes, les intégrales particulières d'un système d'équations peuvent encore présenter des points de réunion ou de bifurcation, non reliés les uns aux autres par des chemins qui satisfassent aux équations différentielles, c'est-à-dire ne constituant pas ensemble une solution de ces équations : ce sont, en quelque sorte, des points de réunion instantanée ou de bifurcation instantanée, comme on verra aux numéros 2 et 4 de la cinquième Note insérée à la suite de ce Mémoire.

10. *Division théorique des phénomènes en deux classes, suivant qu'ils dépendent ou ne dépendent pas des lois mécaniques seules.*

Cela posé, et antérieurement à une étude détaillée, impossible dans l'état actuel de la science, des équations générales de mouvement des systèmes matériels, il est clair que le déterminisme mécanique, qui régit directement les accélérations $\frac{dx'}{dt}$, $\frac{dy'}{dt}$, $\frac{ds'}{dt}$, ..., ainsi que les dérivées

$$\frac{dx}{dt} = x', \qquad \frac{dy}{dt} = y', \qquad \frac{ds}{dt} = s', \qquad ...$$

des coordonnées, ne s'étendra à toute la suite effective des valeurs de $x, y, s, x', ...$ que dans le cas où les équations du mouvement n'admettraient pas de bifurcations d'intégrales, notamment des solutions singulières, lieux de pareilles bifurcations. Dans les cas où, au contraire, de telles solutions existeront, on pourra, en les employant sur des étendues plus ou moins grandes, passer d'une manière souvent très variée, dans le calcul d'une même suite de phénomènes, d'un système d'intégrales particulières à un autre système pris au hasard sur une infinité; et, cela, sans cesser de faire varier, ni les accélérations, ni les vitesses, avec continuité, sans cesser non plus de vérifier les équations différentielles du mouvement, ainsi que ces équations finies qui s'en déduisent toujours et qui constituent les principes généraux des quantités de mouvement, des moments, des forces vives, ou d'autres encore, s'il en est d'inconnus.

J'observerai, à ce propos, que les auteurs des cours usuels de Mécanique ne font aucune difficulté d'étendre à tous les phénomènes, y compris même ceux qui sont dus à la volonté, les principes classiques des quantités de mouvement et des moments, dont la généralité absolue est acceptée depuis Newton, ou du moins depuis que l'égalité et l'opposition exacte de la réaction à l'action sont considérées comme toujours vraies (¹). Or il n'est guère naturel d'admettre la généralité

(¹) On peut voir, à ce sujet, le *Traité de Mécanique rationnelle* de Delaunay; § 223 (p. 403) et § 229 (p. 412).

des principes en question, quand on repousse celle des équations de
mouvement, comme font, d'une manière plus ou moins inconsciente,
certains géomètres, partisans, par instinct, de l'hypothèse des forces
vitales. En effet, les théorèmes de la conservation des quantités de
mouvement et des moments se présentent comme de simples conséquences de la forme même des équations de mouvement, et il n'est
pas logique de maintenir les conséquences lorsqu'on rejette les principes. Pourquoi un être animé resterait-il astreint, dans ses mouvements volontaires, à vérifier ces théorèmes, s'il était dispensé de
satisfaire aux équations dont on les déduit? Pourquoi serait-il tenu
de laisser la réaction égale et contraire à l'action, s'il lui était loisible
de changer l'une et l'autre?

La théorie, tout imparfaite qu'elle soit, indique donc, en quelque
sorte *a priori*, que les phénomènes de mouvement doivent se diviser
en deux grandes classes. La première comprendra ceux où les lois
mécaniques exprimées par les équations différentielles détermineront
à elles seules la suite des états par lesquels passera le système et où,
par conséquent, les forces physico-chimiques ne laisseront aucun rôle
disponible à des causes d'une autre nature. Dans la seconde classe se
rangeront, au contraire, les mouvements dont les équations admettront des intégrales singulières ou, plus généralement, des intégrales
présentant des bifurcations, et dans lesquels il faudra qu'une cause
distincte des forces physico-chimiques, une cause ayant, du moins,
son effet entièrement distinct de *l'effet connu* de ces forces, intervienne, de temps en temps ou d'une manière continue, sans d'ailleurs
apporter aucune part d'action mécanique, mais simplement pour
diriger le système à chaque bifurcation d'intégrales qui se présentera.

11. *Le principe de détermination qui supplée, dans le second
cas, à l'insuffisance des équations différentielles, n'est pas une
force au sens des mécaniciens.*

Je donnerai à cette cause, qu'il est naturel, *vu le caractère spécial
de ses effets*, de distinguer des puissances mécaniques ordinaires, le
nom de *principe directeur;* et je la qualifierai d'*extra-physique*,
pour signifier que, ne changeant absolument rien aux équations différentielles du mouvement, elle ne peut pas être comparée aux forces
physico-chimiques que le savant a l'habitude de manier, qu'elle ne

peut, en conséquence, être évaluée, ni *statiquement*, par sa mise en équilibre avec ces forces, ni *dynamiquement*, par une accélération qu'elle imprimerait à ses points d'application, ou par un travail, exprimable en kilogrammètres ou en calories, qu'elle effectuerait. En un mot, cette cause, par la nature même du rôle qui lui est dévolu, se dérobe à tous les moyens de mesure qu'emploient les mécaniciens, les physiciens et les chimistes. Seule, elle serait absolument impuissante à produire le moindre mouvement : elle n'obtient ses effets qu'avec le concours des forces ordinaires de la matière.

Le nom de *puissance mécanique* ne pourrait donc lui convenir que d'une manière très indirecte; puisque, tout en intervenant dans certains mouvements *pour les diriger*, elle n'en engendre aucun, c'est-à-dire ne fait naître en un temps fini aucune vitesse ou composante de vitesse.

On voit que l'épithète « extra-physique », appliquée au principe directeur, n'est nullement synonyme de « extra-naturel ». Je ne regarde pas ici l'adjectif *extra-physique* comme plus exclusif de *naturel* qu'on ne le fait pour le mot *biologique* ou même pour le mot *physiologique* (devenu synonyme de *biologique*, quoique, au point de vue de l'étymologie, « physique », « physiologique » et « naturel » dussent avoir la même signification). Effectivement, les modernes divisent les sciences *naturelles* en sciences *physiques*, se rapportant aux corps bruts, et en sciences *biologiques* ou *physiologiques*, se rapportant aux corps vivants ou organisés, et qu'ils opposent aux premières. Le sens du mot « physique » est donc devenu, dans le langage précis de la Science, beaucoup plus restreint que n'est le sens du mot « naturel ».

Ce dernier mot, même en en délimitant la signification comme le font les physiciens, les chimistes et les naturalistes, me paraît s'appliquer à tous les phénomènes qui ont un côté matériel (c'est-à-dire tombant sous les sens externes ou analogue à ce que perçoivent les sens externes), à tous les phénomènes qui, par conséquent, examinés sous leurs divers aspects, sont reconnus présenter une face comprise dans le domaine de ces savants et accessible à leurs recherches; pourvu que, d'ailleurs, les faits dont il s'agit se prêtent, par leur nombre ou surtout leur répétition indéfinie dans des conditions réalisables, à devenir l'objet d'une étude suivie et de vérifications suffisantes.

12. *Cette division, confirmée par l'expérience, correspond à la distinction des êtres inanimés et des êtres vivants.*

La seconde classe de phénomènes est-elle fictive, absolument vide de faits réels? Et les équations vraies du mouvement ne comportent-elles jamais de solutions singulières, lieux de bifurcations? C'est surtout l'expérience qui doit, dans l'état actuel de la théorie, encore fort imparfait, répondre à cette question. Puisqu'elle seule peut, en nous dévoilant peu à peu les lois de la nature, nous conduire à des expressions de plus en plus générales et approchées de la fonction des forces, ou nous permettre par suite d'arriver aux équations du mouvement dont la connaissance serait nécessaire pour une étude détaillée de leurs intégrales, rien n'empêche de la consulter directement sur l'existence des solutions singulières de ces équations. Ne renseigne-t-elle pas souvent l'ingénieur, le physicien, l'astronome même, sur des points qui seraient accessibles au calcul, mais qu'on n'obtiendrait par la voie théorique qu'au prix d'un long travail et de complications excessives?

Or le *sens pratique* nous montre, en effet, deux cas, très importants et aussi très généraux (quoiqu'ils ne le soient pas tous les deux de la même manière ni surtout au même degré pour le mécanicien), dans le premier desquels les lois physico-chimiques règlent toute la suite des phénomènes, tandis qu'un principe directeur intervient en plus dans le second. D'une part, il nous apprend que les faits du monde *inanimé* se déroulent suivant des voies qui ne se bifurquent jamais, dont l'enchaînement est même déterminé tout entier par les formules de la Mécanique, et où, par conséquent, le géomètre n'a pas à craindre de rester indécis sur la vraie solution, lorsqu'il a mis complètement en équation les problèmes. D'autre part, il nous fait connaître soit la volonté humaine, le *moi* qui juge et qui veut, soit même, jusqu'à un certain point, la volonté animale, capables de changer, à diverses reprises et en dehors de toute prévision scientifique, le cours des phénomènes visibles compris dans leurs sphères d'activité. Ainsi, la *vie* à son état le plus complet, alors qu'elle produit des actes délibérés, intervient dans le monde matériel pour y modifier la marche des événements; et il en est visiblement de même d'une vie moins élevée, mais encore consciente, dont on ne saurait réduire le côté extérieur à une série de phénomènes régis par les forces mécaniques seules.

Mais il y a plus. Le bon sens se révolte, il me semble, à la pensée que les végétaux dépendraient exclusivement des mêmes forces, ou que la Botanique serait une branche de la Chimie et non de la Physiologie. Ainsi, on ne peut guère refuser aux plantes un principe directeur *extra-physique*, bien qu'il ne semble pas possible de désigner, pour son intervention certaine, des moments aussi précis que ceux où la volonté agit dans l'homme.

L'influence du principe directeur se produit d'ailleurs, tant dans la vie inconsciente ou végétative, que dans la vie consciente, qui est animale ou humaine, sans changer à aucun moment les équations du mouvement, sans apporter la moindre action mécanique perceptible, autant qu'on a pu en juger par l'expérience. Et, en effet, s'il y a réellement des lois du mouvement, le bon sens ne dit-il pas qu'elles doivent être générales ou s'étendre à tous les phénomènes de mouvement que nous présente l'univers? Ne dit-il pas que toute autre supposition ouvrirait dans la Science la porte à l'arbitraire et ne devrait en conséquence être invoquée, pour l'explication des faits, que si la réalité infligeait le plus grave démenti à notre raison? Il est donc naturel, inévitable même, que les équations du mouvement admettent, dans tous les êtres animés, des intégrales singulières, ou, du moins, des intégrales présentant des bifurcations, à la faveur desquelles d'autres causes que les forces physico-chimiques puissent et doivent se manifester.

C'est précisément ce que porte à penser l'observation directe, au point de vue chimique, des *êtres organisés*, et spécialement des centres nerveux. Leur composition, éminemment altérable, se prête à des modifications aussi diverses que peu stables, dès que varient les circonstances de température, de milieu, etc. D'ailleurs, nulle autre part que chez les êtres vivants, la Science n'a enregistré un seul fait d'une instabilité physico-chimique comparable à la leur. Or, l'existence de solutions singulières, établissant un passage d'un état à un autre état, paraît probable dans de pareilles conditions, puisque des forces d'une petitesse extrême sont plus que suffisantes pour y produire des effets sensibles. Elle y est, en tout cas, infiniment plus admissible, que lorsqu'il s'agit de molécules à affinités énergiques, de molécules placées, en quelque sorte, sur une pente rapide, et qui tendent presque inévitablement vers un état d'équilibre stable entièrement déterminé, mais encore lointain.

13. *Cas où les équations du mouvement sont linéaires. Pourquoi les solutions singulières ont-elles presque entièrement échappé, jusqu'ici, à l'attention des mécaniciens géomètres?*

Dans ce dernier cas, et supposé que les molécules dont il s'agit se trouvassent assez près de leur équilibre avec des vitesses modérées, l'existence d'intégrales singulières proprement dites serait même impossible. On sait en effet que, lorsque des points soumis à leurs actions mutuelles oscillent de part et d'autre de certaines situations d'équilibre stable, les équations de leurs petits mouvements peuvent être approximativement réduites à la forme linéaire. Or, si l'on considère les facteurs d'intégrabilité par lesquels il faut multiplier des équations linéaires simultanées, pour que leur somme, immédiatement intégrable, donne les intégrales générales sous leur forme linéaire par rapport aux fonctions inconnues $x, y, z, x', \ldots$, on reconnaît que ces facteurs sont des fonctions explicites de la variable indépendante t seule; ils ne peuvent ainsi devenir infinis que pour des valeurs isolées de t [1]. Par suite, les intégrales générales résultent alors nécessairement des équations différentielles, leur sont équivalentes et ne laissent place à aucun autre mode de solution.

Il ne s'agit ici, bien entendu, que de solutions singulières proprement dites. Les équations différentielles linéaires n'en admettent jamais, mais elles peuvent fort bien avoir des intégrales asymptotes. Par exemple, l'équation

$$\frac{dx}{dt} + \frac{x}{t} = 0,$$

dont l'intégrale générale est

$$t x = \text{constante},$$

admet l'intégrale singulière $x = 0$, asymptote, pour $t = -\infty$ et pour $t = +\infty$, aux diverses intégrales particulières. Par exemple encore, l'équation classique

$$\frac{d^2 x}{dt^2} = x$$

a l'intégrale singulière $x = 0$, asymptote aux solutions simples

$$x = c e^{\pm t},$$

---

[1] *Voir, à ce sujet, mon* Cours d'Analyse Infinitésimale pour la Mécanique et la Physique, *t. II, calcul intégral, partie élémentaire, p. 208 et 210.*

quoiqu'elle ne le soit pas à l'intégrale générale

$$x = ce^t + c'e^{-t}.$$

Du reste, ces intégrales asymptotes n'entraînent aucune possibilité de bifurcation dans le problème des petits mouvements d'un système de points autour de certaines situations d'équilibre stable. Elles n'y existent que dans le cas où il y a des résistances passives et où, par suite, les intégrales simples représentent, non pas des oscillations exactement périodiques, mais des oscillations d'amplitude décroissante, tendant vers zéro. L'intégrale asymptote exprime alors le repos ; et elle est un lieu de réunion, non de bifurcation, pour les intégrales particulières, comme il arrive aussi dans le problème du mouvement d'un projectile sans poids à travers un milieu résistant (¹).

Observons à ce propos que les géomètres n'ont guère étudié jusqu'à présent, à part les mouvements des astres assimilés à de simples points ou à des solides rigides, que des oscillations de la matière autour de certaines positions d'équilibre stable. Il n'est donc pas surprenant que les bifurcations d'intégrales et les solutions singulières, lieux de telles bifurcations, qui ne se présentent jamais dans l'étude de ces oscillations, non plus que dans le problème du mouvement d'un système de corps obéissant à fort peu près aux lois de Képler, n'aient guère fixé leur attention qu'en Géométrie pure, ou soient restées à peu près inaperçues en Mécanique.

11. *Réflexions sur les divers modes d'action du principe directeur.*

Le principe directeur se comporte évidemment de différentes manières, suivant qu'il s'agit d'actes complètement inconscients, d'actes plus ou moins conscients, enfin d'actes délibérés, produits en pleine lumière. Dans le premier cas, son action est réglée, sans écarts possibles, par des lois supérieures, qu'on peut appeler *lois physiologiques*, et qui sont d'un ordre tout autre que celles qu'expriment les équations différentielles du mouvement. Dans le second cas, son action dépend sans doute de règles moins strictement définies. Enfin, dans le troisième, le témoignage du *sens intime* prouve que les actes

---

(¹) *Voir*, plus loin, n° 49.

sont libres, soustraits à toute prévision scientifique certaine, et qu'ils
peuvent être, tantôt indifférents, tantôt conformes et tantôt contraires
à la loi morale telle qu'elle est comprise par le *moi* qui les effectue,
le dernier cas toutefois tendant à devenir impossible à mesure que la
volonté s'épure et s'éclaire. Or ce témoignage est irrécusable au
même titre que celui des *sens externes*, lesquels, ne nous faisant après
tout connaître *immédiatement* que nos propres impressions, se
trouvent compris dans le *sens intime*, ou n'en sont que l'application
particulière aux rapports établis entre nous et les objets extérieurs par
l'intermédiaire des organes des sens.

La difficulté de reconnaître les moments où le principe directeur
entre en activité, dans la vie végétative, tient probablement au *déterminisme physiologique* qui le régit alors, et qui, en l'état imparfait
de notre Science, ne peut plus être distingué du *déterminisme
mécanique* dès qu'on entre dans le détail des faits. Peut-être aussi
cette difficulté provient-elle de ce que les solutions singulières expliquant les effets, *toujours lents et gradués*, de la vie inconsciente,
seraient des intégrales asymptotes, représentatives, dans l'ordre
physique, de *longs* raccordements dont on ne peut fixer l'endroit
précis; tandis que les solutions caractéristiques de la vie consciente
et libre seraient, au contraire, des intégrales singulières proprement
dites.

S'il en est ainsi, l'obscurité profonde qui nous cache les phénomènes purement vitaux, intermédiaires pourtant entre ceux, relativement clairs, de l'ordre physico-géométrique et de l'ordre intellectuel (¹),
pourrait bien n'être pas sans rapport avec l'impossibilité où nous
sommes de transporter aux choses réelles, en effectuant nettement les
petites corrections qui seraient nécessaires, la plupart des notions
abstraites des mathématiques, celle, en particulier, de l'*asymptotisme;*
elle décèlerait comme une infirmité native de notre esprit, ou une
extrême difficulté d'adaptation qu'il éprouverait, à l'endroit de cette
classe spéciale de réalités qui sépare le physique (vu par son côté

(¹) Comme l'a remarqué l'éminent géomètre philosophe M. Cournot, au Tome I,
p. 329, du *Traité de l'enchaînement des idées fondamentales dans les sciences et
dans l'histoire.* Il ne s'agit d'ailleurs ici, on le voit, à propos des phénomènes intellectuels et des phénomènes physiques, que d'une clarté toute relative, obtenue en
les considérant par leur côté géométrique, non au point de vue de leurs causes
cachées, où l'obscurité des faits physiques ne paraîtrait sans doute pas moins profonde
que celle des faits purement vitaux.

clair ou exprimable géométriquement) d'avec le moral ou l'intellectuel, de cette classe de réalités qui tient, en quelque sorte, le milieu entre le monde de la matière pure ou de l'étendue et celui de la pensée.

A un autre point de vue, l'intégrale asymptote se rattache tout à la fois à l'intégrale particulière, dont elle est un cas extrême, et à la solution singulière proprement dite : elle semble établir, de l'une à l'autre, la même transition que la plante réalise du minéral à l'animal. Et comme l'asymptotisme peut être peu rapide ou très rapide, de même que le sommeil de la vie inconsciente ou incomplètement consciente peut être plus ou moins profond, qu'il peut s'éloigner plus ou moins de l'état de veille, cette transition comporte de part et d'autre une infinité de degrés, rendant toute ligne de démarcation, entre le minéral, la plante et l'animal, très difficile, sinon impossible à établir.

18. *Conciliation du déterminisme mécanique, du déterminisme physiologique et de la liberté morale.*

En résumé, dans le mode d'explication des faits naturels dont je viens d'esquisser les grandes lignes d'après des données positives de l'observation et du calcul, le vrai déterminisme mécanique n'est limité par rien : il ne se trouve jamais en conflit, ni avec le déterminisme physiologique, ni avec la liberté morale. Ces deux principes supérieurs ne l'empêchent, dans aucun cas, d'accomplir pleinement son rôle, qui est de régler à chaque instant les accélérations de tous les points matériels existant dans l'Univers, d'après les lois de la composition de leurs actions réciproques égales à certaines fonctions de leurs distances. Tout être vivant, plongé dans un monde minéral qui lui est antérieur, empruntant peu à peu à ce monde les molécules constitutives de ses organes et soumis à ses influences si variées, est tenu avant tout de se conformer aux lois qu'il y trouve établies. Le principe directeur qui lui est spécial vient seulement compléter celles-ci, dans des cas où, bien que s'exerçant pleinement, elles sont impuissantes à déduire l'avenir du présent, à tracer aux phénomènes une voie complètement fixée. Les cas particuliers dont il s'agit, représentés par les bifurcations d'intégrales, par les solutions singulières des équations de mouvement, et les seuls où il y ait place pour le principe directeur, rendent d'ailleurs, à ce qui paraîtrait, son intervention aussi nécessaire alors que celle des forces physico-chimiques elles-mêmes : ils font donc de lui un agent aussi naturel que ces forces, quoiqu'il ne leur ressemble nullement par son mode d'action.

Comme le principe directeur est régi lui-même, dans ses actes inconscients ou non délibérés, par les lois supérieures qui assurent la conservation des types physiques et moraux des diverses espèces animées, un déterminisme physiologique et psychologique vient se greffer, en quelque sorte, sur le déterminisme mécanique. Mais le sens intime nous prouve qu'il ne règle pas tout, et qu'il laisse un champ encore très vaste à l'activité libre des êtres capables de réflexion.

Les équations de mouvement de l'organe de la pensée admettent donc des intégrales singulières ou qui, du moins, se bifurquent; et ces intégrales sont, pour le géomètre, l'expression de l'influence du moral sur le physique, le terrain mystérieux où se correspondent et se touchent, en quelque sorte, deux ordres de coexistences perçus cependant comme très distincts, l'ordre géométrique ou matériel, d'une part, étendu dans l'espace, l'ordre psychologique et moral, d'autre part, comprenant cette riche trame de sentiments, de pensées et de volitions dont le croisement et la succession constituent le merveilleux spectacle de notre vie intérieure. C'est de ce terrain, le seul où il puisse prendre pied sans cesser d'être libre, que l'esprit, dépourvu de toute force matérielle, parvient à régner dans le monde des corps, à diriger et à dompter les unes par les autres les puissances aveugles qui se le disputent. C'est de là qu'il modifie l'ordre géométrique des choses, sans être tenu de puiser dans leur état actuel le principe de ses déterminations, en se guidant même sur la prévision d'un avenir qui n'existe encore que pour lui, et en réalisant des plans idéalement conçus en vue d'une fin désirée.

Le champ de la liberté, constitué par certaines des intégrales singulières des équations de mouvement, paraît, il est vrai, extrêmement restreint à côté de celui du déterminisme mécanique, qui comprend toutes les intégrales particulières de ces équations, bien restreint même à côté du champ du déterminisme physiologique et psychologique, qui règle tous les actes vitaux, sensitifs, etc., indépendants de la volonté. Mais il n'en est pas moins suffisant pour faire du *moi* un agent *moral* et *responsable*. Au reste, l'unité du sujet pensant, sa manière de délibérer et de choisir, ne permettent, en effet, de supposer dans chaque être organisé intelligent qu'une suite d'actes libres, séparés par des intervalles de repos ou ne constituant pas même une série *linéaire* continue; tandis que les autres faits de l'organisme, les uns, totalement inconscients, les autres, vaguement perçus, comprennent, au contraire, un nombre incalculable de séries simultanées.

16. *La liberté morale doit être comptée parmi les causes qui se trouvent masquées dans les grands nombres; les lois de la statistique ne prouvent rien contre elle.*

Une des plus fortes objections qu'on ait élevées contre la doctrine de la liberté morale est celle qui se tire de la constance, ou du moins de la lenteur relative de variation, des nombres de crimes, d'actes individuels de toute nature, qu'une grande association humaine voit se produire chaque année. Ces nombres, expression d'effets très complexes, ne changent notablement, d'une époque à l'autre, que dans la mesure où se modifient en même temps l'état physique moyen et l'état moral moyen de la société qui les enregistre dans son sein. Parmi les causes qui entrent en part dans leur formation, celles-là seules y paraissent, ou ne sont pas masquées, qui agissent bien plus souvent dans un sens que dans le sens contraire; et leur influence se dénote, en général, sur des quantités d'autant moindres de faits, qu'elles sont elles-mêmes plus grandes ou de directions moins changeantes. Or la liberté morale n'est évidemment pas de ce nombre. Il est de son essence même de n'être portée par aucune raison déterminante à choisir tel parti plutôt que tel autre; seuls, les mobiles qui éclairent ou se disputent son choix, mais avec lesquels il faut se garder de la confondre elle-même, permettent de prévoir, dans chaque cas, avec une probabilité plus ou moins grande, la détermination qui sera prise.

Au nombre de ces mobiles, on doit comprendre en premier lieu, bien entendu, le degré plus ou moins élevé de délicatesse du sens moral des individus et la portée plus ou moins étendue de leur esprit, degré ou portée, qui, dans certains cas, peuvent atteindre un niveau suffisant pour rendre extrêmement improbable, moralement impossible même, la réalisation de certaines hypothèses, de tel ou tel crime, par exemple, et restreindre ainsi beaucoup les écarts des faits observés d'avec les faits prévus. C'est ainsi que devient possible la confiance mutuelle entre les divers membres d'une société. Alors la liberté s'épure et grandit, mais sans que son domaine devienne plus restreint ; car ce qu'elle perd du côté du mal, elle le gagne du côté du bien, en concevant et en réalisant de ce côté des actes qui lui auraient été impossibles d'abord. Son champ se déplace donc ; mais, bien loin de décroître, il grandit, vu que, au bas de l'échelle des êtres moraux, là où règnent encore tous les appétits physiques, la liberté n'est, visiblement, pas aussi étendue qu'au haut de la même échelle.

Il est donc naturel que l'influence *propre* de la volonté s'élimine en majeure partie des *grands nombres* que recueille la *statistique*, à l'exception de l'influence de quelques volontés singulièrement puissantes. Tout en ayant dans le détail des actes un rôle considérable et même prépondérant, sur lequel se fondent le *mérite* ou le *démérite* individuels, elle n'a presque d'autre effet général que de modifier graduellement ces grands nombres, d'année en année, dans la proportion même où elle change l'état moyen de la société (¹).

(¹) Remarquons encore que le même motif, pour lequel les causes agissant indifféremment dans des sens opposés s'éliminent presque de la moyenne d'un grand nombre de faits où elles interviennent, montrent qu'elles doivent s'éliminer également des rapports qui expriment comment ces faits se distribuent quand on les classe d'après leurs écarts individuels d'avec la moyenne. Mais il faut, pour cela, que les nombres *partiels* composant chaque groupe, ou correspondant à un écart compris entre deux limites déterminées, soient séparément considérables : il ne suffit plus qu'ils aient pour somme un grand nombre. Alors seulement les oscillations que présentent les faits observés, en deçà et au delà de la moyenne, deviennent régulières, soumises à des lois comme la moyenne elle-même, parce qu'elles reflètent, comme elle, l'effet de causes constantes, quoique moins étendues ou d'une portée secondaire. Ces lois ne sont, en d'autres termes, que des applications particulières de la loi générale des grands nombres ; et l'on ne peut en faire le sujet d'une objection spéciale contre la liberté.

CHAPITRE III.

EXEMPLES DE SOLUTIONS SINGULIÈRES DANS DES QUESTIONS DE
MÉCANIQUE : ELLES NE S'Y PRÉSENTENT QUE POUR CERTAINS
MODES D'ÉTAT INITIAL, ARTIFICIELLEMENT IRRÉALISABLES.

17. *Considérations sur le problème réel des mouvements vitaux et sur sa complication : nous ne pourrons étudier en détail que des cas fictifs bien plus simples.*

Je désirerais pouvoir montrer sur quelques exemples comment les équations de mouvement d'un système de points admettent parfois des solutions singulières, et comment la détermination de la suite du mouvement exige alors, en outre des lois physico-chimiques exprimées par ces équations, l'intervention d'un principe directeur spécial. Mais, d'après une raison *a posteriori* exposée au n° 12 (p. 22), le cas dont il s'agit ne doit guère être réalisé par la nature que chez les êtres animés qu'observe le physiologiste, c'est-à-dire dans les systèmes matériels appelés *organismes vivants*. Or c'est précisément pour de tels systèmes que les équations différentielles paraissent présenter le plus haut degré de complication; et il paraît peu probable qu'on puisse, de longtemps, songer à trouver leur forme, encore moins à les intégrer. Je serai donc réduit ici à me contenter d'exemples fictifs; je les choisirai aussi simples que possible et conformes aux principes généraux de la Mécanique, propres par suite, autant que nous pourrons en juger, à donner une idée juste de la manière dont la vie, à ses divers états, influe sur les choses du monde visible sans y porter le trouble.

Avant d'exposer ces exemples, et afin de diminuer nos regrets de l'abandon dans lequel nous semblerons laisser le problème réel, arrêtons-nous un instant à sonder les difficultés de ce problème, qui aurait pour objet l'explication analytique des phénomènes matériels de la vie. Il faudrait évidemment y tenir compte, à la fois, des actions intérieures de l'organisme et des réactions exercées continuellement sur ses diverses parties par le milieu ambiant. Ces réactions ne pourraient pas, d'ailleurs, être supposées, avec une approximation suffisante, exprimables en fonction explicite du temps, si ce n'est peut-être dans quelques cas restreints ; car elles dépendent à toute époque des situations relatives des atomes en présence et, par conséquent, de toutes les causes, y compris le principe directeur, qui ont réglé la suite des changements survenus dans le système jusqu'à l'époque considérée. En d'autres termes, elles varient notablement avec l'état actuel de l'organisme qu'elles affectent.

Mais ce n'est pas tout ; outre des échanges d'énergie, il se produit à chaque instant, à travers la surface d'un corps animé, des échanges de matière entre le dehors et le dedans. Or ceux-ci, quoique ne renouvelant qu'au bout de temps très notables les matériaux des rouages les plus actifs, sont assez abondants pour qu'un organisme ne puisse pas être assimilé à un système matériel composé toujours des mêmes molécules ; il faudrait le rapprocher, dans une certaine mesure, de ces sytèmes, à substance rapidement changeante, dont le type nous est fourni par le nuage *fixe* que le sommet froid d'une montagne condense au milieu d'un grand vent, ou, plus simplement, par une onde de forme stable, propagée au sein d'un liquide en repos, et qui impose certaines vitesses, avec un certain mode de groupement, à une matière sans cesse renouvelée.

18. *Analogies d'un organisme vivant avec une onde.*

Ce n'est sans doute qu'à ce rajeunissement continuel des organes, à la réaction exercée par les particules nouvellement introduites, pendant le temps qu'elles emploient à passer de l'état d'aliments à l'état de résidus épuisés, que la vie doit de pouvoir se soutenir à travers les phases successives qu'elle parcourt. Tel l'oiseau, pour ne pas tomber, est obligé de transmettre à l'air le mouvement descendant dû à son propre poids, et même de le communiquer à des couches atmosphériques toujours nouvelles, faute de pouvoir imprimer à celles-ci, pendant le temps qu'il les touche, une vitesse supérieure à la limite que comporte le degré de vigueur de ses ailes. On dirait que les êtres animés ont besoin de s'appuyer sur des résistances analogues, nées de mouvements incessamment transmis à de nouvelles portions de matière, pour se maintenir dans l'instabilité physico-chimique hors de laquelle il n'y a que la mort, c'est-à-dire le règne des lois mécaniques seules. Ce seraient donc ces résistances, variables avec l'état d'exaltation des fonctions vitales et se proportionnant, entre certaines limites, aux besoins de chaque instant, qui constitueraient le pouvoir de conservation de la vie, son moyen de défense contre les causes de destruction, et qui assureraient, pendant un temps plus ou moins long, l'existence de l'individu ou surtout celle de l'espèce.

Il ne faut pas d'ailleurs s'exagérer l'analogie du Mécanisme de la vie avec celui de la propagation d'un mouvement ondulatoire, où nous trouvons l'exemple le plus simple d'un état dynamique persistant sous une matière changeante. Dans le choc d'une bille élastique contre une série d'autres billes de même grandeur, dans une onde sonore condensée qui progresse, dans une intumescence liquide propagée le long d'un canal, etc., le mouvement est transmis, à peu près intégralement, d'une bille ou d'une tranche matérielle aux suivantes, grâce à une compression ou à une surélévation de niveau croissantes, qui font d'abord prédominer sur chaque tranche les impulsions exercées d'arrière en avant et communiquent à la tranche une certaine vitesse, suivies d'une détente ou d'un abaissement également croissants, pendant lesquels les impulsions d'avant en arrière, prédominant sur chaque tranche, ralentissent son mouvement et la ramènent enfin au repos. Toutes les parties d'une même tranche entrent à la fois dans le système mobile et en sortent à la fois. Au contraire, les différents matériaux que s'assimile un organisme emploient des temps très inégaux à le traverser. De plus, les couches élastiques successivement atteintes et puis délaissées par une onde se trouvent finalement dans le même état physico-chimique qu'au début; en sorte que l'onde n'est guère un agent de transformation qu'en ce sens, qu'elle a fait avancer, d'une petite quantité constante, un nombre de plus en plus grand de couches, savoir, celles qu'elle abandonne après s'en être servi pour transporter plus loin l'énergie qui la constitue. Or il faut avouer qu'une telle transformation est une bien pâle image des *fermentations*, aussi variées qu'incessantes, sans lesquelles la vie n'est pas possible et dont certaines persistent même un certain temps après la mort.

Toutefois, et comme si l'analogie devait se continuer jusqu'au bout malgré ce qu'on y sent de défectueux, l'imperfection d'élasticité, les frottements, etc., usent peu à peu l'énergie d'une onde, jusqu'à ce qu'ils l'aient dissipée ou éteinte, après avoir fait passer la forme de l'onde par diverses phases dont la dernière, correspondant à l'*état adulte* des êtres vivants, est de beaucoup la plus longue; de même qu'une cause inconnue d'épuisement amène la mort naturelle, quand l'organisme a dépensé tout son pouvoir d'évolution, qu'il avait comme prodigué durant les premières périodes de l'existence (¹).

Insistons, un instant encore, sur la commune rapidité relative avec laquelle se produit, chez les deux termes de notre comparaison, la forme destinée à prédominer. D'une part, en effet, toute intumescence de médiocre grosseur, produite à l'entrée d'un canal de largeur constante, à fond horizontal, et contenant une eau en repos, tend très vite, dès le début de sa propagation indéfinie le long du canal, vers sa forme limite d'*onde solitaire*, qui est parfaitement déterminée en fonction de son énergie totale et des dimensions transversales de la masse fluide en repos. D'autre part, le germe d'un être animé, placé dans les circonstances qui lui conviennent et au milieu de conditions extérieures sensiblement constantes, semble, lui aussi, presque aussi pressé que l'onde de traverser les formes transitoires qui doivent le conduire à sa figure de l'état adulte. Celle-ci persiste ensuite, dans tous ses traits essentiels, pendant les périodes d'accroissement et de décadence, tout comme l'onde conserve sa physionomie, ses proportions caractéristiques, à mesure qu'elle s'use et s'efface peu à peu sous l'influence des frottements.

On trouve, il est vrai, surtout chez les invertébrés, des exceptions à cette loi. Tel est notamment le cas des animaux à métamorphoses, par exemple, des insectes, dont l'existence comprend deux périodes comparables entre elles pour la durée (sauf quand la seconde est rendue la plus courte par impossibilité d'alimentation), où la forme de l'être et son mode de vie sont très différents. On pourrait peut-être, jusqu'à un certain point, voir quelque analogie entre un

---

(¹) Voir, par exemple, dans mon *Essai sur la théorie des eaux courantes* (*Recueil des savants étrangers de l'Académie des Sciences de Paris*, t. XXIII, p. 387 et 40.; t. XXIV, p. 45 et 51), la manière dont une *onde solitaire* et une *houle* évoluent ou se *règlent* en diverses circonstances, quant à leurs formes et à leurs dimensions.

organisme pareil et une onde d'une assez grande hauteur, propagée d'aval en amont le long d'un cours d'eau légèrement torrentueux. Une telle onde, tant qu'elle conserve une fraction assez forte de sa hauteur primitive, surmonte le courant et progresse vers l'amont, tandis qu'elle est, au contraire, emportée vers l'aval et déformée avec une autre vitesse, à partir de l'instant où sa hauteur devient inférieure à une certaine limite. Les conditions particulières, d'ailleurs constantes, que présente par rapport à une pareille intumescence le milieu fluide où elle doit évoluer, sont donc telles, qu'il suffit de modifications légères et continues, survenues chez l'onde même, pour la faire changer complétement de direction et beaucoup d'allure, c'est-à-dire pour scinder son existence en deux parties bien distinctes, opposées même, de grande durée l'une et l'autre. Une période d'immobilité apparente, comme pour l'insecte dans son état intermédiaire de *chrysalide*, marque la transition de la première partie de l'évolution à la seconde.

Ajoutons encore, pour compléter cette analogie, qu'une onde solitaire, tout comme un organisme, sait s'adapter jusqu'à un certain point aux circonstances, se transformer, quant au volume, aux dimensions et à la vitesse de propagation, sous l'influence de son milieu, lorsque celui-ci éprouve des modifications assez peu étendues ou assez graduelles; tels sont, par exemple, pour une onde solitaire propagée le long d'un canal, des changements bien continus de la largeur ou de la profondeur. Et si, au contraire, les changements surviennent d'une manière trop brusque ou dépassent certaines limites, il y a, de part et d'autre, destruction du système mobile, du moins dans son individualité. Tel est le *déferlement*, c'est-à-dire la rupture en masse, qu'éprouve une forte vague arrivant du large sur une plage en pente douce, dès qu'une suffisante profondeur d'eau vient à lui manquer.

10. *Contraste, à un autre égard, d'un organisme et d'une onde : dualité sexuelle dans chaque espèce.*

Mais je ne sais si l'on trouverait, dans les faits de l'ordre inorganique, y compris les phénomènes chimiques de décomposition et de combinaison, quelque image un peu précise du caractère propre de l'évolution physique des êtres sexués, considérée surtout en ceux qui occupent un certain rang de l'échelle animale. Une analogie cristallographique s'y offre, cependant, d'elle-même à l'esprit.

Le caractère dont il s'agit consiste dans l'existence, chez une même espèce animée, de deux formes très distinctes d'équilibre dynamique, formes non pas successives, comme il arrive pour les êtres à métamorphoses, mais simultanées et correspondantes, exprimant une sorte de dédoublement nécessaire du type, ou comme deux faces différentes de l'idée de l'espèce, et vers l'une ou l'autre desquelles tendent très rapidement les individus, à partir d'un même état intermédiaire, éminemment instable, qui paraît être presque le même pour tous. Le type de ces espèces, considéré comme *un* et dans sa pleine signification, n'a donc pas d'expression concrète, ou se rapporte tout au plus à une manière d'être sans durée ni développement notable, dont approcherait l'état embryonnaire à son début; et il ne devient réalisable que par la perte de son unité, c'est-à-dire sous les deux formes persistantes en lesquelles il se dédouble, mais qui diffèrent trop pour pouvoir coexister dans un seul organisme (des espèces supérieures).

On dirait que les individus y prennent deux voies divergentes, suivant qu'ils se trouvent d'abord un peu à droite ou un peu à gauche du point de séparation des pentes opposées conduisant aux deux formes possibles; et ils s'éloignent ainsi tellement de leur état primitif commun, nécessaire pourtant, semble-t-il, comme point de départ, aux nouveaux êtres, que chacun d'eux est désormais impuissant à le reproduire dans aucune partie de sa substance. On s'explique donc ainsi, d'une certaine manière, qu'une fusion intime d'éléments appartenant aux deux formes soit indispensable, pour reconstituer cet état *moyen* et assurer la perpétuité de l'espèce.

Deux cristaux dissymétriques, l'un droit, l'autre gauche, d'un même corps chimique, comme, par exemple, deux quartz à pouvoirs rotatoires inverses, sont peut-être, dans l'ordre inorganique, l'image la moins infidèle possible de ce dédoublement de chaque espèce vivante en deux formes mutuellement *complémentaires*, pour ainsi dire. De même que les dissymétries individuelles de ces cristaux donnent, une fois ceux-ci *appariés*, un tout symétrique où elles offrent, l'une par rapport à l'autre, une sorte de similitude et même d'égalité, dans laquelle les parties planes correspondantes ou *pareilles* présentent des dispositions inverses, de même aussi, en passant à l'autre terme de notre comparaison, les deux formes caractéristiques d'une espèce vivante ou, si l'on aime mieux, deux individus les personnifiant, pourront être qualifiés de *différemment semblables*, suivant une heureuse expression employée, à propos d'une grande question religieuse (la réversibilité *libre* des mérites), par Joseph de Maistre, vers la fin des *Soirées de Saint-Pétersbourg* (¹).

20. *Des solutions singulières qui se présentent dans le problème du mouvement d'un point pesant le long d'une route infiniment polie.*

Je commencerai par le problème de Mécanique le plus simple, ce me semble, qui comporte des solutions singulières, je veux dire celui du mouvement d'un petit corps pesant le long d'une courbe fixe infiniment polie. Quoique les résultats en soient presque évidents et faciles à se représenter, il est peut-être le plus abstrait de ceux que j'étudierai, à cause de la supposition qu'on y fait de l'absence de tout frottement. Cette hypothèse revient, en effet, à admettre que la très petite déformation, déformation instantanée, produite à chaque moment par le corps mobile sur la courbe fixe, est parfaitement symétrique de part et d'autre d'une normale menée à cette courbe, et que, par suite, la réaction totale exercée sur le point mobile est dirigée suivant la même normale ou n'a pas de composante dans le sens de la tangente à la trajectoire. Or, on sait qu'une telle symétrie n'est guère possible qu'au sommet de la courbe ou au fond de ses creux, et, encore, seulement quand le point pesant s'y trouve tout à fait en repos. Quoi qu'il en soit, les géomètres sont très familiarisés avec ce problème, dont les hypothèses approchent d'autant plus d'être réalisées que la route matérielle sur laquelle glisse ou roule le corps pesant est plus rigide et mieux polie.

Je prendrai pour plan des xy un plan horizontal tangent à la courbe

---

(¹) C'est à la page 400 du Tome II des *Soirées*, dans l'édition de 1854 (Pélagaud, à Lyon et à Paris). Peut-être, toutefois, cette expression « différemment semblables » devrait-elle être attribuée plutôt à Origène, que de Maistre, à cet endroit, semble traduire, en d'assez longs passages, tantôt du περὶ Ἀρχῶν, tantôt d'autres œuvres, qu'il cite, du grand théologien d'Alexandrie. Origène y envisage, dans la question de réversibilité des mérites, ou de substitution des victimes, deux cas *différemment semblables*, suivant que l'être *innocent* qui *s'offre de son plein gré* à la Justice divine pour payer la dette de ses frères (adoptifs ou naturels), est le Fils de Dieu (fait homme) ou une simple créature.

donnée et pour axe des z la normale au point de contact, dirigée vers le bas. Je supposerai, de plus, la courbe définie par une relation entre l'ordonnée z de chaque point et l'arc s, compté, depuis l'origine jusqu'à ce point, positivement quand on le parcourt dans un certain sens à l'instant où l'on quitte l'origine, négativement dans le cas contraire. On sait que l'accélération tangentielle $\frac{d^2 s}{dt^2}$ égale à chaque instant la projection $g\frac{dz}{ds}$ de la gravité g sur la tangente à la trajectoire. L'équation du mouvement est donc

$$(1) \qquad \frac{d^2 s}{dt^2} = g\frac{dz}{ds} \qquad \text{ou} \qquad \frac{dv}{dt} = g\frac{dz}{ds} = \frac{g}{v}\frac{dz}{dt}.$$

v désignant la vitesse $\frac{ds}{dt}$. Multiplions cette relation (1) par le facteur $2v$, qui ne devient jamais infini, et par le facteur dt; puis intégrons le résultat, et déterminons la constante arbitraire au moyen des conditions d'état initial, par exemple, dans l'hypothèse que le mobile soit parti de l'origine, ou puisse y arriver, avec une certaine vitesse, v_0. Il viendra l'équation, bien connue, des forces vives

$$(2) \qquad v^2 = 2gz + v_0^2 \qquad \text{ou} \qquad \frac{ds}{dt} = \pm\sqrt{2gz + v_0^2}.$$

Elle a généralement un peu plus d'étendue que l'équation (1); car elle peut admettre des solutions

$$v = 0 \qquad (\text{pour } t \text{ variable avec continuité}).$$

étrangères à (1) et introduites à la faveur du facteur $2v$ qui a permis d'intégrer.

  Soit

$$(3) \qquad z = \frac{1}{2g} f(s)$$

l'équation donnée de la trajectoire. L'intégrale première (2) équivaudra donc à

$$(4) \qquad \frac{ds}{dt} = \pm\sqrt{f(s) + v_0^2};$$

ce qui revient à écrire

$$\sqrt{f(s) + v_0^2}\left[dt \mp \frac{ds}{\sqrt{f(s) + v_0^2}}\right] = 0.$$

On y satisfait : 1° soit en annulant la quantité entre parenthèses, et posant par suite

$$(5) \qquad t = \pm \int \frac{ds}{\sqrt{f(s) + v_0^2}} + \text{une constante } c,$$

durant tout intervalle de temps pendant lequel la vitesse v reste positive ou négative ; 2° soit en annulant au contraire l'inverse, $\sqrt{f(s) + v_0^2}$, du facteur $\frac{1}{v}$ d'intégrabilité, ce qui donne l'équation

$$(6) \qquad f(s) + v_0^2 = 0 \qquad \text{ou} \qquad v = 0.$$

Celle-ci comprend toutes les solutions singulières de (4). On voit qu'elle n'est satisfaite que pour certaines valeurs déterminées de s, de manière que les diverses intégrales singulières de (4) sont de la forme

$$s = \text{const.} \qquad \text{(quel que soit } t\text{)}.$$

Mais, comme il se peut que ces solutions $s = \text{const.}$, correspondant à $v = 0$, soient précisément celles qui rendent l'équation (2) plus générale que (1), on devra les écarter si elles ne vérifient pas l'équation différentielle (1) du mouvement, c'est-à-dire si elles ne donnent pas

$$(7) \qquad \frac{ds}{dt} = 0 \qquad \text{ou} \qquad f'(s) = 0.$$

En d'autres termes, les points où la vitesse s'annule, en vertu des conditions initiales, doivent être au nombre de ceux où la tangente est horizontale, et qui sont des positions naturelles d'équilibre du mobile, pour qu'on obtienne une intégrale singulière de l'équation du mouvement en exprimant que le mobile y reste fixé. Si la constante v_0 n'a pas précisément une valeur telle, que la vitesse s'annule en un de ces points, le problème n'admettra aucune intégrale singulière.

En résumé, *les solutions singulières cherchées correspondent aux positions d'équilibre où le mobile arrive sans vitesse :* celles-ci peuvent être, soit des sommets de la courbe, soit des points d'inflexion où la tangente est horizontale et que le mobile atteint en venant d'en bas, soit enfin, plus exceptionnellement, des points singuliers (multiples, de rebroussement, etc.) ayant une ou plusieurs tangentes horizontales. J'appellerai *points d'arrêt* de telles positions ; la vitesse et l'accélération y seront les mêmes dans le mouvement représenté par l'intégrale générale (5) que dans la solution singulière $s =$ const.; en sorte que le mobile pourra, au gré du principe directeur, et sans que la loi physique (1) soit violée, s'y arrêter pendant un temps *quelconque*, puis effectuer son départ, *arbitrairement*, du côté vers lequel les s croissent ou du côté opposé, du moins dans le cas ordinaire où le point d'arrêt considéré est un sommet. Lorsque c'est un point d'inflexion, le mobile, ne pouvant que descendre, devra revenir sur ses pas; mais *l'instant du départ* restera *au choix* du principe directeur. Enfin, si c'est un point singulier, le choix portera également sur la branche de courbe qui deviendra la nouvelle trajectoire. Les points d'arrêt seront donc le *siège* du principe directeur, la région où se trouve localisé son pouvoir, qui ne s'exercera que là sur le mobile.

21. *Grande multiplicité possible de ces solutions : existence de cas où le rôle du pouvoir directeur n'est jamais terminé.*

Il y aura d'autant plus de points d'arrêt que la courbe possédera, au niveau où la vitesse est nulle, plus de sommets, et de points d'inflexion ou singuliers à tangente horizontale, reliés les uns aux autres, ou chacun d'eux à lui-même, par des arcs situés au-dessous du plan horizontal qui les contient. Ces arcs pourront être en nombre aussi considérable qu'on voudra, surtout si, la courbe étant plane ou gauche, les points d'arrêt sont des intersections d'un degré élevé de multiplicité, d'où rayonneront diverses branches tangentiellement à un même plan horizontal. Il est évident que, dans ce dernier cas, et quelque nombreuses que soient les tangentes ainsi que les branches qui ont tangente commune, le principe directeur pourra choisir, après chaque station, l'arc de courbe sur lequel devra s'engager le mobile.

Qu'il y ait un seul point d'arrêt, ou plusieurs points d'arrêt susceptibles d'être atteints successivement par le corps, il importe de distinguer le cas où toutes les branches descendantes, émanées de ces points, remontent ensuite tout au moins à leur niveau de départ, du cas où quelques-unes se prolongent indéfiniment en dessous. Dans le premier cas, les arrêts se succèdent sans fin, soit que le mobile stationne aux points extrêmes de sa course, soit que, tiré en arrière à

ces endroits, il revienne sur ses pas sans que son accélération s'y soit
annulée. Le principe directeur ne cesse donc jamais d'être nécessaire, et la loi physique du mouvement, en ramenant indéfiniment le
mobile aux points où siège son pouvoir, rend possible, à certains
égards, l'exercice de ce pouvoir, bien loin de le gêner. Dans le second
cas, au contraire, toute intervention du principe directeur cesse dès
que le mobile s'est engagé le long d'une branche descendante qui ne
remonte plus au niveau où la vitesse est nulle; à partir de ce moment,
le système est comme *mort*, ou livré exclusivement aux forces mécaniques seules.

22. *Distinction des intégrales asymptotes et des solutions singulières
proprement dites.*

Il nous reste à voir actuellement à quel caractère on reconnaîtra si un point
d'arrêt est atteint au bout d'un temps *assignable* par le mobile qui en
approche, ou s'il n'est atteint qu'asymptotiquement, c'est-à-dire de manière
que le mobile n'y arrive, *au point de vue abstrait*, qu'au bout d'un temps
infini, et ne s'en sépare de même, dans le cas où on l'y supposerait d'abord
placé, qu'au bout d'un temps infini. L'intégrale correspondante $s = $ const. sera
évidemment une solution singulière proprement dite, quand le temps employé
par le corps à parvenir au point d'arrêt ou à le quitter aura une valeur déterminée; elle sera une intégrale asymptote, quand l'analyse présentera, au contraire, ce temps comme infini.

Pour simplifier, convenons de compter les arcs s à partir du point d'arrêt
considéré, et positivement le long de la branche de courbe où se trouve le
corps. La constante c_0 étant alors nulle, les deux relations (6) et (7) exigeront qu'on ait

$$(7\ bis) \qquad\qquad f(0) = 0, \qquad f'(0) = 0.$$

J'admettrai que, pour s positif et très petit, la fonction positive $f(s) = 2gz$
soit comparable au produit d'une certaine puissance, s^{2m}, de s par une cer-
taine puissance, $\left(\log \dfrac{a}{s}\right)^{2k}$, du logarithme naturel de $\dfrac{a}{s}$, a désignant une longueur constante quelconque. Si le point d'arrêt considéré est un sommet ne
présentant rien de particulier, z sera simplement, comme on sait, de l'ordre
de s^2, en sorte qu'on aura $k = 0$, $m = 1$. On peut donc poser plus générale-
lement

$$(8) \qquad\qquad 2gz = f(s) = \varphi(s) \left(\log \dfrac{a}{s}\right)^{2k} s^{2m},$$

où $\varphi(s)$ désigne une fonction qui n'est ni nulle, ni infinie pour $s = 0$. Soit
$\varphi(0) = K^2$, et cette expression de $f(s)$ deviendra, sauf erreur relative négli-

geable, aux points très voisins de l'origine que nous aurons à considérer,

$$(8\ bis) \qquad 2gs = f(s) = \mathrm{K}^2 \left(\log\frac{a}{s}\right)^{2k} s^{2m}.$$

Dans celle-ci, l'arc s pourrait d'ailleurs être remplacé, sans erreur relative appréciable, par une abscisse comptée à partir du sommet le long de la tangente horizontale; en sorte que la relation (8 *bis*), existant à fort peu près entre deux coordonnées rectilignes, représente bien une certaine ligne quels que soient k et m, pourvu que $f(s)$ et $f'(s)$ s'annulent pour $s = 0$, comme on le suppose. Je différentierai l'équation de la courbe sous cette dernière forme (8 *bis*); ce qui sera permis si l'on admet que la petite partie négligée de $f(s)$ ne varie pas, aux environs de l'origine, beaucoup plus vite que la partie principale. Il viendra

$$(9) \qquad f'(s) = 2\mathrm{K}^2 s^{2m-1} \left[m\left(\log\frac{a}{s}\right)^{2k} -- k\left(\log\frac{a}{s}\right)^{2k-1} \right].$$

Comme la deuxième condition (7 *bis*) oblige le second membre de (9) à s'annuler pour $s = 0$, l'exposant $2m - 1$ ne pourra jamais être négatif. Car, en supposant même k négatif aussi, de manière à faire annuler à la même limite le facteur $\left(\log\frac{a}{s}\right)^{2k}$, le second membre de (9), s'il était comparable à un produit de la forme $\left(s^2 \log\frac{a}{s}\right)^{2k}$, avec $\alpha > 0$, deviendrait infini et non pas nul pour $s = 0$.

On sait, en effet, que le logarithme d'une variable $\frac{a}{s}$ indéfiniment croissante, est infiniment moins grand que toute puissance $\left(\frac{a}{s}\right)^{\alpha}$, à exposant positif, de la même variable, ou que, par suite, son produit par s^{α} est infiniment petit. Il est, de plus, évident que l'hypothèse $2m - 1 = 0$ ou $m = \frac{1}{2}$ ne donne $f(0) = 0$ qu'autant que k est négatif. Donc, à part ce cas particulier $\left(m = \frac{1}{2}\ \text{et}\ k < 0\right)$, on devra prendre

$$(10) \qquad m > \frac{1}{2}.$$

Alors la dérivée première $f'(s)$ s'annulera bien pour $s = 0$, quels que soient le signe et la grandeur de k. Quant à l'expression de $f(0)$, elle s'annule pour toutes les valeurs positives de m; ainsi, il n'y a pas lieu de s'occuper de la première condition (7 *bis*), vérifiée toutes les fois que la seconde l'est.

Cela posé, et s désignant le très petit chemin qui, à l'époque t, reste à parcourir pour que le mobile atteigne l'origine, la formule (5), prise avec le signe inférieur à cause de $v < 0$, donnera

$$(10\ bis) \qquad dt = \frac{-ds}{\sqrt{f(s)}},$$

ou bien, en remplaçant $f(s)$ par sa valeur approchée (8 *bis*) et appelant ensuite εk un très petit exposant constant, d'ailleurs quelconque,

$$(11)\qquad dt = \frac{-s^{-m}\,ds}{K\left(\log\frac{a}{s}\right)^k} = \frac{-s^{-(m\pm\varepsilon k)}\,ds}{K\left(s^{\pm\varepsilon}\log\frac{a}{s}\right)^k}.$$

La somme des valeurs de dt, jusqu'au moment où s s'annulera et où le mobile atteindra le point d'arrêt, a donc pour valeur l'intégrale définie

$$(12)\qquad \int_0^s \frac{ds}{\sqrt{f(s)}} = \frac{1}{K(1-m\pm\varepsilon k)}\int_{s=0}^{s=s} \frac{d.s^{1-m\pm\varepsilon k}}{\left(s^{\pm\varepsilon}\log\frac{a}{s}\right)^k}.$$

Distinguons actuellement les trois cas $m<1$, $m>1$, $m=1$.

Si m est moindre que 1, ε pourra être choisi assez petit pour que l'exposant $1-m\pm\varepsilon k$ soit positif; et, alors, en prenant, au dénominateur, ε avec un signe contraire à celui de k, ou tel, que $\left(s^{\pm\varepsilon}\log\frac{a}{s}\right)^k$ devienne infini pour $s=0$, ce dénominateur ne descendra pas au-dessous d'un certain nombre fini M, pour les très petites valeurs de s que l'on considère. Par suite, l'intégrale (12) sera moindre que la quantité

$$\int_{s=0}^{s=s} \frac{d.s^{1-m\pm\varepsilon k}}{KM(1-m\pm\varepsilon k)} = \frac{s^{1-m\pm\varepsilon k}}{KM(1-m\pm\varepsilon k)},$$

qui tend vers zéro en même temps que s. Donc le point d'arrêt correspond toujours à une solution singulière proprement dite quand m est plus petit que 1, ou quand l'exposant $2m$ est compris entre 1 et 2.

Dans le cas contraire où m est supérieur à l'unité, on peut choisir ε assez petit pour que l'expression $1-m\pm\varepsilon k$ soit négative; et le dernier membre de (12), si l'on y prend, au dénominateur, ε avec le signe de k, est visiblement infini. En effet, ce dénominateur $\left(s^{\pm\varepsilon}\log\frac{a}{s}\right)^k$, nul pour $s=0$, sera inférieur à un nombre fini M pour les très petites valeurs de s. L'intégrale (12) est donc plus grande que

$$\int_{s=s}^{s=0} d\,\frac{1}{KM(m-1\mp\varepsilon k)s^{m-1\mp\varepsilon k}} = \infty.$$

Ainsi, le point d'arrêt correspond à une solution intégrale asymptote quand m est plus grand que 1, ou quand l'exposant $2m$ est supérieur à 2.

Enfin, dans le cas intermédiaire où l'on a précisément $m=1$, la formule (11) donne

$$(13)\qquad dt = \frac{1}{K}\,\frac{d\log\frac{a}{s}}{\left(\log\frac{a}{s}\right)^k} = \frac{1}{K(k-1)}\,d\,\frac{-1}{\left(\log\frac{a}{s}\right)^{k-1}}.$$

Si le nombre k est supérieur à l'unité, la somme des valeurs de dt, jusqu'au moment où s s'annule et où $\frac{a}{s}$ devient infini, se trouve donc exprimé par

$$\frac{1}{\mathrm{K}(k-1)\left(\log\frac{a}{s}\right)^{k-1}},$$ quantité finie, qui tend vers zéro en même temps que s.

Si l'on a, au contraire, $k=1$, ou $k<1$, l'intégrale indéfinie, devenue soit

$$\frac{1}{k}\log\left(\log\frac{a}{s}\right),$$

soit

$$\frac{1}{k(1-k)}\left(\log\frac{a}{s}\right)^{1-k},$$

grandit au delà de toute limite pour $s=0$. Donc, dans le cas intermédiaire $m=1$, le point d'arrêt correspond à une solution singulière proprement dite ou à une intégrale asymptote, suivant que l'exposant $2k$ est ou n'est pas supérieur à 2.

La dérivée seconde de $f(s)$, obtenue en différentiant la formule (9), a pour expression

$$f''(s) = 2\mathrm{K}^2 s^{2m-2}\left[m(2m-1)\left(\log\frac{a}{s}\right)^{2k} - k(4m-1)\left(\log\frac{a}{s}\right)^{2k-1}\right.$$
$$\left. + k(2k-1)\left(\log\frac{a}{s}\right)^{2k-2}\right].$$

Comme s ne reçoit ici que de très petites valeurs, le polynome affecté des puissances, à exposants décroissants, de $\log\frac{a}{s}$, peut être réduit à son premier terme; et il vient simplement

$$(14)\quad\begin{cases} f''(s) = 2m(2m-1)\mathrm{K}^2\left(\log\frac{a}{s}\right)^{2k} s^{2m-2} & (\text{pour } 2m>1),\\[2mm] f''(s) = -2k\mathrm{K}^2\left(\log\frac{a}{s}\right)^{2k-1} s^{-1} & (\text{pour } 2m=1).\end{cases}$$

À la limite $s=0$, cette dérivée seconde s'annule si $2m$ est >2; elle devient infinie, si $2m$ est <2; et, dans le cas intermédiaire $2m=2$, elle devient nulle finie ou infinie, suivant que k se trouve négatif, nul ou positif. Elle est donc infinie, comme il le fallait bien d'après une loi énoncée au n° 9 (p. 17), toutes les fois que le point d'arrêt correspond à une solution singulière proprement dite; et elle l'est même dans quelques-uns des cas où ce point correspond à une intégrale asymptote, savoir, quand on a $m=1$ et k positif ne dépassant pas 1. Comme d'ailleurs $f''(s)$ est le produit du facteur constant $2g$ par la dérivée seconde $\frac{d^2 z}{ds^2}$, dont le carré est un des trois termes qui entrent dans l'expression connue

$$\left(\frac{d^2x}{ds^2}\right)^2 + \left(\frac{d^2y}{ds^2}\right)^2 + \left(\frac{d^2z}{ds^2}\right)^2$$

du carré de la courbure de la trajectoire, on voit qu'*un point d'arrêt ne peut correspondre à une solution singulière proprement dite, qu'autant que la courbe décrite par le mobile est affectée, en ce point, d'une courbure infinie. Il faut, du reste, observer que cette condition n'empêche nullement la tangente d'y être horizontale* [1].

23. L'ordre du contact des solutions singulières proprement dites avec l'intégrale générale peut être très élevé et même infini.

Examinons enfin jusqu'à quel degré la continuité est sauvegardée, dans le passage d'une intégrale particulière quelconque à l'intégrale singulière, $s = 0$, que représente le point d'arrêt considéré.

Ce degré sera l'ordre de la dérivée de s, par rapport à t, la plus élevée, qui aura même valeur dans l'intégrale générale que dans l'intégrale singulière, c'est-à-dire qui s'annulera, pour $s = 0$, dans l'intégrale générale.

Il nous faut donc différentier par rapport à t, un nombre indéfini de fois, l'équation (1) du mouvement (p. 38), après y avoir remplacé $g\frac{ds}{dt}$ ou $\frac{1}{2}f'(s)$ par son expression tirée de (9), et en substituant chaque fois à la dérivée $\frac{ds}{dt}$ sa valeur absolue [*voir* formule (10 *bis*)]

$$\sqrt{f(s)} \quad \text{ou} \quad \mathrm{K}\left(\log\frac{a}{s}\right)^k s^m.$$

Pour simplifier les résultats, dont chacun consistera en un produit d'une certaine puissance de s par un polynome dépendant seulement de $\log\frac{a}{s}$, nous observerons que toute puissance de $\log\frac{a}{s}$ est insensible, pour s très petit, devant une puissance de degré supérieur, et qu'il en est de même, comparativement, de leurs dérivées. Cette remarque nous permettra de réduire chacune

---

[1] De même, sur une surface, une ligne de *faîte* ou de *thalweg* peut être atteinte à une distance finie, et non asymptotiquement, par les lignes de plus grande pente voisines, pourvu que la surface y possède transversalement une courbure infinie, et sans que ce faîte ou thalweg soit l'intersection anguleuse de deux versants à pentes brusquement opposées. On le reconnaît en exprimant que de pareils faîtes ou thalwegs représentent des solutions singulières proprement dites de l'équation différentielle des lignes de plus grande pente de la surface, et non pas seulement, comme les faîtes ou thalwegs ordinaires, des intégrales asymptotes de cette équation. Alors, les lignes de plus grande pente viennent se raccorder tangentiellement au faîte ou thalweg, au lieu de le couper sous un angle fini, comme il arriverait s'il était constitué par une arête saillante ou rentrante du sol.

des expressions obtenues, à un seul terme. Nous aurons successivement :

$$\frac{d^2s}{dt^2} = m\,\mathrm{K}^2\left(\log\frac{a}{s}\right)^{2k}s^{2m-1}, \qquad \frac{d^3s}{dt^3} = m(2m-1)\mathrm{K}^3\left(\log\frac{a}{s}\right)^{3k}s^{3m-2},$$

$$\frac{d^4s}{dt^4} = m(2m-1)(3m-2)\mathrm{K}^4\left(\log\frac{a}{s}\right)^{4k}s^{4m-3}; \qquad \dots$$

Généralement, la dérivée $n^{\text{ième}}$ de s par rapport à t sera

$$(15) \quad \frac{d^n s}{dt^n} = m(2m-1)(3m-2)\dots[(n-1)(m-1)+1]\mathrm{K}^n\left(\log\frac{a}{s}\right)^{nk}s^{n(m-1)+1}$$

$$= m(2m-1)(3m-2)\dots[(n-1)(m-1)+1]$$

$$\times\left[\mathrm{K}s^{m-1+\frac{1}{n}}\left(\log\frac{a}{s}\right)^k\right]^n.$$

Toutefois, si l'un des facteurs

$$2m-1,\ 3m-2,\ 4m-3,\ \dots,\ (n-1)m-(n-2)$$

se trouvait identiquement nul (ce qui ne peut arriver que pour $m < 1$), le second membre de la relation (15) serait remplacé par le plus important des termes négligés; mais la valeur de $\dfrac{d^n s}{dt^n}$ ne cesserait pas d'être proportionnelle au produit de $\left(s^{m-1+\frac{1}{n}}\right)^n$ par une puissance de $\log\dfrac{a}{s}$.

Pour peu que l'exposant $m-1+\dfrac{1}{n}$ diffère de zéro, et suivant que cet exposant est positif ou négatif, l'expression de $\dfrac{d^n s}{dt^n}$ s'annule ou devient infinie à la limite $s = 0$ (à moins qu'elle ne soit identiquement nulle pour toutes les valeurs de s). Lorsque, au contraire, $m-1+\dfrac{1}{n} = 0$, le second membre de (15), pour $s = 0$, s'annule si l'exposant k est négatif, reste fini si $k = 0$, et devient infini si k est positif.

Quand m. qui égale ou dépasse $\dfrac{1}{2}$, se trouve moindre que 1, cas où l'intégrale $s = 0$ est toujours une solution singulière proprement dite, l'excès $1-m$ ne peut qu'égaler l'inverse d'un nombre entier p au moins égal à 2, ou être compris entre les inverses $\dfrac{1}{p}$, $\dfrac{1}{p+1}$ de deux nombres entiers consécutifs, dont le second vaut ou dépasse 3. Alors l'exposant $m-1+\dfrac{1}{n}$ change de signe (en devenant de positif négatif, soit pour $n = p$, soit quand n croit de p à $p+1$. Si $1-m = \dfrac{1}{p}$, les $p-1$ premières dérivées de s s'annulent pour $s = 0$; et la dérivée $p^{\text{ième}}$, à cette limite, devient infinie, reste finie, ou s'annule elle-même, suivant que k est positif, nul ou négatif; d'ailleurs, dans ce dernier cas, la dérivée suivante, qui acquiert en plus un facteur s^{m-1}, devient infinie. Donc l'ordre du contact de la solution singulière avec l'intégrale générale, au moins égal à 2, est $p-1$ pour k positif ou nul, p pour k négatif. Si, au contraire, $1-m$ est compris entre $\frac{1}{p}$ et $\frac{1}{p+1}$, les p premières dérivées de s s'annulent à la limite $s=o$, tandis que les suivantes y sont infinies. Ainsi, l'ordre du contact de la solution singulière avec l'intégrale générale est p, quand le nombre m se trouve inférieur à 1 d'une fraction comprise entre les inverses des deux entiers consécutifs p, $p+1$.

En résumé, toutes les fois que m n'atteint pas l'unité, le contact est d'un ordre fini, égal ou supérieur à 2, et de plus en plus élevé à mesure que m se rapproche de 1.

Quand, au contraire, m vaut ou dépasse l'unité, l'exposant $m-1+\frac{1}{n}$ est positif quelque grand que soit n. Il y a donc alors *contact d'ordre infini* entre l'intégrale générale et l'intégrale singulière $s=o$: résultat qui était évident *a priori* lorsque cette dernière est une intégrale asymptote, ou que le contact se trouve analytiquement rejeté à l'infini, mais qui présente un grand ntérêt dans le cas où, m égalant l'unité et k étant supérieur à 1, cette intégrale est une solution singulière proprement dite. Il constitue, en effet, un exemple simple et assez étendu d'une réunion ou d'une séparation qui se produisent, entre deux séries de valeurs satisfaisant à une même équation différentielle, sans que les dérivées successives de la fonction, jusqu'à l'infini, diffèrent en rien dans les deux séries au point qui leur est commun.

24. *Sur les diverses classes de faits que peuvent représenter vraisemblablement des intégrales singulières à contacts plus ou moins élevés.*

Quoique les équations du mouvement ne soient que du deuxième ordre et que, par suite, les coordonnées des points mobiles, avec leurs dérivées premières et secondes, doivent seules être astreintes à varier graduellement, rien n'empêcherait, comme on voit, la continuité d'être sauvegardée jusqu'aux dérivées les plus élevées, dans le passage d'une intégrale particulière à une autre par l'intermédiaire d'une solution singulière. Il ne serait sans doute pas plus difficile à la nature, qu'il ne l'est à notre analyse imparfaite, de ménager à ce point les transitions. Mais rien ne dit qu'un tel excès de précautions soit nécessaire, pour dissimuler les changements qui peuvent survenir dans la loi *intégrale* d'un mouvement. Il semble, d'autre part, résulter des considérations exposées au n° 6 (p. 11), que les dérivées d'un ordre très élevé sont insignifiantes au point de vue physique, dépourvues même de toute correspondance directe à la réalité. Il est assez probable que l'esprit, en concevant et évaluant ces dérivées, se montre en quelque sorte plus exact qu'il ne faut, ou que du moins il mesure des détails vus à côté de leur vraie place, là où ils ne sont pas, et déformés hors de toute proportion.

Au point de vue analytique, les solutions singulières proprement dites qui ont avec les intégrales particulières un contact très élevé, ou surtout de degré infini, tiennent comme le milieu entre les autres solutions singulières proprement dites et les intégrales asymptotes. Seraient-elles destinées, d'après l'ordre d'idées indiqué au n° 14 (p. 26), à représenter les phénomènes sensitifs dans lesquels le moi ne démêle que vaguement les instants où il intervient, tandis que des solutions singulières à contacts peu élevés, à raccordements presque brusques, conviendraient pour représenter les actes libres, s'effectuant à des moments absolument précis, et qu'au contraire les intégrales asymptotes exprimeraient les phénomènes, bien plus lents, d'une vie végétative, complètement inconsciente?

En tout cas, il peut être utile d'observer que la raison du géomètre saisit des intermédiaires, ou, du moins, des nuances, des *inflexions de passage*, indices de transitions cachées, même entre des objets qu'elle ne peut, à son point de vue abstrait, relier avec une parfaite continuité; de même que l'œil du naturaliste en découvre entre les ordres de phénomènes les plus isolés, en apparence, les uns des autres.

25. *Les frottements rendent déterminé le mouvement réel d'un point le long d'une courbe.*

Il importe d'observer que l'existence d'intégrales singulières, lieu de bifurcations, dans la question du mouvement d'un corps pesant sur une courbe, tient à l'hypothèse qu'on a faite de l'absence de tout frottement. En réalité, le corps produit sur la courbe matérielle qui le guide une déformation généralement dissymétrique de part et d'autre de la normale menée par son centre de gravité. Or, cette déformation est telle que les parties de la courbe vers lesquelles le corps est porté, en vertu de sa vitesse acquise ou seulement de son poids, se trouvent à chaque instant plus près de lui, et le repoussent plus énergiquement, que les parties dont il s'éloigne. Par suite, les

points d'arrêt deviennent, dans l'ordre réel, de véritables positions
d'équilibre stable, vu que tout mouvement qui commencerait à s'y
produire ferait naître une résistance plus que suffisante pour l'en-
rayer. Les frottements rendent donc complétement déterminé le problème du mouvement d'un point sur une courbe, problème qui ne
conserve d'autre intérêt, au point de vue du rôle des intégrales singulières en Mécanique, que celui de fournir à l'esprit une représentation
géométrique très simple de toute une catégorie de ces intégrales
et une image nette du mode d'indétermination qu'elles apportent.

Les résistances, tout en continuant à s'exercer pour des causes
pareilles et suivant les mêmes sens, deviennent incomparablement
plus faibles, aux environs des points d'arrêt, quand elles sont produites par un fluide qui entoure le corps et non plus par un solide
sur lequel il glisserait ou roulerait. La raison en est dans cette circonstance, qu'un solide produit un frottement fini quelque petite
que soit la vitesse du corps qui le touche, ou pourvu qu'il y ait un
commencement de déplacement relatif, tandis que le frottement des
fluides s'annule, sensiblement, en même temps que la vitesse du
mouvement qui le développe. Aussi l'équilibre d'un cône posé par sa
pointe sur un plan est-il pratiquement impossible à réaliser, malgré
la résistance de l'air : et, cependant, si l'on réduit par la pensée un
tel cône à son centre de gravité, on voit qu'il est assimilable à un
corps pesant, mobile sur une sphère dont le point le plus haut constitue un véritable point d'arrêt.

26. *Considérations sur le principe de la dissipation de
l'énergie, etc.*

Un fait analogue au frottement mutuel de deux solides, ou d'un
solide et d'un fluide, se produit toutes les fois que deux particules
matérielles passent très près l'une de l'autre avec une certaine vitesse
relative. Les répulsions totales ou résultantes, développées entre les
deux particules dans la période de rapprochement de leurs centres de
gravité, sont plus énergiques que celles qui surviennent dans la
période d'écartement, à cause, sans doute, des retards que l'inertie
entraîne nécessairement dans le mouvement de recul des couches
heurtées, lors de la première période, et dans leur mouvement de
détente, lors de la seconde. Par suite, les réactions mutuelles étant

moins grandes dans la deuxième partie du phénomène, alors qu'elles accroissent la force vive translatoire, que pendant la première partie où elles la diminuent, les vitesses d'ensemble des deux particules éprouvent en somme une diminution par l'effet de leur rapprochement; et une portion de l'énergie des mouvements de translation primitifs passe dans des mouvements vibratoires de détail, souvent imperceptibles. Ainsi s'explique, au moins en grande partie, l'imperfection de l'élasticité des solides, le frottement intérieur (dit *viscosité*) des fluides, et, généralement, la *dissipation* de l'énergie, c'est-à-dire la tendance de l'énergie à se morceler, à se pulvériser, en quelque sorte, à se dissimuler en se répandant tout à la fois dans des espaces de plus en plus grands et dans des groupes moléculaires de plus en plus infimes.

Mais on voit que cette dissémination de l'énergie ne prouve nullement contre la loi même de la conservation des forces vives, ni contre le principe, plus général encore, d'après lequel les accélérations d'un système d'atomes mis en présence les uns des autres sont des fonctions déterminées de leurs situations relatives. Or il suit de ce principe une conséquence curieuse, mise en relief par M. l'Ingénieur en Chef Philippe Breton dans un intéressant opuscule sur la *Réversion* des mouvements matériels (¹), et dont ce savant ingénieur s'est fait une arme pour battre en brèche, avec plus d'esprit peut-être que de rigueur, les équations de la Mécanique, dans le but d'atteindre l'opinion du déterminisme absolu qu'elles sembleraient autoriser.

27. *De la réversibilité des mouvements : explication du paradoxe signalé par M. Philippe Breton.*

La conséquence dont il s'agit consiste en ce que, si, à un moment quelconque, on pouvait supprimer les vitesses de tous les atomes de l'Univers pour les remplacer à l'instant par des vitesses précisément égales et contraires, tous ces atomes repasseraient désormais et successivement par les positions où ils se sont trouvés, à des époques de plus en plus anciennes : les lois mécaniques feraient, en quelque sorte, rétrograder le monde vers ses origines, ou, pour être plus

---

(¹) *La Réversion ou le monde à l'envers;* Paris, 1876, à la librairie du journal *Les Mondes*, 18, rue du Dragon.

exact, ne s'opposeraient pas à un tel retour. En effet, considérons, par exemple, la série des valeurs que prend une coordonnée x d'un point, quand le temps t éprouve de petits accroissements égaux Δt; et soient x_{-1}, x, x_1 les trois de ces valeurs qui correspondent aux époques $t - \Delta t, t, t + \Delta t$. La vitesse et l'accélération à l'époque t étant les limites respectives des rapports

$$\frac{x_1 - x_{-1}}{2\Delta t}, \quad \frac{x_1 - 2x + x_{-1}}{(\Delta t)^2},$$

on voit que la première change simplement de signe et que la seconde reste la même, quand on parcourt la série dans l'ordre inverse ou qu'on échange entre elles x_1, x_{-1}. Donc, si l'on se représente le mouvement dans lequel un système repasserait par les états où il s'est trouvé effectivement, et avec des vitesses égales et contraires à celle qu'il avait à chaque position antérieure, les accélérations y retrouveraient précisément leurs anciennes valeurs et vérifieraient bien, à toute époque, les équations du mouvement.

Ainsi, la réversion sera possible et, par suite, nécessaire, dans les systèmes où les forces physico-chimiques interviennent seules, à condition, bien entendu, qu'on suppose réalisée son hypothèse essentielle du *renversement exact des vitesses de tous les atomes à un moment donné*. L'absence des pertes de travail, la concentration même de l'énergie, dans de pareilles circonstances où le renversement de sens atteint *les vitesses individuelles des derniers éléments de la matière* et non pas seulement les vitesses d'ensemble de ses parties sensibles, me paraissent n'avoir rien de choquant. Elles n'empêchent pas la dissémination d'être inévitable, dans tous les mouvements que nous observons ou produisons en faisant mouvoir avec de notables vitesses certains corps *entourés d'une matière plus calme*, par rapport à laquelle ils deviennent des centres de rayonnement ou d'ébranlement vibratoire. Elles n'empêchent pas même d'admettre que notre monde soit disposé de manière que l'énergie s'y dissipe, plus ou moins, dans tous les cas effectifs où des mouvements s'y propagent. Et il n'est pas étonnant que ce monde, dont la manière d'être dépend, non seulement de sa composition et des lois du mouvement, mais encore des vitesses de ses atomes, diffère beaucoup d'un monde idéal construit pour en être le contre-pied, ou qui, pour mêmes situations relatives de toutes ses parties, aurait des vitesses précisément inverses.

Au contraire, dans les systèmes où des intégrales singulières, lieux de bifurcations, font place à un principe directeur, il est évident que la réversion cesse d'être nécessaire. Rien n'empêche même de supposer qu'elle devient impossible; car les lois supérieures auxquelles le principe directeur obéit dans les organismes pourraient bien interdire absolument le mouvement inverse d'un autre qu'elles permettraient (¹). Il n'y a donc pas lieu d'admettre, comme théoriquement possible, la réversion depuis une poire pourrie jusqu'au bourgeon à fruit d'un poirier, ou depuis le cadavre jusqu'à l'œuf, etc., que M. Philippe Breton, oubliant l'existence des solutions singulières, présente comme une conséquence nécessaire des lois de la Mécanique et comme prouvant par l'absurde la nécessité de modifier ces lois.

28. *Des solutions singulières dans le mouvement rectiligne d'un point attiré ou repoussé par des centres fixes.*

J'étudierai en deuxième lieu le mouvement d'un point auquel on a initialement imprimé une certaine vitesse suivant une droite prise pour axe des x, et qui est soumis à l'action de centres fixes, d'égale intensité deux à deux, symétriquement disposés de part et d'autre de l'axe des x; en sorte que le mobile ne quitte pas cet axe. Les centres fixes seront, par exemple, d'autres points matériels, de masses assez grandes pour qu'on puisse regarder leurs déplacements relatifs comme insensibles en comparaison des déplacements du point mobile. Celui-ci éprouvera par unité de masse une action, $\dfrac{d^2x}{dt^2}$, qui ne dépendra que de sa coordonnée actuelle x et que je représenterai par $\dfrac{1}{2}f'(x)$, $f(x)$ désignant une certaine fonction.

L'équation du mouvement sera donc

$$(16) \qquad \frac{d^2x}{dt^2} = \frac{1}{2}f'(x).$$

Elle est précisément de même forme que l'équation différentielle obtenue dans le problème du mouvement d'un point sur une courbe polie, à cela près que l'arc de trajectoire est ici rectiligne et désigné par x, au lieu d'être courbe et appelé s. Tous les calculs des n⁰ˢ 20, 22, 23 s'appliqueront sans modification.

(¹) *Voir* plus loin, à ce propos, les deuxième et troisième alinéas du n⁰ 50.

Les solutions singulières correspondront aux points d'arrêt, c'est-à-dire à celles des positions d'équilibre définies par l'équation

$$(17) \qquad f'(x) = 0,$$

auxquelles le mobile arrivera sans vitesse. Ce seront des positions d'équilibre instable, où la fonction

$$v^2 = f(x) + \text{const.}$$

atteindra une valeur nulle généralement minimum, et où la force $\frac{1}{2} f'(x)$ deviendra, de négative, positive pour des valeurs croissantes de x. Mais ce seront aussi quelquefois des points que le mobile ne pourra pas dépasser, parce que la vitesse v deviendrait imaginaire au delà, et où la fonction $\frac{1}{2} f'(x)$ ne changera pas de signe, pareillement à ce qui arrive, dans le cas d'un point pesant le long d'une courbe polie, aux endroits où cette courbe présente, au niveau des vitesses nulles, une inflexion avec tangente horizontale.

Prenons, par exemple,

$$(18) \qquad v^2 \quad \text{ou} \quad \frac{dx^2}{dt^2} = f(x) = F(x)(x - a)^{2m}(b - x)^{2n},$$

formule dans laquelle nous appellerons a et b deux constantes réelles, rangées par ordre de grandeur croissante, $2m$ et $2n$ deux exposants positifs, entiers ou fractionnaires, au moins égaux à 1, et $F(x)$ une fonction de x, positive (sans s'annuler) entre les deux limites $x = a$, $x = b$, ainsi qu'à ces limites. Admettons de plus que le mobile se trouve placé, à une certaine époque, dans l'intervalle des deux points $x = a$ et $x = b$.

Si les exposants $2m$, $2n$ sont des fractions *irréductibles*, qui aient, ou leurs dénominateurs pairs, ou leurs deux termes impairs, la coordonnée x du mobile ne cessera jamais d'être comprise entre les limites a et b, car la fonction $v = \pm \sqrt{f(x)}$ serait imaginaire si x devenait, soit un peu inférieur à a, soit un peu plus grand que b. Le mobile se rendra donc, indéfiniment, d'une extrémité de sa course à l'autre. Ces extrémités $x = a$, $x = b$ seront d'ailleurs des points d'arrêt, si l'on y a $f'(x) = 0$, c'est-à-dire si l'exposant correspondant $2m$ ou $2n$ dépasse l'unité; et le principe directeur, après chaque trajet, décidera de l'instant du nouveau départ.

Mais si l'un des exposants $2m$, $2n$ est une fraction à dénominateur impair et à numérateur pair, le facteur correspondant $(x - a)^{2m}$ ou $(b - x)^{2n}$ restera le même quand $x - a$ ou $b - x$ changera de signe. Alors le mobile pourra, après station, franchir le point d'arrêt $x = a$ ou $x = b$, et commencer au delà une nouvelle course, qui sera soit indéfinie vers les x négatifs ou vers les x positifs, soit interrompue par de nouveaux arrêts correspondant à des racines de $F(x) = 0$ et $F'(x) = 0$, soit suivie d'un retour forcé vers le point $x = a$ ou $x = b$, après qu'une valeur de x annulant $F(x)$ mais non $F'(x)$ aura été atteinte.

Il suffira [sans que ce soit nécessaire ([1])], pour qu'il y ait indéfiniment des arrêts et que le rôle du principe directeur ne soit jamais terminé, que la fonction $f(x)$ devienne négative ou imaginaire en deçà d'une certaine valeur de x, inférieure ou égale à a et au delà d'une autre valeur de x, supérieure ou égale à b. C'est ce qui arrivera si, prenant, par exemple,

$$(19) \qquad f(x) = \varphi(x)(x-a)^{2m}(x-b)^{2n}(x-c)^{2p}\ldots(d-x)^{2q},$$

où je suppose $a < b < c < \ldots < d$, et où $\varphi(x)$ désigne une fonction positive dans tout l'intervalle compris entre $x = a$ et $x = d$, les deux exposants extrêmes $2m$, $2q$ sont égaux à 1 ou à des fractions irréductibles plus grandes que 1, ayant ou dénominateurs pairs, ou termes impairs et si $2n$, $2p$, ... sont plus grands que 1, à dénominateurs impairs et à numérateurs pairs.

D'après ce qu'on a vu aux n°° 22 et 23, chacune des intégrales singulières $x = b$, $x = c$, ... et aussi (à moins qu'on n'ait $2m = 1$, $2q = 1$) $x = a$, $x = d$, est une solution singulière proprement dite ou une intégrale asymptote, suivant que l'exposant correspondant $2n$, $2p$, ... se trouve, ou non, moindre que 2; en outre, dans le premier cas, l'ordre du contact de l'intégrale singulière avec l'intégrale générale est exprimé par le plus grand nombre entier dont l'inverse dépasse l'excès de l'unité sur la moitié de cet exposant.

Le temps T employé par le mobile à franchir l'intervalle qui sépare deux points consécutifs où la vitesse s'annule, tels que $x = a$, $x = b$, est représenté par la formule

$$(20) \qquad T = \int_a^b \frac{dx}{v} = \int_a^b \frac{dx}{\sqrt{f(x)}}.$$

Ce temps, quand il y a arrêt aux deux extrémités $x = a$, $x = b$, mesure la durée d'un repos du principe directeur, puisque celui-ci n'a pas à intervenir tant que le mobile se trouve ailleurs qu'aux points d'arrêt.

Si l'on a, par exemple,

$$(21) \qquad f(x) = A^2 x^{2m}(1-x)^{2n}$$

(d'où, en particulier, $a = 0$, $b = 1$), il vient

$$(22) \qquad T = \frac{1}{A} \int_0^1 x^{-m}(1-x)^{-n}\,dx,$$

intégrale eulérienne, finie, comme on sait, pourvu que m, n soient inférieurs à l'unité. Il n'y a arrêt, aux deux extrémités $x = 0$, $x = 1$ de la course, que lorsque m, n dépassent $\frac{1}{2}$. Dans le cas particulier où l'un des deux nombres

---

([1]) J'ai dit « sans que ce soit nécessaire » : car il pourrait aussi y avoir une infinité de points d'arrêt, comme lorsqu'on prend, par exemple,

$$f(x) \ldots = \sin^2 \frac{x}{2} = 1 - \cos x.$$

m, n vaudrait précisément $\frac{1}{2}$, il n'y aurait plus d'arrêt au point $x = 0$ ou au point $x = 1$; car l'accélération y resterait finie. Le mobile, arrivé à ce point, reviendrait aussitôt vers l'autre extrémité de sa trajectoire, extrémité qui, seule, continuerait à être le siège du principe directeur. Celui-ci se reposerait donc pendant des intervalles égaux à 2T. Il faudrait que les nombres m, n se réduisissent, tous les deux à la fois, à leur limite inférieure $\frac{1}{2}$, pour qu'il n'y eût plus d'arrêt ni au point $x = 0$, ni au point $x = 1$: alors le mobile oscillerait *pendulairement*, comme on le reconnaît en posant $x = \frac{1}{2} + u$ dans l'équation du mouvement

$$\frac{d^2x}{dt^2} = \frac{1}{2} f'(x) = \frac{A^2}{2}(1 - 2x) = - A^2 u,$$

et observant qu'elle se réduit à l'équation bien connue, $\dfrac{d^2u}{dt^2} + A^2 u = 0$, des mouvements oscillatoires pendulaires.

Jetons enfin un coup d'œil sur le cas où l'on a

$$(23) \qquad f(x) = \frac{x^2}{A^2(k-1)^2}\left(\log\frac{1}{x}\right)^{2k} \qquad \text{avec} \qquad k > 1,$$

et où l'intégrale générale, contenant une constante arbitraire c, est, par suite,

$$(24) \quad t - c = \pm\int_0^x \frac{dx}{\sqrt{f(x)}} = \frac{\pm A}{\left(\log\frac{1}{x}\right)^{k-1}}, \qquad \text{ou} \quad x = e^{-\left(\frac{\pm A}{t-c}\right)^{\left(\frac{1}{k-1}\right)}}.$$

Le mobile se meut, comme dans l'exemple précédent, entre les deux points d'arrêt $x = 0$, $x = 1$. Mais ceux-ci correspondent à deux solutions singulières dont le contact avec l'intégrale générale est d'ordre infini. La première, $x = 0$, est une solution singulière proprement dite; la seconde, $x = 1$, est une intégrale asymptote.

20. *Des solutions singulières que comporte le problème du mouvement de deux points soumis à leur action mutuelle.*

Dans les questions que j'ai traitées jusqu'ici, un seul point était supposé mobile, et mobile de telle manière, que l'on connaissait d'avance sa trajectoire ou qu'une seule coordonnée définissait sa position à chaque instant. Passons actuellement à un problème un peu moins simple au point de vue analytique, mais qui est le plus élémentaire de tous ceux que l'on peut se poser sur les vrais mouvements d'un système réel ou réalisable de corps. C'est le problème du mouvement de deux points soumis à leur action mutuelle. Nous reconnaîtrons qu'il y a place pour le principe directeur, même dans un système matériel aussi rudimentaire, représentant la plus simpliée des associations qui sont capables de donner naissance à des phénomènes intelligibles, c'est-à-dire d'offrir à notre esprit ce mélange de variété et d'unité qu'il recherche partout (¹).

Je supprimerai ici, comme il a été annoncé à la page XXIII, non seulement la presque totalité du présent numéro, mais le long numéro suivant de la première édition; soit, en tout, les pages 93 à 105 de cette première édition; car le Chapitre III de la cinquième Partie du Tome III (p. 345 à 353) remplace avantageusement, pour ces parties, la rédaction primitive, à la fois moins concise et moins complète. Je vais donc continuer ici par le n° 31 de la deuxième édition, qui vient aussitôt après les parties citées de la première.

31. *Les principes généraux de la Mécanique paraissent ne permettre l'existence d'intégrales singulières que pour des modes très spéciaux d'état initial.*

Les problèmes de Mécanique passés en revue ne comportent de solutions singulières que lorsque l'état initial satisfait à une certaine

---

(¹) Je n'ai pas essayé d'étudier les solutions singulières dans les systèmes de trois, quatre, cinq... atomes. J'en ai été détourné en pensant aux difficultés, insurmontables jusqu'à présent, que le problème *des trois corps*, c'est-à-dire du mouvement de trois points s'attirant d'après la loi simple de Newton. a présentées aux plus grands géomètres, toutes les fois qu'ils ont voulu l'attaquer d'une manière un peu générale.

Toutefois, il ne serait pas impossible que, dans des cas convenablement choisis, où il y aurait un grand nombre d'atomes voisins. dont l'état varierait avec une certaine continuité d'une région de l'espace aux régions contiguës, la recherche des solutions singulières devînt moins inabordable : mais, d'après une réflexion du premier alinéa du n° 13 (p. 24), il ne faut guère espérer que les équations du mouvement puissent y être supposées linéaires. comme il arrive dans les branches les plus connues de la Physique mathématique, et alors même qu'on y changerait, suivant l'usage, à raison de la continuité admise, les équations différentielles en des équations aux dérivées partielles. En effet, celles-ci ne sont linéaires par rapport aux dérivées en x, y, z qu'autant que l'on suppose ces dérivées assez petites, pour que les actions mutuelles, qui en dépendent, aient leurs valeurs développables par la série de Taylor réduite aux termes du premier degré. Or, en pareil cas, les équations différentielles simultanées, qui régiraient les mouvements des diverses molécules, doivent être le plus souvent, et au même degré d'approximation, réductibles aussi à la forme linéaire. reconnue exclusive de toute intégrale singulière ou. du moins, de toute solution singulière proprement dite.

condition : il faut que la constante des forces vives reçoive une valeur déterminée, ou, ce qui revient au même, qu'une relation spéciale existe entre les situations des points mobiles et leurs vitesses, pour que l'indétermination mécanique se produise. Ainsi, dans les cas où la trajectoire du mobile est une ligne donnée, le corps doit arriver sans vitesse à une de ses positions d'équilibre instable, pour pouvoir s'y arrêter et y séjourner durant un laps de temps arbitraire. De même, dans le mouvement relatif de deux atomes, il faut que l'un de ces atomes vienne se placer, sans vitesse *radiale* relative, sur une circonférence *singulière* décrite autour de l'autre comme centre, pour que la loi du mouvement lui permette d'abandonner à ce moment la trajectoire qu'il suivait et de se mouvoir sur cette circonférence pendant un temps quelconque.

La condition restrictive dont il s'agit tient à une double cause. Elle provient, en premier lieu, de ce que l'intégrale première ou les intégrales premières du problème sont, dans les deux cas, l'équation des forces vives, ou cette équation et celle des aires, c'est-à-dire des équations obtenues en multipliant les équations différentielles proposées par des facteurs d'intégrabilité qui ne deviennent jamais infinis. Ces facteurs sont, en effet, les composantes de la vitesse pour la formule des forces vives, et certaines coordonnées du point mobile pour celle des aires. Par suite, *les équations différentielles du mouvement n'ont alors pas plus d'étendue que leurs intégrales premières. Elles en ont même un peu moins (et c'est le second motif de restriction, le plus décisif), à cause de cette circonstance, que les solutions singulières de l'intégrale des forces vives, annulant justement le facteur d'intégrabilité précédemment employé pour établir la formule même des forces vives, sont le plus souvent des solutions étrangères aux équations proposées du mouvement et ne conviennent à celles-ci que pour des modes spéciaux d'état initial.*

Quelque chose, du premier tout au moins, de ces motifs de restriction, subsiste dans le cas d'un système d'autant de points mobiles qu'on voudra, à cause de l'impossibilité où l'on est d'éviter certaines intégrales générales premières (formules des quantités de mouvement, des moments, des forces vives) obtenues en ajoutant les équations de mouvement, après les avoir multipliées par des facteurs d'intégrabilité qui sont ou des constantes, ou des coordonnées, ou des composantes de vitesse, toutes quantités essentiellement finies. Des solutions singulières de véritables équations de mouvement n'ont donc pas le degré de généralité qu'elles présenteraient, si la forme des équations différentielles était quelconque, c'est-à-dire si chaque intégrale première générale pouvait être remplacée (en égalant à l'infini le facteur d'intégrabilité correspondant) par certaines intégrales singulières, qui lui seraient corrélatives et qui auraient elles-mêmes des intégrales affectées d'une constante arbitraire. Remarquons toutefois que l'ensemble des solutions singulières doit former alors un système comprenant un nombre plus ou moins grand de telles constantes, et par suite compatibles avec des conditions d'état initial infiniment plus variées qu'il n'arrive lorsqu'il s'agit des mouvements d'un seul point ou de deux points.

En résumé, des circonstances exceptionnelles, exprimées par certaines relations entre les situations des points mobiles et leurs vitesses, paraissent être nécessaires, autant qu'on peut en juger par les exemples traités ci-dessus, pour que les équations de mouvement d'un système matériel admettent des intégrales singulières, des bifurcations de voies, et ne règlent pas à elles seules toute la suite des états par lesquels passe le système. La probabilité que ces circonstances se réalisent par le seul effet du hasard est même infiniment petite ou analytiquement nulle; et elle semblerait presque correspondre à une sorte d'impossibilité physique, *malgré la possibilité stricte prouvée par le calcul*, si le bon sens ne portait à penser, comme on a vu au n° 6, que la nature ne distingue pas des circonstances dont il s'agit celles qui n'en diffèrent qu'au point de vue abstrait, c'est-à-dire suffisamment peu, *analytiquement*, pour pouvoir être qualifiées de *physiquement pareilles*, ou pour que l'application de forces supplémentaires *fictives*, extrêmement petites pour le géomètre, mais en réalité dépourvues de toute valeur objective, y rendît les bifurcations possibles *mathématiquement*.

32. *Cette existence n'en est pas moins certaine au point de vue d'une possibilité physique ou concrète, quelque particulier que soit le choix des circonstances qu'elle suppose.*

De toute manière, il y a au moins un état physique réel représenté par chaque solution singulière. Car, alors même qu'on supposerait finie, au point de vue de l'analyste, la différence entre deux états réels les plus voisins possibles, en sorte qu'il y eût discontinuité mathématique dans le passage de l'un à l'autre, l'état idéal représenté par la solution singulière se trouverait, nécessairement, ou identique à un état physique réalisable, ou compris entre deux états physiques voisins. Or, dans ce second cas, on pourrait lui identifier ces derniers au point de vue concret, puisqu'ils en différeraient moins qu'ils ne différeraient entre eux, c'est-à-dire moins que n'exprimerait la quantité réelle la plus petite pour les conditions admises.

Ainsi, quoique nous ne puissions pas savoir au juste en quoi consistent les différentielles des choses, leurs derniers accroissements, ou, en d'autres termes, ce qu'est la continuité dans la nature et jusqu'à quel point précis elle ressemble à celle des quantités abstraites conçues par la raison, nous voyons cependant que chaque solution singulière, si isolée qu'on la suppose, correspond bien à un véritable état physique, réalisable au même titre que tout autre état.

Les nuances délicates que l'analyse indique ici, et qu'on a de la peine à interpréter rigoureusement dans un langage concret, tiennent sans doute à ce que le domaine du principe directeur ne touche que par sa frontière à celui du géomètre : il est comme situé à la limite extrême de notre claire vision, là où, par suite de la forme de notre esprit, nous ne pouvons plus faire le départ exact de l'abstrait d'avec le réel. Nous reconnaissons *avec la netteté la plus complète* l'existence, à cette limite, d'un ordre de choses différent de celui qui remplit tout l'espace mesurable; mais, déroutés comme toujours par le mystère *du continu*, nous n'apercevons, en quelque sorte, qu'une ligne sans largeur pour représenter le *contact* très réel des deux ordres de choses et le lieu où s'opèrent leurs échanges d'influences.

D'ailleurs, quelque largement qu'on entende, au point de vue physique, ce qui est pour le mathématicien une probabilité infiniment petite, si les choses se passent pour un système d'un grand nombre de points comme pour un système de deux points, il y a certitude morale qu'aucune bifurcation de voies laissées ouvertes par le jeu des forces mécaniques ne se présentera, sur un théâtre fini et durant un temps restreint, ne viendra, par suite, permettre l'intervention d'un principe directeur, à moins qu'on n'admette une préparation ou mise en train préalables du système par quelque cause spéciale, à moins qu'un *certain choix* n'ait présidé à l'état initial.

Or, à cet égard, les systèmes d'un grand nombre de points doivent se comporter comme un simple couple d'atomes; car si la probabilité de réalisation, par le hasard, de circonstances initiales compatibles avec des bifurcations, y était assignable et finie, elle ne s'annulerait vraisemblablement pas dans les cas extrêmes dont nous avons pu aborder le calcul au n° **28** (p. 52 à 55), où nous avons reconnu qu'elle devient infiniment petite quoique le nombre total des points puisse y être extrêmement grand.

33. *Il y aurait bien plus de solutions singulières, si les accélérations des atomes dépendaient de leurs vitesses relatives, au lieu de ne dépendre que de leurs situations relatives.*

Il n'en serait probablement plus de même sans les principes généraux de la conservation des quantités de mouvement, des moments, des forces vives, c'est-à-dire dans un monde auquel ces principes ne s'appliqueraient pas.

Jetons un coup d'œil, par exemple, sur le problème du mouvement rectiligne d'un point et sur le rôle qu'y prennent les solutions singulières, quand la conservation de l'énergie n'a pas lieu ou que l'accélération $\dfrac{d^2 x}{dt^2}$ dépend à la fois de la coordonnée x et de la vitesse $\dfrac{dx}{dt} = v$. Alors, en appelant f une certaine fonction de deux variables, on a, pour équation du mouvement,

$$(a) \qquad \frac{d^2 x}{dt^2} = f\left(x, \frac{dx}{dt}\right)$$

ou

$$(b) \qquad dv - \frac{f(x, v)}{v}\, dx = 0.$$

Comme le temps t n'entre pas explicitement dans $f(x, v)$, l'intégrale générale, avec deux constantes arbitraires C, C', est de la forme

$$(c) \qquad x = F(C, t - C');$$

car on ne change rien dans l'équation (a) quand on déplace l'origine des temps, ou qu'on met $t - C'$ au lieu de t. Or, en résolvant par rapport à $t - C'$ et appelant ψ une certaine fonction, la relation (c) devient

$$(d) \qquad t - C' = \psi(x, C).$$

Celle-ci, différentiée, donne l'intégrale première

$$(d') \qquad 1 = \frac{d\psi(x, C)}{dx}\, v,$$

qui, résolue par rapport à C, prend la forme normale

$$(e) \qquad \varphi(x, v) = C.$$

Différentions cette relation (e). De plus, observons qu'à une époque particulière unique, d'ailleurs quelconque, x et v peuvent être choisis arbitrairement dans l'intégrale générale de (b), sans que celle-ci cesse de vérifier l'équation (b). Le résultat obtenu, qui donne le rapport de dv à dx égal à celui de $-\dfrac{d\varphi}{dx}$ à $\dfrac{d\varphi}{dv}$, montre donc que ce dernier rapport vaut $\dfrac{f(x, v)}{v}$ pour toutes les valeurs de x et de v, ou que l'on a identiquement

$$(f) \qquad dv - \frac{f(x, v)}{v}\, dx = \frac{1}{\dfrac{d\varphi}{dv}}\left(\frac{d\varphi}{dv}\, dv + \frac{d\varphi}{dx}\, dx\right) = \frac{1}{\dfrac{d\varphi}{dv}}\, d\varphi.$$

Cela posé, l'équation (b) du mouvement, revenant à annuler le premier membre de (f) et, par conséquent, le dernier, pourra être vérifiée soit en posant $d\varphi = 0$, $\varphi = \text{const.}$, ce qui est l'intégrale générale première (e), soit en posant

$$(g) \qquad \frac{1}{\dfrac{d\varphi}{dv}} = 0 \qquad \text{ou} \qquad \frac{d\varphi(x, v)}{dv} = \pm \infty,$$

ce qui donne, en général, une ou plusieurs solutions singulières de la forme

$$(h) \qquad v \quad \text{ou} \quad \frac{dx}{dt} = \text{une fonction déterminée } \chi(x).$$

Or, quelle que soit, dans chaque cas, la constante arbitraire C, il y aura généralement des valeurs particulières de x pour lesquelles v sera le même dans (e) et dans (h). Donc, aux moments où x recevra l'une de ces valeurs, on pourra passer sans discontinuité de l'intégrale générale (e) à la solution singulière (h), pour utiliser celle-ci sur une étendue quelconque, puis la quitter en suivant une nouvelle intégrale particulière jusqu'à la rencontre d'une autre solution singulière; et ainsi de suite.

Comme exemple particulier très simple, prenons

$$(i) \qquad \frac{d^2x}{dt^2} = \frac{3}{4}\left(\frac{dx}{dt}\right)^{\frac{2}{3}} \qquad \text{ou} \qquad \frac{dv}{dt} = \frac{3}{4}\, v^{\frac{2}{3}};$$

à chaque valeur positive ou négative de la vitesse v, il correspond bien une valeur unique et finie de l'accélération. On trouve alors aisément, pour l'intégrale générale première (e),

$$(j) \qquad x - v^{\frac{1}{3}} = C.$$

et, pour la solution singulière (g),

$$(k) \qquad v = o \qquad \text{ou} \qquad x = \text{const. arbitraire.}$$

D'ailleurs, l'intégrale première (j), mise sous la forme (d'), revient à

$$v = \pm (x - C)^{-\frac{3}{4}} v;$$

d'où, en multipliant par dt et intégrant,

$$t - C' = \pm \, 4(x - C)^{\frac{1}{4}}.$$

L'intégrale générale (c) est donc ici

$$(l) \qquad x = C + \left(\frac{t - C'}{4} \right)^{4}.$$

Quelles que soient les constantes arbitraires C et C', la vitesse v reçoit la même valeur à l'époque $t = C'$, ou pour $x = C$, dans les deux équations (j) et (k). Donc, à ce moment, le mobile, qui a déjà, d'après l'équation (l), rétrogradé de $x = \infty$ à $x = C$, peut s'arrêter pendant un temps quelconque et puis revenir sur ses pas en reprenant sa marche, désormais accélérée.

Il y a donc un point d'arrêt, $x = C$, quelles que soient les circonstances initiales. Ces circonstances influent seulement sur la position du point d'arrêt : elles le déplacent, mais ne le suppriment jamais, contrairement à ce qui arrivait dans les cas étudiés aux numéros 20 et 28.

On voit que, *sans le principe de la conservation des forces vives*, qui réduit la relation (e) à la forme simple $v^2 - 2 \int f(x)\,dx = \text{const.}$, et là dérivée $\frac{dv}{dv}$ au facteur $2v$, toujours fini, *l'intervention d'un principe directeur pourrait devenir nécessaire non seulement dans des cas spéciaux concernant l'état initial du mobile, mais même quel que fût cet état.*

34. *Les modes d'état initial pour lesquels il se présente des bifurcations de voies ne sont autre chose que les conditions matérielles de la vie.*

Les circonstances d'état initial sans lesquelles il n'y a pas d'intégrales qui se subdivisent, pas de solutions singulières, lieux de réunion et de bifurcation de voies, sont les seules qui permettent à des causes, autres que les forces physico-chimiques représentées dans les équations du mouvement, d'influer sur la suite des états du système : ce sont donc des *conditions nécessaires de la vie.* On peut même les qualifier de conditions *suffisantes* de la vie, pourvu que l'on convienne d'appeler *vitaux*, en précisant le sens de ce mot un peu vague, tous les phénomènes où se montre un *principe de détermination* dont le rôle soit de *diriger* la matière sans lui imprimer aucune accélération, et qui se dérobe ainsi aux divers modes d'évaluation dynamométrique employés par les savants (¹).

Sans doute, un tel principe doit être bien inconscient, bien incompréhensible même à nos esprits, quand il s'agit, par exemple, d'un simple couple de deux atomes initialement placés dans leur situation relative d'équilibre instable. Mais n'est-il pas certain que la vie, à son état le plus rudimentaire, établissant la transition du minéral à un organisme nettement caractérisé, est précisément quelque chose de fort obscur, alors que la vie de la plante la plus développée, celle d'un embryon d'animal, sont encore comme nulles au point de vue de la sensibilité et de la connaissance (²) ? Et les énergies physico-chimiques, ces agents dont la matière est comme le vêtement ou la manifestation extérieure et dont nos équations différentielles expriment si bien les effets perceptibles, ne se dérobent-elles pas absolument à tous nos moyens de connaître? Ne nous restent-elles pas tout à fait impénétrables dans leur essence, bien plus mystérieuses que la cause des phénomènes volontaires, dont le sens intime nous fournit du moins quelque notion? En disant que la vie existe dès que des conditions matérielles nécessitant un principe directeur sont réalisées, je ne prétends donc nullement qu'il soit question là d'une vie consciente, pas même peut-être encore d'une vie végétale (³). J'entends seulement qu'une cause extra-physique, ou non exprimée par les équations du mouvement, entre inévitablement en jeu dans de pareilles circonstances; et je laisse aux physiologistes le soin d'éclaircir, dans la mesure du possible, les mystères dont la nature vivante est remplie.

La définition, que je donne de la vie, présente l'avantage de ratta-

---

(¹) Les lecteurs qui trouveraient que la *vie* (en prenant le mot dans son acception reçue) est un mode d'existence trop étranger à la matière pure pour être tenu de se manifester en elle dès que se réalisent certaines conditions de forme et de vitesse, verront au n° 47 qu'il y a place, dans le système d'explication exposé ici, pour une opinion mitigée, très soutenable, et où cette conséquence jugée par eux trop hardie est évitée, sans qu'il soit nécessaire d'attribuer aux actions vitales une valeur dynamométrique quelconque.

(²) Je ne nie pas cependant qu'il y ait une certaine sensibilité même chez les plantes, comme il résulte d'une belle conférence dans laquelle M. Claude Bernard a exposé ses observations touchant l'influence suspensive des anesthésiques sur la vie végétale (*Association française pour l'avancement des sciences*, Congrès de Clermont, 1876).

(³) *Voir* plus loin, à ce propos, la fin du n° 50.

cher ce mode supérieur d'existence à des conditions géométriques précises. De plus, elle dégage ou met en relief l'élément essentiel de l'opinion commune que s'en forment les hommes, et qui consiste dans l'idée d'un principe d'action non évaluable à la manière des forces mécaniques. Et elle ne me paraît pas en désaccord avec les notions qu'en proposent les naturalistes, les philosophes, les théologiens, qui, tous, admettent que la vie jaillit inévitablement, *que l'âme n'est jamais refusée*, quand se réalisent certaines conditions très déterminées. Seulement, pour une vie quelque peu élevée, surtout pour celle d'un animal supérieur, ces conditions ne sont peut-être pas purement matérielles, c'est-à-dire exprimables géométriquement d'une manière complète : il est possible qu'il y entre des circonstances, d'hérédité ou autres, non comprises dans l'état mécanique actuel, comme on verra plus loin (n° 50). En outre, l'expérience prouve que la vie, telle qu'elle se manifeste dès lors, est simplement végétative, qu'une période plus ou moins longue d'élaboration inconsciente précède toujours les manifestations intellectuelles, dans les cas, relativement rares, où elle ne remplit pas la totalité de l'existence et où l'être vivant appartient aux espèces les plus élevées.

35. *Impossibilité pratique de la génération spontanée et cause de la petitesse relative de la quantité de matière qui est vivante.*

Au reste, en admettant que les conditions physico-chimiques dont il est parlé sont suffisantes pour que la vie surgisse, on n'a probablement pas à craindre d'ouvrir la porte à la doctrine de la génération spontanée, dans une mesure contredite par l'observation. D'après ce qui a été remarqué aux n° 31 et 32 (p. 58), les circonstances d'état initial compatibles avec des bifurcations d'intégrales paraissent assez spéciales pour n'avoir qu'une probabilité pratiquement nulle de se produire *fortuitement*. Elles sont peut-être aussi impossibles à réaliser d'une manière artificielle, sinon plus, qu'il l'est de faire tenir sans appui un cône sur sa pointe. Et leur caractère d'exception explique pourquoi la matière que nous trouvons organisée à la surface de la Terre est seulement une partie extrêmement minime de toute celle qui compose notre globe, une fraction fort petite même de la matière, apte chimiquement à faire partie des organismes, répandue à l'état fluide ou à l'état solide autour du noyau de la planète.

Si, au contraire, la vie était conciliable avec des conditions d'état initial quelconques ou trop peu spécifiées, ces conditions n'exigeraient pas, pour se maintenir, des circonstances de milieu extérieur fort déterminées aussi, quelque réelle pourtant que soit une certaine indépendance de l'être animé à l'égard de ces circonstances, rendue possible par la perfection et l'heureux agencement des organes, mais surtout par la présence d'un liquide nourricier en circulation les baignant tous, véritable milieu intérieur qui amortit les changements survenus au dehors ou qui même les transforme en excitants utiles. On ne voit pas pourquoi la *vie* serait alors, dans le monde visible, cette *exception tellement spéciale*, que sa persistance, et la possibilité pour nous de l'observer, tiennent seulement à la merveilleuse propriété, que présentent les êtres vivants, de propager dans de nouveaux organismes, issus de leur substance, quelque chose de leur type propre, de la *singularité* qui les caractérise.

36. *La difficulté que présente la réalisation de l'instabilité physico-chimique n'empêche pas, d'ailleurs, la vie d'être persistante ou stable.*

Les exemples très simples d'intégrales singulières exposés ci-dessus font d'ailleurs concevoir la persistance effective de la vie, pendant des temps qui sont assez longs pour que la cause interne d'affaiblissement des individus et, à plus forte raison, des espèces (si celles-ci s'éteignent naturellement à la longue), paraisse à nos esprits négligeable, à un moment donné, en comparaison des autres actions en jeu. En effet, dans le problème du mouvement relatif de deux atomes, il est sans doute fort difficile de réaliser les conditions d'état initial pour lesquelles il y a des bifurcations d'intégrales; mais, une fois ces conditions obtenues, les bifurcations se produisent indéfiniment, et le rôle du principe directeur n'est jamais terminé. Le système ne peut *mourir*, c'est-à-dire être abandonné désormais à la domination exclusive des lois mécaniques, que si une cause étrangère vient le déranger, ou, peut-être encore, si de légers écarts, de la nature de ceux que notre esprit ne perçoit pas, parce qu'ils sont hors de son pouvoir d'adaptation aux choses, rendent réelle la différence de l'état vrai du système d'avec son état, idéal et abstrait, de parfait équilibre instable, aux moments où la distance des deux points atteint, par exemple, la valeur $r = \alpha$ considérée à la page 351 du Tome III.

Il est vrai qu'un animal ou un végétal ne constituent pas, comme un couple de deux atomes supposés seuls dans l'Univers, des systèmes matériels absolument indépendants. Par le fait même qu'ils sont observables dans leur ensemble, à la portée de nos sens, ils ne peuvent manquer d'être des organismes *partiels*, c'est-à-dire astreints à des rapports avec un monde extérieur auquel leur existence se coordonne. La vie qui est en eux repose donc sur de tout autres bases que celle d'un organisme fictif, constitué pour se suffire à lui-même, et qui, ne trouvant rien hors de lui, n'aurait pas à se défendre de perturbations venues du dehors. Elle est faite, au contraire, pour s'accommoder à tout instant d'échanges d'énergie et de *matière* avec le monde extérieur qui lui fournit un point d'appui indispensable; en sorte qu'il faudrait, dans une étude analytique des mouvements auxquels elle coopère, considérer les organismes où elle réside comme composant un même système général avec le milieu matériel qui les entoure. Les êtres vivants seraient donc, dans ce vaste ensemble, les groupes spéciaux d'atomes, sans cesse changeants, qui se trouveraient le siège d'une indétermination mécanique et qui, en même temps, grâce à une merveilleuse structure et à des enveloppes protectrices appropriées, ne recevraient le contre-coup des changements extérieurs que sous une forme inoffensive pour la persistance de leur instabilité.

Rien n'oblige d'ailleurs à supposer que l'indétermination dont il s'agit doive résider à la fois, ou se produire spontanément, dans toutes les parties d'un système matériel, pour y être possible quelque part : il suffit que les dispositions et les vitesses de l'ensemble des atomes soient compatibles avec son existence en des endroits isolés, qui seront les seuls où les bifurcations se feront immédiatement sentir ou relieront des voies rapidement divergentes, c'est-à-dire les seuls qu'occupera une matière animée. De là, l'indétermination rayonnera peu à peu tout autour, en ce sens que les êtres où elle siège produiront directement, sur leurs organes, et indirectement, sur la matière qui en est voisine, des effets que ne contiennent pas les équations différentielles.

En d'autres termes, pour admettre, dans le mode d'explication exposé ici, l'existence continue d'êtres vivants, il n'est nullement nécessaire de supposer que l'état initial de l'univers ait été réglé d'après les conditions, infiniment particulières sans doute, qui seraient propres à y produire une indétermination mécanique ayant son siège partout. Il ne serait pas impossible, au contraire, que, étant donné au hasard tout mode d'état initial *d'un aussi vaste ensemble*, l'indétermination y existât d'elle-même en des points spéciaux, susceptibles de se déplacer plus ou moins dans la suite des temps *sans disparaître jamais*, et où seraient les seuls êtres doués d'instabilité physico-chimique, les seuls par lesquels entrerait dans l'univers la part de contingence que nous y observons.

Il y a donc, chez les êtres organisés, des conditions de vie profondément différentes de celle que l'analyse nous a fait connaître pour le cas d'un simple système de deux atomes. Malgré la délicatesse extrême de ces êtres et leurs besoins incessants, l'instabilité physico-chimique, qui est certainement excessive dans tous leurs tissus, — vu que le physiologiste l'y observe à un degré dont la nature morte n'offre pas d'exemple — doit pouvoir se soutenir, pendant le cours de leur existence, nonobstant tous les changements assez modérés qui surviennent dans le milieu environnant ; au contraire, l'intervention d'un pareil milieu détruirait cette instabilité, chez un couple de points matériels disposés pour la présenter quand chacun d'eux n'est en rapport qu'avec l'autre. Mais le fait que les circonstances d'état initial productrices de l'instabilité physico-chimique, dans un système de deux atomes, la maintiennent indéfiniment *pour les conditions extérieures d'isolement propres au système*, porte à inférer l'existence d'une propriété analogue dans un organisme destiné à vivre au sein d'un monde extérieur.

37. *Quelques réflexions sur ses moyens de conservation ou de défense.*

Effectivement, la contexture et les rapports mutuels des organes semblent être précisément ce qu'il faut, pour que les variations survenues au dehors s'harmonisent, en pénétrant dans l'intérieur, de manière à ne pas écarter le corps des voies compatibles avec la vie, c'est-à-dire de manière à laisser constamment vérifiées les relations entre les situations et les vitesses relatives qui, probablement, expriment l'indétermination mécanique. Dès que s'altèrent les circonstances très précises, inimitables artificiellement, que maintiennent ces rapports mutuels

des organes, l'instabilité physico-chimique se détruit rapidement;
au point qu'il a été jusqu'à présent aussi impossible de faire vivre, ou
seulement de conserver intact, un fragment d'organisme séparé de
l'ensemble auquel il appartenait, que de le produire par génération
spontanée. Il est donc probable que, si l'on parvenait à traiter analytiquement le problème dont les physiologistes poursuivent la solution
par l'expérience, on reconnaîtrait, dans les circonstances mêmes qui
président à la formation d'un être vivant ou à sa rénovation continue,
la cause qui, tout à la fois, produit l'instabilité physico-chimique et
la préserve des perturbations : on y verrait peut-être clairement, en
faisant intervenir, comme il serait sans doute nécessaire, les lois
physiologiques régulatrices de l'évolution vitale, la manière dont se
concilie une instabilité si persistante, si bien soutenue, avec les
variations intérieures provoquées par des changements extérieurs
assez restreints.

Mais j'ai montré, au nᵒ 17 de ce Mémoire (p. 32), combien semble
éloigné le jour où pareille question pourra être effectivement attaquée
par le géomètre. L'observation nous permet seulement de pressentir
que les perturbations, dues aux échanges d'énergie entre les organes
et les fluides qui y circulent ou entre l'organisme entier et le dehors,
sont exactement compensées, dans leurs effets capables de compromettre l'instabilité, par des échanges simultanés de matière, qui se
règlent avec une admirable précision ou en rapport parfait avec les
besoins de chaque instant, d'après les équations mêmes de la Mécanique dont résulte justement, pour les cas considérés, la persistance
indéfinie ou quasi indéfinie de l'indétermination. En effet, si l'on
conclut, par analogie, du cas de deux atomes au cas d'un système plus
complexe, on concevra que de telles conditions d'état initial, qui sont
propres à y faire apparaître une seule fois l'indétermination mécanique, pourraient tout autant, le système étant changé, astreindre
celle-ci à s'y représenter sans fin, de manière qu'aucune des voies,
infiniment diverses et contingentes, ouvertes devant ce nouveau
système, ne puisse, pour ainsi dire, jamais le dégager de cette indétermination.

Par exemple, en un point où la vitesse tendrait à s'accélérer, un
accroissement de la masse, produit aux dépens d'une matière ambiante
plus calme, lui conserverait la valeur convenable; à l'inverse, un
ralentissement serait évité au moyen d'une perte de masse, etc. Tous

ces échanges se feraient et se régleraient en quelque sorte, automatiquement, de même que les accélérations se produisent avec une
précision absolue pour des situations relatives données.

Sans doute aussi, quand un choc modéré, ou toute autre action
analogue, s'exerçant à fort peu près avec la même intensité sur un
nombre immense de particules matérielles et imprimant surtout une
translation commune aux diverses parties de chacune d'elles, vient
déranger entre certaines limites les situations réciproques et les
vitesses relatives des éléments d'une même cellule, l'influence
des fluides qui la baignent ou celle des autres cellules plus
intérieures, y rétablit facilement l'instabilité physico-chimique, qui
ne s'y trouve altérée que très peu; de même que, dans le phénomène
de l'assimilation, les aliments végétaux et animaux reviennent facilement à la vie qui les avait à peine quittés, ou l'entretiennent bien
mieux que des aliments minéraux, dont des plantes seules, tout au
plus, pourraient se contenter.

Comme un fluide se déforme sous le moindre effort et passe avec
une extrême facilité de chacun de ses états moléculaires (très peu
stables, il est vrai) à d'autres voisins, ainsi dirait-on qu'une matière
récemment abandonnée par la vie est encore à demi vivante, ou jouit
d'une grande aptitude à se remettre, en quelque sorte, dans l'état
d'équilibre mobile, sous l'influence assimilatrice d'un être qui en soit
doué.

A plus forte raison, les variations qu'éprouve, d'un instant à l'autre,
la pesanteur aux divers points d'un organisme, par suite du changement de position des astres ou des mouvements propres de l'organisme
considéré à la surface de sa planète, doivent-elles ne produire, sur les
conditions d'existence et d'instabilité intérieure de celui-ci, que des
changements compensés à l'instant, ou même dépourvus de toute
valeur concrète.

Il est bon d'observer, à cette occasion, que la mise en compte de
petites forces perturbatrices, dans le problème des solutions singulières que comportent les équations de mouvement d'un système, ne
doit généralement modifier que peu les intégrales particulières de ces
équations et, par suite, leurs lieux de réunion et de bifurcation, qui
sont les solutions singulières cherchées. En effet, cette mise en compte
laisse les solutions singulières obtenues à une première approximation,
presque en contact avec les véritables intégrales particulières; en sorte

qu'une légère transformation de ces solutions singulières approximatives doit les rendre exactes, ou les maintenir en contact rigoureux
avec les intégrales particulières. Un calcul approché des réunions et
bifurcations d'intégrales, pour les points matériels qui occupent une
certaine région de l'espace de grandeur modérée, peut donc se faire,
en négligeant l'influence des points non compris dans la région dont
il s'agit, ou en la réduisant au changement qu'elle introduit dans la
pesanteur, laquelle, sensiblement constante pour toute la région,
imprime une translation commune aux points qui s'y trouvent, ou
n'influe pas directement d'une manière appréciable sur leurs mouvements relatifs.

Ainsi, la recherche des solutions singulières ne paraît pas exiger
plus d'exactitude, dans les formules, que celle des intégrales particulières : pour les unes comme pour les autres, l'approximation obtenue
sur les intégrales est sans doute proportionnée à la petitesse même des
termes négligés dans les équations différentielles.

38. *Accord du calcul et de l'observation, pour prouver. qu'en
effet, il n'y a pas nécessairement de proportion, entre la probabilité de première réalisation de l'instabilité physico-chimique, et
la persistance de cette instabilité une fois produite.*

Quoi qu'il en soit, l'exemple offert par un système de deux atomes,
où la *persistance* de l'instabilité, *une fois produite*, se trouve réunie
à une probabilité infiniment faible *de première réalisation*, suffit
pour prouver qu'il n'y a pas nécessairement de proportion, de rapport
fini, entre la *stabilité* de vie, entendue comme je le fais, et la *largeur
du champ* à l'intérieur duquel doivent être comprises les circonstances
matérielles propres à son apparition. La première de ces deux quantités peut être finie, quoique la seconde soit analytiquement nulle. Il
importe d'éviter à cet égard une confusion qui, sous prétexte d'une
probabilité infiniment petite, aurait pour conséquence de faire refuser
aux intégrales singulières leur légitime rôle dans la représentation des
phénomènes naturels, et qui, du même coup, obligerait d'assimiler la
vie aux forces physiques, ou empêcherait de lui reconnaître un mode
d'action spécial.

D'ailleurs l'instabilité physico-chimique extrême, *incomparable*,
des tissus vivants, n'est pas une hypothèse. Elle est un fait, puisqu'elle

constitue, aux yeux du physiologiste, le caractère le plus distinctif de ces tissus, et puisque c'est un sujet d'admiration toujours nouveau, pour les esprits réfléchis, qu'une chose aussi frêle que la vie subsiste et se propage, c'est-à-dire qu'il puisse exister des mécanismes, des modes d'organisation, capables d'atteindre un aussi prodigieux résultat. Or, supposé que l'instabilité dont il s'agit ne fût pas absolument parfaite en toute rigueur mathématique, elle paraîtrait, certes, ne pas différer plus d'une instabilité parfaite, que la courbe ne diffère d'une ligne polygonale inscrite, à côtés imperceptibles, et l'on ne commettrait aucune erreur saisissable à l'observation en ne l'en distinguant pas.

D'autre part, le fait de l'impossibilité expérimentale de la génération spontanée, en ce qui concerne toutes les espèces connues, rapproché de celui de la longévité des mêmes espèces, ne semble-t-il pas être précisément la traduction physique du double résultat auquel nous a conduit le calcul, savoir, une probabilité ou étendue de champ d'une petitesse inassignable, à côté d'une persistance paraissant indéfinie dans des conditions assez favorables de milieu.

Si, pour arriver à une probabilité finie, on attribuait au principe vital la puissance de créer de petites forces mécaniques, réelles et exprimables mathématiquement, quoique assez faibles pour échapper toujours aux moyens de mesure des physiologistes (qui ne les ont jamais rencontrées), on agrandirait sans doute, dans un rapport immense, les moyens de conservation de la vie; car on rendrait possibles les bifurcations, l'intervention du pouvoir directeur, sur des bandes d'une certaine largeur de part et d'autre des simples lignes représentant, dans ma comparaison, le champ d'application des solutions singulières. Mais il semble que ce serait en dehors des voies propres de la vie qu'on étendrait, ainsi, artificiellement, son domaine, et que la conservation plus grande rendue possible par ce moyen, mériterait plutôt le nom de résurrection, ou de génération spontanée, que celui de conservation normale.

Peut-être cependant les géomètres dont les habitudes d'esprit se sont formées dans l'étude des cas *généraux* de mouvement, c'est-à-dire dans celle des faits que présentent les êtres non organisés, et qui, par suite, ont accoutumé de trouver, *a priori*, une probabilité sensible à la production de tous les phénomènes qu'ils connaissent scientifiquement, croiront-ils nécessaire d'attribuer ainsi au principe vital la création de petites forces mécaniques, si faibles qu'on les suppose. Je ne vois pas d'inconvénient à cette hypothèse, commode pour l'imagination en attendant que l'esprit s'habitue à ne pas juger des êtres vivants comme des corps bruts, et qui, d'ailleurs, n'introduirait aucune différence *pratique* dans les résultats, pourvu que les forces dont il s'agit fussent supposées insaisissables à l'observation. Au fond, ce seraient toujours les solutions singulières qui régleraient les conditions d'existence, qui *jalonneraient* le champ de la vie, représenté alors par des bandes étroites et non plus par de simples lignes.

Enfin, pour terminer ce que j'ai à dire dans cet ordre d'idées, il est évident qu'il y a loin, de la probabilité de *production* de la vie, sur une étendue restreinte et pendant un certain temps, à la probabilité d'*observer* effectivement des êtres animés dans la même étendue et durant le même temps. Celle-ci est incomparablement plus grande que la première et peut, conformément à ce que montre l'observation sur notre globe, devenir finie, dès qu'on admet, chez les séries ou groupes *preexistants* d'organismes, des moyens suffisants de conservation dans le temps et de propagation dans l'espace : elle est, en effet, multipliée dans un rapport énorme par ce qui provient du passé et des régions autres que celle que l'on considère.

39. *Sur des cas possibles de vie instable.*

Nous avons aussi (p. 41), dans le problème fictif du mouvement d'un point sur une courbe polie, rencontré des cas où la vie est, en quelque sorte, précaire, parce qu'il n'y a pas persistance ou reproduction pour ainsi dire indéfinie de l'instabilité, de l'état d'indifférence, nécessaire à l'existence d'un être animé. Or rien ne dit que la nature ne réalise pas des cas pareils.

Ce ne serait pas possible à l'état physiologique ou normal : car, alors même que la production d'une telle vie, chez des individus qui n'en auraient pas d'autre, serait aussi probable que celle d'une vie persistante, la probabilité pour qu'elle existât à une époque donnée se trouverait en raison inverse de sa durée, c'est-à-dire incomparablement moindre que celle d'une vie persistante, ou, par conséquent, infiniment faible, l'expérience donnant une probabilité finie de rencontrer à la surface de la Terre des êtres à propagation illimitée (¹). D'ailleurs, des espèces caduques seraient sans doute trop infimes pour fixer l'attention du naturaliste. Mais, sous forme pathologique, ou comme déviation survenant chez quelques individus d'une espèce à vie persistante, c'est différent.

De fait, toutes les plaies de mauvaise nature ne sont-elles pas constituées par un tissu vivant, qui se forme d'une manière continue sans pouvoir se conserver (puisqu'il se détruit presque aussitôt), et qui absorbe en pure perte les sucs nourriciers de l'organisme, ou même la substance de l'organe frappé de dégénérescence?

Quant aux cas d'instabilité physico-chimique qui pourraient survenir tout à coup au milieu du monde minéral et qui, par suite, n'appartiendraient pas à la catégorie des bifurcations essentiellement périodiques ou, en quelque sorte, indéfiniment reproductibles, le savant peut en faire abstraction : il est permis de les regarder comme purement hypothétiques, ou de les écarter au nom d'un grand principe de stabilité du mouvement sur lequel les traités de Mécanique n'insistent guère, mais qu'on rencontre dans l'étude de plusieurs problèmes concrets et dont j'espère avoir démontré la réalité et l'importance pour les questions les plus utiles de l'Hydrodynamique (²).

40. *L'explication des phénomènes vitaux n'exige pas plus de solutions singulières que l'analyse ne nous en a indiqué.*

En résumé, les intégrales singulières, les bifurcations de voies, paraissent se présenter, dans les équations effectives du mouvement, avec le degré précis d'étendue, d'applicabilité physique, en quelque sorte, qui convient pour expliquer les phénomènes vitaux tels que l'observation nous les révèle. Il ne fallait pas plus de ces intégrales que l'Analyse, autant qu'il nous a été permis de la consulter, n'en indique.

(¹) On sait que la certitude elle-même est mathématiquement une probabilité finie, égale à 1, puisque l'unité exprime le rapport du nombre des chances favorables au nombre total des chances considérées, quand elles sont toutes favorables. Par suite, une probabilité incomparablement plus faible que la certitude est infiniment petite et non pas finie; car le nombre des chances favorables qui lui correspondent n'est qu'une fraction infiniment petite du nombre total des chances.

(²) Voir mon *Essai sur la théorie des eaux courantes*, au *Recueil des Savants étrangers de l'Académie des Sciences de Paris*, t. XXIII (n° 52, p. 120 et 661 ; n° 212, p. 571 ; n° 236, p. 647).

Si la *vie*, la *liberté* avaient pu se glisser dans le monde matériel autrement que par de simples *joints*, si les lois physico-chimiques leur livraient des passages d'une largeur finie, rien n'empêcherait, ce semble, les manifestations vitales d'éclater en mille occasions au sein d'une nature exclusivement inorganique, et la part de l'*inanime* serait bien moins étendue que ne le montre l'expérience.

L'influence des principes directeurs auxquels l'humanité a toujours cru, et dont l'observation confirme l'existence, devait pouvoir s'exercer, sans compromettre la détermination des problèmes de Mécanique dans tous les cas ordinaires, qui sont ceux où elle n'a pas à intervenir. Aussi l'Analyse, dès ses premiers pas dans la voie nouvelle, restreint-elle cette influence à un état de la matière tout spécial, séparé des autres comme par un abîme, puisqu'on ne peut pas l'en faire dériver normalement.

Le calcul nous conduit donc, dès à présent, à étendre le principe qui domine toute la physiologie, *omne vivens ex vivo* et même *omnis vivens ex vivis* (tout vivant est issu de vivants), aux manifestations de la vie les plus rudimentaires qu'on puisse imaginer, à celles que leur extrême simplicité soustrait et soustraira probablement toujours à l'observation directe.

CHAPITRE IV.

41. *Il était naturel que les solutions singulières remplissent, en Mécanique, le rôle qui leur est assigné dans cette étude.*

On sait combien les géomètres du XVIIIe siècle jugèrent surprenantes les intégrales singulières qui s'offrirent à leurs recherches et que l'Analyse leur donnait en réponse à certaines questions de géométrie. Je ne crois pas me tromper en affirmant, d'après ma propre expérience, que le même étonnement se produit, de nos jours encore, chez les esprits réfléchis qui étudient pour la première fois le chapitre de l'analyse infinitésimale où il en est traité. Cet étonnement a pour cause la propriété, en même temps mystérieuse et incontestable, que possèdent les solutions singulières, de soustraire à un déterminisme absolu certains accroissements finis de fonctions, alors que les accroissements infiniment petits ou la dérivée de ces fonctions ne cessent pas un instant d'être déterminés de proche en proche sans ambiguïté.

On trouverait naturel qu'une propriété aussi extraordinaire eût signalé à l'attention les solutions dont il s'agit, dès l'époque de leur découverte, comme propres à représenter ce qu'il y a de spontané, d'extra-physique ou de spécial, dans les phénomènes de la vie. Ne semble-t-il pas qu'elle aurait dû, presque immédiatement, leur faire attribuer *surtout* pour rôle d'exprimer les conditions géométriques ou mécaniques de l'existence, si merveilleuse et vraiment *singulière*, d'êtres doués de conscience, d'activité *libre*, au sein de l'immense monde inorganique, au milieu d'un réseau de lois paraissant régler toutes les variations infiniment petites des choses? Et quelle autre propriété pourrait mieux convenir, pour expliquer l'énigme étonnante de ces systèmes matériels, qui se dérobent au mécanisme sans cesser de lui obéir, qui se meuvent à l'aise, en quelque sorte, dans l'enchevêtrement infini des couches d'un tissu serré, dont les replis multiples enlacent tout l'espace, en le remplissant, et croisent toutes les directions?

Personne cependant, à ma connaissance, n'avait émis jusqu'à présent cette idée, si simple et, en quelque sorte, inévitable. Quoiqu'on n'ignorât pas que la nature ne laisse guère, sans les réaliser quelque part, des faits analytiques aussi étendus que celui des solutions singulières, ou ne tenant nullement à une forme particulière de fonctions, aucun géomètre ne paraît avoir, durant plus d'un siècle, cherché quel pourrait être, dans le monde visible, le domaine propre de ces intégrales, leur *champ d'application*. Et, pourtant, on avait fort bien aperçu, dès le XVIIe siècle, le magnifique usage qu'on devait faire des solutions d'équations différentielles dans la représentation des phénomènes qui se transforment avec continuité; puisque l'analyse infinitésimale existait à peine que, déjà, on assignait toute la nature inorganique comme domaine aux intégrales générales.

Les solutions singulières ne seraient probablement pas restées sans application aux mouvements réels, l'on aurait tout au moins pressenti leur emploi, si les zoologistes s'étaient trouvés plus souvent mathématiciens, ou si les mécaniciens géomètres avaient pensé plus souvent à ce que pourraient bien être, sous le rapport de leur science, ces curieux systèmes matériels qu'on appelle des *organismes vivants*.

42. *Poisson a reconnu, du moins à une certaine époque de sa vie, qu'elles devaient en avoir un, et il a essayé de lever l'indétermination qu'elles amènent.*

Je ne connais que Poisson qui ait essayé de tirer quelque parti, en Mécanique, des solutions singulières. C'est dans son grand Mémoire sur ces intégrales, inséré au Tome VI du *Journal de l'École Polytechnique* ([1]). Quoiqu'il ne s'y occupe guère que d'analyse pure et qu'il n'aborde aucun problème réel, il n'a pas manqué cependant de signaler la difficulté que les intégrales singulières font naître au point

([1]) XIIIe cahier, 1806. *Voir*, à partir de la page 100, l'article IV, consacré au rôle des solutions singulières en Mécanique.

de vue d'un déterminisme absolu. Mais, ne pensant nullement aux phénomènes vitaux, il la regarde comme un *paradoxe* (p. 63 et 106) très digne d'exercer la sagacité des géomètres, et qu'il renonce lui-même à éclaircir, non sans y avoir sans doute travaillé. Dominé par l'opinion préconçue qu'on doit pouvoir la lever au moyen de considérations purement physiques, évidemment étrangères aux équations du mouvement, il cherche dans les notions vagues d'*inertie* et de *force* ce que j'appelle le *principe directeur*. Comme il se borne (p. 104) à un seul exemple comportant indétermination, savoir, au cas d'un mouvement rectiligne régi par l'équation $\frac{d^2 x}{dt^2} = ax^n$, et où il y a le point d'arrêt $x = 0$ que le mobile peut atteindre une fois, il croit résoudre très simplement la difficulté en admettant sans discussion l'hypothèse qui donne la préférence au repos sur le mouvement.

Il ne remarque peut-être pas que cette hypothèse n'est qu'un dernier reste de la vieille opinion touchant la prétendue *paresse* des corps (opinion entendue dans un sens abandonné, non dans le sens très vrai d'une dissipation de l'énergie partout où il y a des frottements); et qu'on la complique, sans la rendre plus probable, lorsqu'on introduit dans son énoncé les mots *force* et *inertie*, pris avec leur signification obscure. Les forces et les inerties ne sont, en effet, pour la science positive, que des produits de certains coefficients constants, appelés *masses*, par des accélérations, prises avec leurs signes ou avec les signes contraires. Quant au mot *inertie* (au singulier), je ne vois guère ce qu'il peut désigner en Mécanique, si ce n'est le cas le plus simple de la grande loi d'après laquelle l'accélération éprouvée par un atome se compose d'accélérations partielles dirigées vers d'autres atomes, et fonction de leurs distances, savoir, le cas où l'atome considéré se trouve seul et n'est animé par suite d'aucune accélération.

Donc, en disant qu'un point, actuellement sans vitesse, et qui n'est sollicité par aucune force dans une position unique où on le suppose placé, sera maintenu constamment en repos par son inertie, on outrepasse les bornes de la science positive, qui permet seulement d'affirmer, en pareil cas, que la vitesse et l'accélération sont *actuellement* nulles. On attribue au mot *force* un sens métaphysique de *cause*, distinct de son sens géométrique précis; et l'on exige par suite qu'il y ait une antériorité, tout au moins logique ou, si l'on aime mieux, infiniment petite, de la force par rapport à l'accélération qu'elle est censée produire. On raisonne comme si les composantes de la vitesse de chaque point suivant les axes n'éprouvaient les accroissements qu'elles reçoivent qu'à des instants *isolés*, séparés par des intervalles de temps, Δt, supposables infiniment petits seulement à la limite ou en tant qu'insensibles, et comme si ces accroissements, dus chaque fois à l'action produite par les forces pendant l'intervalle précédent, mais suspendue jusque-là, dépendaient de la position du système à l'instant précis où ils s'effectueraient. Ce n'est qu'au moyen de ces hypothèses, c'est-à-dire en regardant l'accélération, telle que la donne l'équation de mouvement proposée, comme fournissant un très petit accroissement fini de vitesse éprouvé au moment précis où le mobile a la coordonnée dont l'accélération dépend, qu'on rend impossible toute acquisition de vitesse aux points d'arrêt et qu'on supprime tout mouvement ultérieur.

Or, pour avoir quelque raison d'adopter cette manière de voir, dans le cas où l'antériorité qu'elle implique de la force à l'accélération influe sur les résultats, c'est-à-dire quand on est à une bifurcation d'intégrales, il faudrait savoir d'abord si les forces des mécaniciens sont autre chose que de simples conceptions géométriques; il faudrait savoir si l'on a le droit de les assimiler aux puissances inconnues du monde matériel, pour ce seul fait, qu'égalant des fonctions déterminées des distances moléculaires, elles ne peuvent manquer d'être corrélatives, dans nos organes, aux allongements ou raccourcissements de fibres qui nous procurent les sensations de *traction*, de *compression*, d'*efforts*, etc., ou qui, du moins, correspondent à ces sensations (¹). Tant qu'une assimilation pareille sera absolument arbitraire, il y aura lieu de s'en tenir à ce principe clair, déduit de tous les faits constatés, que les lois physico-chimiques concernent directement des situations, des vitesses, etc., bref des réalités géométriques, accessibles à nos sens ou tout au moins à notre esprit, non des entités métaphysiques appelées *forces;* et qu'elles sont exprimées, d'une manière adéquate à notre point de vue, c'est-à-dire avec la plus grande rigueur à laquelle nous puissions prétendre, par les équations différentielles du mouvement.

____

(¹) *Voir*, à la fin du Mémoire, la Note VI, relative à la question de savoir *pourquoi l'imagination nous fait attribuer un sens d'effort à des produits de masses par des accélérations.*

43. *Mais il n'a pas abordé la question dans son Traité de Mécanique, en sorte que le paradoxe qu'il avait découvert paraît être resté ignoré de ses successeurs.*

Au reste, Poisson n'a pas dû être satisfait longtemps de la manière dont il avait tranché la question des points d'arrêt ; car, dans son *Traité classique de Mécanique* (1833, t. I, n° 134, p. 251), il a préféré supprimer la difficulté en affirmant, sans explication, que les expressions des forces naturelles ont sans doute des formes incompatibles avec l'existence de toute solution singulière. Et il y garde complètement le silence au sujet de l'indétermination qu'il avait rencontrée, près de trente ans auparavant, dans l'exemple simple

$$\frac{d^2 x}{dt^2} = a x^n.$$

Le lecteur de ce traité n'entrevoit même pas la possibilité d'une pareille indétermination ; vu que le seul problème, admettant une intégrale singulière, qui s'y trouve posé (extrait du Mémoire de 1806), et que l'auteur y donne d'ailleurs comme purement théorique, est une question où les intégrales particulières se terminent brusquement à leur jonction avec la solution singulière, en sorte qu'il n'y a pas bifurcation, mais simplement fusion ou réunion des intégrales en une seule. Je reviendrai, au n° 49, sur ce problème ; et je montrerai par suite de quelle simplification trop peu aperçue, destinée à le rendre abordable en le modifiant, il s'y présente une particularité aussi exceptionnelle.

M. Duhamel, dans son *Cours de Mécanique* (t. I, n° 277, p. 327), reproduit également le même problème ; et il insiste, à ce propos, sur la nécessité de ne pas négliger les solutions singulières dans l'étude des questions de dynamique. Aussi est-on assez surpris de lire, en tête du n° 277 : « L'équation différentielle du mouvement d'un point, jointe aux circonstances initiales, détermine complètement le mouvement de ce point pendant un temps indéfini. » Cette phrase, émise sans commentaire comme si elle ne soulevait aucune objection, semble indiquer que le savant professeur n'avait pas connaissance de la difficulté signalée par Poisson en 1806. Mais peut-être signifie-t-elle seulement que les solutions singulières n'interviendraient, en dynamique, que dans les cas où elles n'introduisent aucune indétermination.

11. *Essais tentés dans le même but par M. Cournot.*

Enfin, M. Cournot, dans son *Traité élémentaire de la théorie des jonctions et du calcul infinitésimal* (¹), s'est visiblement efforcé de résoudre le paradoxe des points d'arrêt, quoiqu'il n'en fasse pas mention d'une manière expresse. Pensant à ce moment, comme Poisson et Duhamel, que les lois physico-mathématiques ne laissent rien de libre partout où elles étendent leur domaine, il cherche à interpréter les équations différentielles des phénomènes naturels dans un sens qui n'autorise jamais aucune bifurcation. Il paraît admettre, à cet effet, qu'elles sont assimilables à des équations aux différences finies, ou, en d'autres termes, qu'elles fournissent directement, en fonction des valeurs *actuelles* des quantités physiques, les accroissements *réels ultérieurs les plus petits* de ces quantités et non pas, précisément, leurs dérivées. Il suppose donc les variations réelles des choses évaluables à la manière des quantités finies, ou mieux à la manière des quantités abstraites, indéfiniment divisibles, du géomètre. Évidemment, aucune bifurcation n'est possible dans cette hypothèse, où sont parfaitement déterminés, pour chaque instant, les accroissements élémentaires produits, les véritables différentielles, et, par suite, de proche en proche, pour un temps quelconque, les accroissements finis correspondants. Mais une telle hypothèse semble contradictoire, puisqu'elle présente comme physiquement élémentaire ce qu'elle suppose en même temps ne l'être pas, c'est-à-dire ce qu'elle évalue en nombre; et elle ne lève l'indétermination qu'en dénaturant le problème.

M. Cournot se place donc au point de vue que j'ai critiqué tout à l'heure comme purement arbitraire en ce qu'il a de restrictif, et comme transportant la question dans la sphère, inaccessible à notre intelligence, où s'effectuent les plus petits accroissements *réels* du *temps* et des choses. Grâce au principe ainsi accepté (du moins implicitement), il observe que le choix entre une intégrale particulière et la solution singulière devient facile à chaque bifurcation, quand l'intégrale singulière est de la forme $x = $ const., ou que, par suite, l'équation différentielle, considérée comme aux différences finies, s'y réduit à $\Delta x = 0$ et donne $x = $ const. Son raisonnement ne diffère pas,

____

(¹) 1841; t. II, n° 515, et n°ˢ 519 à 521, p. 339 et 345 à 349.

au fond, de celui que j'ai fait ci-dessus et qui justifierait, pour les points d'arrêt, la préférence accordée au repos sur le mouvement, si l'on admettait une certaine antériorité de la force par rapport à l'accélération.

Mais M. Cournot va plus loin encore. Profitant du résultat obtenu pour ce cas simple, il croit pouvoir effectuer dans le cas général un changement de la variable dépendante, propre à mettre chaque solution singulière sous la forme $x = \text{const.}$; et il conclut alors, naturellement, en faveur de ces solutions. Il ne fait pas attention à ce que présente d'illégitime, à son point de vue, la transformation ainsi effectuée, qui ne laisse à l'équation proposée son ordre, sa forme essentielle, qu'autant qu'on y emploie des règles élémentaires (de différentiation des fonctions de fonction et des fonctions composées), inapplicables aux différences finies, parce qu'elles négligent des erreurs relatives nulles seulement dans l'infiniment petit. Or, les quantités négligées dont il s'agit sont de l'ordre des écarts naissants qui séparent la solution singulière d'une intégrale particulière, c'est-à-dire qu'elles sont au nombre de celles dont il faudrait tenir le plus grand compte; et la conclusion à laquelle on est conduit en les supprimant est purement arbitraire.

45. *Réflexions sur une cause du préjugé déterministe.*

Ainsi M. Cournot, si préoccupé, en philosophie, de chercher un « raisonnement direct » prouvant que « l'intervention du principe vital comme force physique peut et doit être rigoureusement nulle », se trouvait avoir, vingt ans avant d'émettre cette pensée, examiné à loisir, dans la question des intégrales singulières, le point précis où gisait le « raisonnement direct » désiré. Et l'on voit pourtant que, dominé à son insu, en Mécanique, comme tous les hommes de science depuis deux siècles, par le préjugé que les lois mathématiques y règlent tout, il avait rejeté sans s'en douter l'éclaircissement qu'il appelait plus tard de ses vœux.

Il ne faut donc pas s'étonner que Poisson ait fini par reléguer hors de la philosophie naturelle, faute de lui trouver une place dans le monde réel, le paradoxe qui s'était présenté à lui, ni que, depuis, les professeurs de Mécanique aient négligé d'y faire même allusion. Je n'aurais probablement encore, je l'avoue, aucune connaissance de cette découverte de Poisson, si une certaine surprise qu'a causée mon article du 19 février 1877 ne m'avait excité à fouiller dans les Recueils scientifiques pour y chercher des preuves à l'appui de mes propres recherches.

Il ne faut pas, non plus, trop s'étonner que Laplace, à qui cependant la théorie des solutions singulières est redevable en Analyse d'un de ses grands progrès, ait aussi admis un déterminisme absolu dans les phénomènes soumis aux lois mécaniques (¹).

Peut-être le préjugé dont il s'agit se serait-il moins enraciné, si quelque heureuse circonstance avait fait connaître et comprendre les intégrales singulières, à peu près en même temps que les intégrales générales, et que, par suite, le correctif naturel du déterminisme mécanique eût été à portée de la Science, dès l'époque où ce déterminisme trouvait dans les équations différentielles sa forme précise. Il semble qu'une des plus remarquables découvertes de Leibniz aurait pu servir à cela et faire entrevoir au grand géomètre philosophe la possibilité d'admettre des *contingents*, non seulement dans l'état *initial* du monde, mais même *à tous les moments de sa durée*. Je veux parler des *enveloppes* formées par les intersections successives de toutes les courbes que régit une même loi différentielle, lieux de réunion et de bifurcation continues pour ces courbes, ou chemin naturel pour passer de l'une d'elles à une autre quelconque sans violer ni la continuité, ni l'équation différentielle qui détermine de proche en proche la direction à suivre. Les lignes enveloppes mettent donc en évidence le caractère *antidéterministe* des solutions singulières, dont elles fournissent, comme on sait, la représentation classique dans le cas simple où il s'agit d'une équation différentielle du premier ordre. Mais il fallait sans doute du temps pour mûrir toutes ces idées et permettre de les transporter dans les équations plus complexes de la Mécanique.

10. *Résultats différents auxquels conduit le raisonnement (rectifié) de M. Cournot, suivant que les trajectoires singulières sont droites ou courbes.*

Revenons actuellement à la conclusion de M. Cournot, en ce qui

---

(¹) *Essai philosophique sur les probabilités* (1814, 2ᵉ édition, p. 3).

concerne les solutions singulières d'une forme autre que $x = \text{const}$.
Cette conclusion, qui consiste à dire que l'intégrale singulière représente seule le mouvement effectif, à partir de l'instant où vient s'y
raccorder l'intégrale particulière d'abord employée, n'est donc nullement établie, même quand on accepte les principes d'où il part. Tout
au contraire, hormis le cas de trajectoires singulières droites, simples
transformations des points d'arrêt par superposition d'un mouvement
rectiligne translatoire, l'hypothèse de l'antériorité des forces aux
accélérations, qui sont alors censées produites d'une manière discon-
tinue, me paraît exclure absolument les solutions singulières de la
représentation de mouvements que dirigerait, aux points de bifurcation, l'action pure de ces forces. Il suffit, en effet, qu'un mobile se
trouve sur une trajectoire singulière *curviligne*, avec la vitesse qu'il
aurait s'il était supposé y rester, pour que son mouvement, rectiligne
et uniforme (d'après l'hypothèse) durant chaque intervalle Δt, aussi
petit qu'on voudra, mais nul tout au plus à la limite, l'en fasse sortir
à l'instant et l'en éloigne dès lors à des distances finies, comme d'un
centre de répulsion, le long de l'une des trajectoires ordinaires détachées du côté convexe de la courbe singulière dont il s'agit. Ainsi, la
loi qui semble résulter de la supposition d'une certaine antériorité des
forces mécaniques aux accélérations, refuserait toute valeur pratique,
dans des phénomènes dépendant seulement de ces forces, aux trajectoires circulaires que nous avons trouvées comme solutions singulières pour le mouvement d'un point autour d'un centre, tandis qu'elle
attribue, au contraire, la préférence à ces solutions, dès que la constante des aires, c, s'annule, ou qu'elles expriment le repos.

47. *L'explication des phénomènes vitaux par les bifurcations
d'intégrales, par les solutions singulières, subsiste malgré les
divergences d'opinion au sujet des forces.*

Je n'examinerai pas si une telle discontinuité, pour $c = 0$, est ou
non conforme à cette simplicité que nous aimons à trouver dans les
lois naturelles fondamentales et que nous ne pouvons nous empêcher,
à défaut de mieux, de prendre pour *criterium*, bien que nous con-
naissions rarement le point de vue d'où elle se laisse le mieux saisir.
Mais j'observerai que les vraies forces physico-chimiques, quelles
qu'elles soient, pourraient produire des effets autres que ceux qui

sont exprimés par les équations différentielles du mouvement, c'est-à-dire avoir de plus en elles-mêmes de quoi diriger les systèmes aux bifurcations d'intégrales, sans qu'il fallût, pour cela, renoncer à l'explication des phénomènes vitaux au moyen de ces bifurcations, rendues possibles par les solutions singulières. En effet, même dans cette manière de voir, vers laquelle inclineront peut-être les savants qui se représentent les puissances de la nature comme pouvant s'évaluer en kilogrammes, aucune force finie, déterminable dynamométriquement, ne serait nécessaire, aux points de bifurcation, pour *conduire* la matière suivant des voies différentes de celle qu'elle prendrait d'elle-même. *Les actions vitales n'auraient besoin d'atteindre aucune intensité analytiquement appréciable, pour neutraliser les forces physico-chimiques* dans le rôle de principe directeur, en admettant du moins, comme tout le monde jusqu'ici, que les mouvements se font avec continuité dans la nature, que les vitesses ne changent pas par sauts brusques, hypothèse en dehors de laquelle notre raison, transportée au milieu des différentielles inconnues du temps et des choses (¹), hésite et se trouble.

Et si, au contraire, cette continuité n'existant pas, les véritables lois physico-mathématiques s'expriment plutôt par des équations déterminant les plus petits changements réels, supposés finis, que par les équations différentielles connues et acceptées de la science, les quantités très petites, qui différencieraient alors les variations élémentaires de vitesse, dans une solution singulière, d'avec les variations pareilles dans chacune des solutions particulières qui s'y joignent, devraient être supposées purement fictives ou abstraites, autant que nous pouvons en juger; car elles seraient incomparablement moindres que les plus petites quantités réelles ou réalisables dans les conditions considérées, puisqu'elles se trouveraient d'un ordre de petitesse supérieur à celui de ces quantités, c'est-à-dire à l'ordre des variations élémentaires mêmes des vitesses. Les forces vitales n'auraient donc encore besoin d'atteindre aucune valeur dynamométrique objective (autant qu'il nous est permis d'affirmer quelque chose en pareille matière), pour s'emparer de la direction du mou-

---

(¹) Des *quanta*, comme on dit maintenant, ce me semble, à moins que ces *quanta* ne soient pour la plus grande partie *subjectifs* et liés à ce qu'on appelle le *seuil* des sensations (1921). — *Voir* les nᵒˢ 3, 4 et 5 de la Note finale II.

vement aux bifurcations (de voies) indiquées par l'hypothèse de la continuité.

On voit que les réunions et les bifurcations d'intégrales paraissent bien appartenir à ces catégories d'idées ou de faits que les changements de points de vue peuvent transposer, mais qu'ils n'éliminent pas, et que l'on retrouve toujours, sous quelque forme qu'on ait traduit la pensée.

La seule différence qu'il y aurait entre ce mode d'explication et celui que j'ai adopté, où l'on regarde les équations différentielles du mouvement comme exprimant *tout* ce que peuvent l'inertie et les forces physico-chimiques, consisterait donc en ce que, dans celui-ci, le *principe directeur* aux bifurcations est considéré, à cause du caractère spécial de ses effets, comme une cause *essentiellement distincte*, et qualifié de *principe de vie;* tandis que, dans l'autre opinion, la direction du mouvement aux bifurcations serait confiée, suivant les cas, ou à un principe vital, ou simplement aux puissances ordinaires de la nature inorganique, qui joindraient *exceptionnellement* cette fonction à leur fonction habituelle de *régulatrices des accélérations*. Des lois spéciales, encore inconnues, régleraient les rôles respectifs des énergies physico-chimiques et des principes directeurs plus élevés, dans le domaine mixte où les unes et les autres interviendraient tour à tour.

Les circonstances d'état initial pour lesquelles les équations du mouvement admettent des bifurcations d'intégrales resteraient toujours des conditions nécessaires de la vie; mais elles ne seraient plus suffisantes pour que la vie jaillît infailliblement par le fait de leur réalisation.

48. *Elle subsiste même dans l'hypothèse de l'existence de très petites forces vitales.*

Enfin, l'explication des phénomènes vitaux au moyen des bifurcations d'intégrales, avec cette même restriction que le pouvoir directeur pourrait être exercé au besoin par les forces physico-chimiques, subsisterait même dans le cas où l'on tiendrait absolument à conserver l'hypothèse des forces vitales. En effet, l'expérience des physiologistes obligerait de n'attribuer à ces forces vitales que de très petites valeurs, de l'ordre de celles qui échappent à l'observation.

c'est-à-dire impropres à développer des travaux appréciables, comme en produisent, sous forme notamment de chaleur, les actions moléculaires ou atomiques. Or de telles forces ne peuvent amener des effets sensibles que dans des systèmes dont l'état physico-chimique est presque instable, ou extrêmement peu différent d'un état d'indétermination mécanique parfaite.

Donc les solutions singulières, soit proprement dites, soit simplement asymptotes, les bifurcations et réunions d'intégrales, conserveraient toute leur importance, puisqu'elles fourniraient les repères naturels pour déterminer les conditions nécessaires d'existence des êtres vivants et feraient même connaître ces conditions avec une approximation pratiquement équivalente de l'exactitude.

Ainsi, l'opinion qui consiste à admettre de très petites forces vitales ne paraît pas différer sensiblement, quant aux explications qu'elle pourrait permettre de donner des phénomènes observables, de celle qui réduit la vie et la volonté au rôle de simples principes directeurs. Le géomètre qui la partagerait pourrait toujours, au point de vue analytique, ou *à titre d'hypothèse simplificatrice n'altérant pas les résultats d'une manière appréciable*, accepter l'opinion contraire qui annule ces forces, tout comme il assimile les atomes à des points, qualifiés par lui de *points matériels*, pour ce simple fait que leurs dimensions (s'ils en ont réellement) sont imperceptibles et paraissent être beaucoup plus petites que les distances d'atomes voisins.

Il serait d'ailleurs bien inutile, aux partisans respectifs de l'une et de l'autre opinion, de se critiquer mutuellement pour de légères nuances, que l'imperfection de nos moyens de connaître rendrait à peu près insaisissables, et qui ne correspondraient peut-être à rien de réel hors de nous, mais seulement à des différences subjectives de points de vue. En effet, dans l'ordre d'idées dont il s'agit, il n'y a pas jusqu'à la distinction entre les qualifications de « conditions suffisantes pour que la vie surgisse » et de « conditions simplement nécessaires », appliquées aux circonstances amenant une indétermination mathématique de voies, qui ne puisse être fictive; car il y a toute probabilité que les circonstances en question ne sont jamais réalisées en dehors des êtres vivants, et qu'il existe par suite une corrélation *physique* constante entre ces circonstances et la présence de la vie.

L'hypothèse exposée dans cet essai, ou d'après laquelle la vie et la volonté interviendraient dans le monde à la manière de simples principes directeurs, est donc comme la forme la plu- pure ou le fond même de l'antique et respectable supposition des forces vitales. C'est, en quelque sorte, sa dernière évolution possible, son *essence vraie*, dégagée des éléments étrangers que les progrès de la science devaient en élaguer tôt ou tard.

La seule opinion réellement inconciliable avec la théorie ébauchée ici est celle où l'on admettrait des forces vitales comparables, pour l'intensité, aux forces mécaniques, physiques ou chimiques ordinaires, des forces vitales capables, en un mot, de produire, chez les êtres animés, des mouvements en contradiction avec ceux qui, pour les mêmes circonstances, résulteraient des réactions mutuelles de leurs organes. Mais les partisans d'une telle opinion, s'il en existe, devraient expliquer, de leur point de vue, comment il se fait que la vie la plus robuste soit si délicate, soit à la merci de mille agents inférieurs, astreinte à des besoins continuels de respiration, de nutrition, etc.; et pourquoi, si la volonté, par exemple, est au-dessus des nécessités physiques ou assez puissante pour neutraliser directement les lois naturelles, elle a constamment besoin d'un organisme en bon état pour agir? Pourquoi il ne lui arrive jamais d'animer et de mettre directement en mouvement des minéraux inertes, tels que des cailloux?

19. *Sur un problème particulier, dans lequel une hypothèse simplificatrice introduit une intégrale singulière proprement dite, compatible avec un déterminisme absolu.*

Poisson, dans la partie, relative à notre sujet, du Mémoire précédemment cité (*Journal de l'École Polytechnique*, XIIIᵉ Cahier), n'insiste que sur le problème classique du mouvement d'un mobile sans poids à travers un milieu résistant. Or c'est un problème où le véritable caractère des intégrales singulières ne se montre pas. On ne le pose, en effet, qu'à un point de vue restreint, en lui demandant une solution approximative; et une simplification qu'on y effectue a justement pour conséquence d'introduire parfois une intégrale singulière proprement dite, comme prolongement inévitable d'intégrales particulières se terminant brusquement.

Cette simplification consiste à supposer la vitesse v du corps assez lentement variable, pour que l'état du milieu environnant et la résistance produite soient parfaitement définis à chaque instant au moyen de la *valeur* actuelle de v. Il faudrait, pour qu'il en fût exactement ainsi, que le corps se trouvât depuis longtemps animé d'une vitesse constante v, de manière qu'un régime relatif *permanent* du fluide qui l'entoure eût pu s'établir sur tous les points de sa surface. En réalité, comme on considère surtout des cas où la vitesse v varie (quoique assez lentement), la résistance à un moment donné dépend d'autant plus des valeurs de v aux instants précédents que celles-ci ont changé plus vite ; et elle est une fonction très complexe, contenant v à une première approximation, v et $\frac{dv}{dt}$ à la deuxième, v, $\frac{dv}{dt}$ et $\frac{d^2v}{dt^2}$ à la troisième, etc. ([1]).

On altère donc un peu l'équation du mouvement en la mettant sous la forme $\frac{dv}{dt} = -f(v)$, où v est pris en valeur absolue et où f désigne une fonction positive qui ne s'annule que pour $v = 0$. Cette équation montrant que v ne peut jamais grandir, la solution singulière $v = 0$ est seule applicable dès que l'intégrale particulière appropriée à chaque cas a fait annuler v : ce qui arrive pour une valeur finie de t quand la fonction $f(v)$ est comparable à une puissance de v comprise entre v^0 et v^1. La solution singulière ainsi introduite se trouve compatible avec un déterminisme absolu, parce qu'elle reçoit ou absorbe des intégrales particulières sans en émettre : en d'autres termes les intégrales particulières viennent s'y terminer, mais aucune n'y a son point de départ.

Une pareille circonstance doit être considérée comme très exceptionnelle, si même, en se plaçant à un point de vue rigoureux, les véritables équations du mouvement la comportent jamais. Il est impossible qu'elle se présente quand l'accélération du mobile n'est fonction que de sa coordonnée actuelle : car, après un arrêt, le mouvement peut, tout au moins, recommencer symétriquement en sens

---

([1]) La deuxième approximation est celle dont du Buat a réussi à tenir assez bien compte, en augmentant fictivement la masse du mobile de celle d'une poupe et d'une proue fluides, ayant des volumes proportionnels au sien, et qu'il est censé entraîner dans son mouvement ; cela revient à introduire dans l'expression de la résistance un terme proportionnel à l'accélération $\frac{dv}{dt}$.

inverse, par la rétrogradation du mobile, sans que l'équation du mouvement cesse d'être satisfaite. A chaque intégrale qui vient se joindre à une solution singulière il en correspond donc une autre qui, au contraire, se sépare de la même solution singulière, et qu'on peut regarder comme une continuation de la première.

50. *Existence d'une dynamique supérieure ou dynamique du principe directeur. — Caractère distinctif probable des phénomènes de la vie végétative.*

Quelque opinion que l'on adopte au sujet du principe chargé de diriger les systèmes aux bifurcations d'intégrales, et surtout si l'on explique par ces bifurcations les phénomènes vitaux, on est obligé d'admettre l'existence de certaines lois auxquelles son action est subordonnée. Ces lois ont sans doute, avec un fond commun prouvé par l'analogie des organes et de leurs fonctions, chez les différents êtres vivants, un élément variable suivant les circonstances extrêmement diverses qui nécessitent leur application. Elles constituent donc une science, qui étend son domaine depuis les confins mutuels du monde inorganique et du monde animé jusqu'à l'homme inclusivement, depuis les phénomènes de la vie inconsciente la plus infime, où ses règles sont suivies aussi pleinement que les lois physico-chimiques peuvent l'être chez le minéral, jusqu'à ceux de la volonté libre, guidée par des conseils qui engagent ou astreinte à des prescriptions qui obligent moralement, tout en pouvant être désobéies. Cette science, encore à naître, et dont la création permettrait de ranger la physiologie parmi les connaissances rationnelles, me paraît devoir être appelée la *Dynamique du principe directeur ou des principes directeurs;* elle serait comme un intermédiaire entre la mécanique des forces et la dynamique sociale, pourvu toutefois que celle-ci n'en constituât pas le dernier chapitre.

Un certain nombre de ces lois, concernant la production des formes organiques, seraient peut-être susceptibles d'être exprimées mathématiquement, par des formules qui donneraient, en fonction de la configuration actuelle du système et de ses conditions physico-chimiques, la voie suivie à chaque bifurcation d'intégrales des équations du mouvement. Mais il semble, en considérant tout ce que l'*hérédité* dépose dans un simple germe, qu'il faudrait faire dépendre, en outre, le choix du principe directeur, d'évolutions antérieures, de certaines circonstances effacées de l'état géométrique actuel, bien que subsistant d'une autre manière dans le système.

Ce mode d'influence, sur le présent, d'un passé parfois lointain et paraissant n'avoir laissé aucune trace matérielle, serait peut-être le vrai caractère de la vie inconsciente. Échappant aux étroites bornes de l'instant présent, il constituerait un premier élargissement de point de vue, un premier pas dans la voie d'un affranchissement relatif vis-à-vis des conditions du temps et de l'espace. Il établirait donc la transition entre la manière dont se comportent les forces physico-chimiques, constamment esclaves de l'état actuel, et le mode d'action, propre à la vie consciente, que définit le *principe de finalité*, et qui, subordonnant au contraire le présent à l'avenir, dispose le premier en vue du second. N'est-il pas naturel, en effet, que le pouvoir régulateur de l'évolution vitale ait sa manière spéciale d'agir, se distinguant à la fois de celle des agents mécaniques et de celle des causes libres, marquant un progrès entre la base étroite où sont confinés les premiers et l'ampleur, en quelque sorte sans limites dans l'espace et la durée, du champ où se meuvent les secondes, qui, seules, cumulent tous les modes d'action et peuvent chercher partout leurs moyens de se déterminer, c'est-à-dire faire réagir les uns sur les autres, de toutes les manières, des états passés, présents, futurs, ou simplement possibles, des choses.

Observons aussi qu'une telle influence accordée au passé, de préférence à l'avenir, sur l'évolution organique actuelle, mettrait obstacle, dans les êtres animés, à cette réversibilité des mouvements que permettent les causes purement mécaniques, et dont M. Philippe Breton a relevé, comme nous avons vu au n° **27** (p. 52), des particularités inadmissibles au bon sens.

Elle pourrait également amener des différences profondes entre des organismes exactement pareils à une époque déterminée (à telle ou telle phase de la vie embryonnaire, par exemple), mais provenant d'ancêtres d'espèces différentes. De même, en imposant à chaque être ou à chaque espèce un développement gradué, elle empêcherait sans doute des actes conscients et libres de se produire à la suite de certaines circonstances géométriques et mécaniques, dans les cas où, *par impossible*, on supposerait réalisé artificiellement un corps en tout constitué comme le sont ceux des êtres intelligents.

51. *Sur quelques principes généraux, qui doivent trouver leur application dans la dynamique supérieure. — Principes de simplicité et d'unité.*

Il n'y aurait rien d'étonnant à ce que la loi, acceptée par Poisson, de préférence du repos au mouvement pour le cas particulier des points d'arrêt, fût une des plus élémentaires de cette dynamique supérieure, et qu'elle convînt réellement sous certaines conditions. Mais, plutôt que de la déduire des notions obscures de force et d'inertie, il vaudrait peut-être mieux, si l'expérience la rendait un jour probable, la justifier en disant que le repos est plus simple que le mouvement, et aussi que l'hypothèse de repos est unique, tandis que les mouvements possibles à partir d'un point d'arrêt sont d'ordinaire au nombre de deux, répondant à deux directions opposées. Les mêmes considérations de simplicité et d'unité conduiraient sans doute à préférer généralement, dans des circonstances analogues, les intégrales singulières aux autres intégrales. Elles s'appliqueraient en particulier, lorsqu'il s'agit du mouvement d'un point autour d'un autre, à ces trajectoires circulaires qui se sont présentées à nous comme de simples extensions des points d'arrêt; en sorte qu'elles ressusciteraient, à titre de solutions singulières, les deux vieilles maximes de la philosophie grecque touchant la perfection du repos comparé au mouvement et touchant la perfection du mouvement circulaire uniforme comparé à tout autre.

La nature a-t-elle ainsi donné, aux principes directeurs des mouvements matériels, des lois d'accord avec celles que notre esprit juge les meilleures? La science, de nos jours, préoccupée surtout de la complication de tous ses objets d'étude, n'incline guère vers une réponse positive à une pareille question. Cependant les plus grands génies de tous les temps ont cru à une appropriation, fort près d'être parfaite, de notre esprit aux choses. Et il faut bien qu'une telle appropriation existe dans une certaine mesure, partout où vivent des êtres pensants, pour que le monde au milieu duquel ils se trouvent leur soit intelligible en ce qui se rattache à leurs besoins et à leur sécurité. D'ailleurs, la science ne posséderait pas tant de belles lois, exactes ou fort approchées, et n'en accroîtrait pas de temps à autre le nombre, sans un accord, entre nos idées et les objets, déjà très grand et susceptible de progresser par l'effort de l'esprit dans son commerce continuel avec la réalité.

Mais, s'il en est ainsi, la nature n'a pas eu à tenir compte seulement, dans les lois qui constituent la dynamique supérieure, des principes de simplicité et d'unité, qui reviennent d'ailleurs presque au même; car les choses les moins complexes sont aussi, dans chaque espèce, les moins nombreuses, ou se rapprochent, tout à la fois, de l'unité et de la simplicité. Il existe d'autres principes, connus ou inconnus, qui font également partie de nos moyens d'apprécier la perfection et la beauté des choses.

52. *Principes de variation et de continuité.*

Il y a, par exemple, la loi fondamentale qui veut la variété, une variété inépuisable, dans l'unité, et qui se manifeste, avec plus d'évidence peut-être que les autres lois, en tous les points de l'espace, à tous les instants de la durée, aussi bien que dans toutes les directions de la pensée et dans toutes les régions de l'âme humaine. Nulle part elle ne frappe plus l'esprit que dans les phénomènes de la première période de l'existence de chaque être vivant, alors qu'une différenciation rapide multiplie les cellules et les organes au sein d'une masse qui paraissait d'abord homogène et confuse.

Il y a aussi le principe de continuité, qu'on serait tenté, à première vue, de ne pas distinguer de celui d'unité, mais qu'un examen plus attentif montre comme se rattachant dans une égale mesure, d'une part, à ce principe d'unité, d'autre part, au principe de variation, de manière à les réunir en lui, à exprimer la transition de l'un à l'autre, ou mieux leur fusion intime. Il se trouverait satisfait autant que possible, en évitant tout changement dans la formule intégrale d'un mouvement, même aux instants où l'intégrale particulière utilisée jusque-là se joindrait à une solution singulière, et où le mouvement deviendrait plus simple en se réglant désormais sur celle-ci.

Ses prescriptions ne seraient donc pas toujours identiques, ni même concordantes, avec les prescriptions des principes de simplicité et d'unité appliqués sans condition. Le désaccord semble provenir, au moins dans l'exemple cité, de ce que la loi de continuité a pour but, d'après son essence même, d'harmoniser, d'unifier autant que possible, sans les dénaturer, des objets de provenances diverses ou

modifiés par des circonstances quelconques imposées, au lieu d'avoir
à choisir uniquement, parmi tous les objets possibles d'une même
espèce, les plus simples, comme on ferait en appliquant sans restriction le principe d'unité.

53. *Loi d'économie ou de la moindre action.*

Il y a peut-être encore la loi d'économie, de la moindre action,
consistant surtout en ce que les causes extérieures propres à amener
des changements dans un système, y opèrent le plus grand effet possible, ou déterminent le déploiement de toutes les forces intérieures
disponibles qui s'y trouvaient à l'état latent.

Cette loi se ramène très probablement à d'autres, il est vrai, dans
les questions de mécanique pratique ou de chimie auxquelles on
l'applique, c'est-à-dire quand il s'agit d'un ensemble de molécules ou
d'atomes, au sujet duquel elle nous apprend que des influences modi-
ficatrices, entrant en jeu et graduellement croissantes, produisent
précisément à chaque instant, parmi toutes les transformations dont
notre science imparfaite nous fait entrevoir la possibilité, celle qui
exige la moindre dépense d'énergie étrangère ou qui provoque le
plus grand dégagement d'énergie intérieure. En effet, les vibrations
incessantes qui ne manquent jamais d'agiter la matière, mais qu'ac-
croît beaucoup une action extérieure appropriée, offrent rapidement,
a un grand nombre d'arrangements plus ou moins stables, l'occasion
de se produire, et, par suite, ne peuvent guère, ce semble, laisser
passer, sans en amener la réalisation, celui qui devient le premier
possible à mesure que grandit l'énergie communiquée au système. Le
changement effectif observable se produit donc dans le sens dit *de
moindre résistance*, suivant lequel un effet apparent d'une certaine
amplitude correspond, vu la constitution de l'ensemble moléculaire
considéré, à l'effort le moins grand de la cause déformatrice. Et les
mêmes vibrations, quand elles ont assez d'étendue, ne peuvent guère
manquer non plus d'amener finalement le système matériel, une fois
abandonné à lui-même, dans la situation la plus stable possible, dans
celle où, après que s'est dissipée l'énergie dégagée lors de la transformation précédente, il n'en reste plus de disponible pour alimenter
de nouveaux mouvements.

Cependant la loi d'économie pourrait bien être irréductible, à d'autres égards ou dans d'autres cas; et elle mérite, dans l'état actuel de nos connaissances, d'être placée à côté de celles de simplicité, de diversité, de continuité (¹).

54. *Sur un des problèmes que résoudrait la dynamique supérieure.*

Dans quelles proportions et de quelle manière ces divers principes, ou d'autres, se combinent-ils pour constituer la dynamique supérieure? Comment se sont-ils associés pour fournir aux pouvoirs directeurs de l'évolution vitale, à la surface de notre globe, des règles capables d'y maintenir la vie, sinon même de l'y développer jusqu'à présent de plus en plus, au milieu des mille obstacles, intérieurs et extérieurs, qui, suivant l'antique parole de Job, y font de l'existence un combat sans fin? Un jour peut-être la raison, avec l'aide et le contrôle d'une observation assidue, sera-t-elle en mesure d'attaquer les parties de ce problème qui ne sortiront pas des bornes imposées par notre nature intellectuelle aux recherches positives. Peut-être nous permettra-t-elle d'expliquer ces appropriations mystérieuses, de chaque organe à sa fonction et de chaque espèce à ses conditions de vie, que poursuit la *nature* avec une sorte de *finalité*, avec un *art* si merveilleux, et dont on prouve bien l'existence chez les êtres *viables*, mais sans en montrer la cause effective ou la manière d'être, quand on se contente d'observer qu'elles sont plus ou moins nécessaires pour que l'espèce subsiste, pour que les individus puissent naître, vivre ou se défendre.

En attendant, ce n'est pas sans avantage que le géomètre, parvenu au terme d'un travail dont le sujet, scientifique, confine à la philosophie, se pose certaines questions qu'il est réduit à laisser absolument sans réponse. Elles le retirent un instant de ces régions moyennes, ni trop grandes, ni trop petites, qui sont à sa portée, où règne une lumière assez claire pour qu'il puisse y faire peu à peu des découvertes, ne s'étendant guère d'ailleurs qu'en surface; et elles lui rappellent l'existence, par delà les limites de sa vision distincte, d'un infini qui porte tout, vers lequel l'attirent d'autres puissances

----

(¹) *Voir* à la fin du Mémoire la Note VII, *Sur le principe de la moindre action.*

et le guident d'autres lumières que celles dont le concours lui avait
suffi dans ses études propres.

55. *Conclusion plus modeste de ce Mémoire.*

Les problèmes insolubles (au moins pour le moment), auxquels
aboutit ce Mémoire, né doivent pas nous faire oublier le résultat
principal qui s'y trouve établi, et qui me paraît désormais démontré
en toute certitude. Il consiste en ce que les lois physiques, au sens
précis, qu'on leur attribue d'ordinaire, d'équations différentielles du
mouvement des systèmes matériels, ne sont nullement synonymes
d'un déterminisme absolu, dans lequel sombreraient la liberté morale
des êtres humains et leur responsabilité.

Notre conclusion sera donc que le physiologiste peut, sans s'écarter
du plus sévère spiritualisme, étendre les lois mécaniques, physiques
et chimiques à toute la matière, y compris les molécules d'un cerveau
vivant. Il suffit qu'il regarde le système de ces molécules comme
constitué, grâce à des conditions très spéciales d'état initial trans-
missibles par hérédité, dans un certain état d'équilibre mobile,
d'indifférence relative, permettant au *principe directeur* qui anime
le système de choisir entre divers mouvements possibles. C'est ainsi
qu'un ingénieur, chargé de construire un canal le long d'une ligne
de *faîte* du sol, peut, de *tous* les points de ce parcours *singulier*,
distribuer à sa volonté l'eau du canal dans l'une ou l'autre des deux
vallées adjacentes, sans avoir à la faire dévier de ses lignes de pente
naturelles.

Un tel équilibre mobile paraît très vraisemblable, quand il s'agit
des divers tissus des êtres animés, mais surtout de leurs systèmes
nerveux; car rien, dans le monde minéral, n'approche de l'instabilité
physico-chimique extrême que les organismes vivants et, en particulier, leur principal centre nerveux, présentent à tout observateur
attentif.

Je soumets mon essai de conciliation du déterminisme mécanique
avec l'existence de la *vie* et de la *liberté* aux philosophes, aux naturalistes, à tous ceux qui ont plus d'autorité que moi dans ces matières
délicates. Mes efforts ont tendu à en écarter les discussions métaphysiques, tout ce qui ne serait pas un résultat de l'observation ou

du calcul et se trouverait en dehors de la double voie, *autant mathématique qu'expérimentale*, des sciences positives.

56. *Sur l'impossibilité d'utiliser les géométries non euclidiennes dans les sciences naturelles.*

Il importe, à cet égard, c'est-à-dire touchant le rôle capital des mathématiques dans l'étude des phénomènes extérieurs, d'observer que mettre en doute l'intuition euclidienne, comme font parfois les théoriciens purs, équivaudrait, si l'on voulait raisonner de même dans l'ordre réel, à supprimer presque tout ce qu'il y a de précis en physique et en histoire naturelle. Car on ne voit pas quelle règle formulable pourrait être opposée aux pires fantaisies, aux rêves les plus arbitraires, d'une imagination malade et incohérente, le jour où l'on accepterait en *géométrie réelle* les triangles, prétendus rectilignes, soit de Bolyai et de Lobatchefski, soit de Riemann, impossibles, avec leur somme d'angles différant de deux droits, à construire sur un plan ni, par suite, dans l'espace qu'impose la tradition unanime, multiséculaire, de nos ancêtres en mathématiques, non moins que du genre humain tout entier.

Il n'y aurait donc plus aucun moyen de distinguer, dans la figure des choses, la vérité de l'illusion, ni une philosophie correcte d'une *sophistique* malheureusement devenue, depuis quelques années (peut-être à l'occasion d'Einstein), séduisante auprès des jeunes géomètres par la riche coloration de ses nuages, mais certainement décevante par l'impossibilité d'y rien construire de précis, d'y rien dessiner nettement, à moins de conventions compliquées et tout artificielles.

57. *Nécessité, en physique, de l'élément rationnel.*

Et il ne faudrait pas non plus, pour diminuer, d'une autre manière encore, l'importance de la même partie mathématique des sciences, alléguer, comme on le fait quelquefois, que celle-ci constitue *seulement* une langue bien fabriquée, n'apportant aucune *donnée propre*, ou, du moins, aucun résultat d'observation. Car elle apporte en réalité, dans notre connaissance des choses physiques, la donnée *intellectuelle* ou *suprasensible*, celle qui caractérise, avec la pensée, le langage humain, et qui rend l'homme plus apte que la bête à comprendre les phénomènes.

Les sensations ne suggèrent, en effet, cette donnée suprasensible et, avec elle, le sens des mots, qu'à une intelligence douée de ressort, ou capable, *par son élan propre*, de franchir la base inférieure d'appui qu'elles lui fournissent, pour s'élever jusqu'à un niveau bien plus haut, celui des *idées générales*, tout à fait inaccessible au pur animal.

Il est vrai que l'existence, en nous, d'un tel principe de pensée, d'une pareille source *active* d'idées, suppose une harmonie secrète entre la nature extérieure et l'esprit humain. Mais la supposition de cette harmonie est justement le *postulatum* fondamental, la profonde raison d'être, de toute science et de toute philosophie. Elle constitue la marque, en nous, de l'Intelligence (¹), le caractère distinctif de la

---

(¹) Voici en quels termes Joseph de Maistre aborde cette question capitale, dans la huitième de ses *Soirées de Saint-Pétersbourg* (t. II, p. 111 et suiv. de l'édition Pélagaud de 1854) :

« L'intelligence ne se prouve à l'intelligence que par le nombre.... Le nombre. Messieurs, le nombre! ou l'ordre et la symétrie; car l'ordre n'est que le *nombre ordonné*; et la symétrie n'est que l'*ordre aperçu et comparé*....

« Le nombre est la barrière évidente entre la brute et nous.... Dieu nous a donné le nombre. et c'est par le nombre qu'il se prouve à nous, comme c'est par le nombre que l'homme se prouve à son semblable. Otez le nombre; vous ôtez les arts, la science, la parole et, par conséquent, l'intelligence. Ramenez-le : avec lui reparaissent ses deux filles célestes, l'harmonie et la beauté; le *cri* devient *chant*, le bruit reçoit le *rythme*; le saut est *danse*, la force s'appelle *dynamique* et les traces sont des *figures*....

« Les mêmes mots expriment le nombre et la pensée; on dit, par exemple, que la *raison* d'un grand homme a découvert la *raison* d'une telle progression : on dit *raison sage* et *raison inverse*; *mécomptes* dans la politique et *mécomptes* dans les calculs....

« L'intelligence, comme la beauté, se plaît à se contempler; or, le miroir de l'intelligence, c'est le nombre. De là vient le goût que nous avons pour la *symétrie*; car tout être intelligent aime à placer de tout côté son signe qui est l'*ordre*. Pourquoi la rime, les pieds, les ritournelles, la mesure, le rythme?...

« Il ne peut y avoir de discours sans *âme parlante*, ni d'écriture sans écrivain; à moins qu'on ne veuille soutenir que la courbe que je trace grossièrement sur le papier avec un anneau de fil et un compas prouve bien une intelligence qui l'a tracée, mais que cette même courbe tracée par une planète ne prouve rien....

« Jadis un navigateur, jeté par le naufrage sur une île qu'il croyait déserte. aperçut, en parcourant le rivage, une figure de géométrie tracée sur le sable : il reconnut l'homme (*vestigia hominum agnosco*, s'écria-t-il) et rendit grâces aux

BOUSSINESQ. — III. *Complément.*

Raison, de cette *Raison* qui est, sur la Terre, l'apanage de l'homme (décembre 1921).

---

dieux. Une figure de la même espèce aurait-elle donc moins de force pour être écrite dans le ciel?... »

Remarquons à cet égard, pour terminer, que les animaux sentent instinctivement et expriment, d'une manière plus ou moins analogue à la nôtre, les émotions résultant de mouvements ordonnés ou rythmés : seul, l'élément rationnel, ce qui est idée pure et nécessite un travail de réflexion, leur échappe complètement!

NOTES COMPLÉMENTAIRES

NOTE I (¹).

DU ROLE DES ÉQUATIONS AUX DÉRIVÉES PARTIELLES
EN PHYSIQUE MATHÉMATIQUE.

1. *Sur la nature des équations aux dérivées partielles.*

La manière dont j'énonce ce principe, que les lois physiques et chimiques équivalent à des équations différentielles ou déterminent la dérivée, par rapport au temps, de l'état actuel, en fonction de l'état actuel lui-même, montre que je comprends comme cas particulier, ou du moins comme cas limite, parmi les équations différentielles, les équations aux dérivées partielles (à quatre variables indépendantes, t, x, y, z) que l'on a l'habitude d'étudier en physique mathématique. En effet, si l'on remplace, dans celles-ci, les dérivées en x, y, z par leurs expressions approchées, proportionnelles aux différences correspondantes très petites des fonctions différentiées, définissant l'état actuel, prises au point considéré (x, y, z) et aux points voisins qui auraient les coordonnées x, y, z, augmentées respectivement des multiples positifs ou négatifs de petites constantes $\Delta x, \Delta y, \Delta z$, puis si l'on fait décroître ces constantes indéfiniment, pour ainsi dire, on voit que de pareilles équations, aux dérivées partielles, sont les limites d'un système d'équations différentielles ordinaires, qui régirait les changements d'état de points matériels définis par les intersections d'une triple famille de plans équidistants parallèles aux plans coordonnés.

Ainsi, de telles équations aux dérivées partielles rentrent, comme cas limite, dans les équations différentielles, et peuvent être embras-

---

(¹) Se rapportant à la fin du nº I (p. 2). Elle se trouvait aux pages 248 à 250, dans la première édition.

sées avec celles-ci sous un point de vue commun. Transformées comme il vient d'être dit, c'est-à-dire en faisant disparaître de leurs seconds membres toutes les dérivées en x, y, z qui s'y trouvaient contenues, elles sont, à certains égards, plus simples que des équations différentielles quelconques; car, dans les seconds membres dont il s'agit, les fonctions inconnues se trouvent groupées d'une manière qui ne change pas quand on passe d'un point à d'autres; et, de plus, chacun de ces seconds membres ne contient que les valeurs actuelles de quantités se rapportant au point même dont l'état a sa dérivée, par rapport au temps, exprimée (quant à un de ses éléments) par le premier membre, ou à des points très proches de celui-là. Mais, d'un autre côté, le passage à la limite rend ces équations équivalentes à une triple infinité d'équations différentielles; et il résulte souvent, de cette infinité même, ainsi que de la continuité en x, y, z qui s'y joint, une difficulté extrême pour se rendre compte de l'étendue exacte des équations, du degré de généralité que comportent leurs intégrales, des relations accessoires, telles que conditions spéciales se rapportant aux surfaces-limites, etc., qu'il faut leur adjoindre, pour déterminer complètement les changements d'état.

2. *Raisons pour lesquelles je n'ai pas parlé de ces équations dans le Mémoire.*

Il était donc naturel, dans cette étude, qui n'est qu'un essai, de ne pas parler plus explicitement que je n'ai fait des équations aux dérivées partielles.

D'ailleurs, leurs solutions singulières comporteraient infiniment plus de variété, et donneraient lieu à bien plus de réunions et de bifurcations d'intégrales, que celles des équations différentielles ordinaires, si l'on en juge par les enveloppes des surfaces que régit une équation aux dérivées partielles du premier ordre (enveloppes bien connues depuis la théorie classique de Monge), comparées à l'enveloppe de la famille de courbes définie par une simple équation différentielle du même ordre.

Il y avait pour moi une autre raison de ne pas m'occuper ici des équations aux dérivées partielles. C'est que ces équations ne se présentent pas dans l'étude des questions réelles, tant qu'on se place au point de vue qu'adopte le plus naturellement notre esprit, et qui consiste à considérer la matière comme composée d'atomes disjoints. Elles ne s'introduisent que pour tenir lieu d'un nombre très grand d'équations différentielles simultanées, lorsqu'il s'agit d'étudier un ensemble de points matériels presque contigus, que nos méthodes d'observation ne nous permettent pas de discerner, et où un certain état moyen local, en chaque endroit, est seul accessible à nos sens. Alors, nous introduisons, sans inconvénient, une continuité fictive là où il y a, en réalité, de petites variations finies insaisissables à nos mesures; ce que nous perdons du côté de la simplicité, en substituant ainsi à un nombre très grand d'équations simultanées une infinité de telles équations, nous le gagnons largement d'un autre, en mettant plus de régularité, d'uniformité, dans le groupement des éléments matériels et dans la manière dont varie leur état d'un point aux points voisins, c'est-à-dire en remplaçant par des dérivées partielles en x, y, z des rapports de différences finies, qui correspondent en réalité à des variations irrégulières et simultanées de x, y, z.

NOTE II (¹).

ÉVALUATION ET LOI PHYSIOLOGIQUE DES SENSATIONS.

1. *Possibilité d'évaluer d'une certaine manière les sensations.*

Les sensations d'une nature déterminée, assez semblables entre elles pour affecter des fibres nerveuses identiques ou exactement pareilles, ne semblent donc pas comporter d'autres modes d'évaluation que ceux qui consistent à ranger des quantités d'une même espèce par ordre de grandeur croissante, sans comparer leurs intervalles respectifs. De tels modes d'évaluation sont évidemment rebelles à une expression quantitative proprement dite; et ils le seraient même à toute expression numérique rationnelle, si nos sens ne nous permettaient de juger strictement que de l'égalité approximative ou de l'inégalité notable de deux sensations, sans qu'il y eût aucune limite régulière séparant les cas d'égalité apparente des cas d'inégalité. Mais leur pouvoir va un peu au delà. On a constaté, pour les sensations visuelles, tactiles, etc., que *le plus petit accroissement perceptible* de chacune d'elles correspond à un accroissement de l'intensité de sa cause physique, ou de *l'excitation*, qui est déterminable expérimentalement (au moins par un calcul de moyennes), qui est, en un mot, constant pour chaque état de la sensibilité et pour chaque valeur actuelle donnée de l'excitation. Dès lors, il devient possible de représenter les sensations dont il s'agit par des nombres ayant une signification précise; car on peut *convenir* d'appeler *mesure d'une sensation* le nombre qui exprime combien de petits accroissements perceptibles il faudrait successivement communiquer à une sensation de même nature, d'abord nulle, pour la rendre égale à celle que l'on considère.

(¹) Se rapportant au commencement du n° 5 (p. 9). C'était la Note I de la première édition, pages 143 à 146.

Certaines sensations, celles, par exemple, qui concernent le *clair obscur*, c'est-à-dire les nuances qu'est susceptible de présenter une même teinte suivant qu'elle nous paraît plus ou moins foncée, semblent à première vue admettre, d'une manière, il est vrai, assez vague, une évaluation quantitative au sens propre du mot : en effet, notre sentiment des nuances comprises entre deux autres est parfois suffisamment net, pour nous faire apprécier si une nuance intermédiaire se trouve, ou non, *équidistante* des deux extrêmes. Mais nous sommes trop peu en état de nous rendre compte de cette équidistance, du motif qui nous en fait juger, pour qu'il puisse y avoir là une véritable comparaison de deux quantités, ou l'appréciation d'une égalité proprement dite. Ce que nous y comparons en réalité, instinctivement et à notre insu, ce sont, probablement, les nombres de petits accroissements *perceptibles* qu'on pourrait intercaler entre les diverses nuances dont il s'agit ; en sorte que le mode de mesure basé sur cette apparente égalité de *degrés* rentrerait dans le précédent.

2. *Loi approximative de Fechner.*

Cela posé, si l'on se borne aux catégories de sensations dont nous jugeons le mieux, l'expérience montre que, entre certaines limites assez étendues, la sensation croît de 1 quand l'intensité de sa cause physique croît d'une fraction à peu près constante, α, de sa valeur. Soit s_0 une limite inférieure à partir de laquelle les sensations d'une certaine espèce commencent à obéir à cette loi simple. Une sensation égale à s_0 grandira donc de 1 si l'excitation i devient $i(1+\alpha)$; elle grandira, par suite, de r, si l'excitation devient $i(1+\alpha)^r$. Généralement, quand la sensation vaudra s, ou aura crû de $s - s_0$, l'excitation sera devenue

$$I = i(1+\alpha)^{s-s_0} = \frac{i}{(1+\alpha)^{s_0}}(1+\alpha)^s = \frac{i}{(1+\alpha)^{s_0}} e^{s\log(1+\alpha)}.$$

Appelons I_0 la constante $\dfrac{i}{(1+\alpha)^{s_0}}$; et observons, d'autre part, que α est une assez petite fraction (0,01 environ s'il s'agit de sensations visuelles) pour que le logarithme naturel de $1+\alpha$ ne diffère pas sensiblement de α. De plus, afin de représenter les sensations ordinaires par des nombres modérés S, prenons pour unité de mesure une sensation d'une grandeur notable n, ou posons $s = n$S. Il viendra, entre l'excitation I et la sensation S, la relation, bien connue sous le nom de *Loi de Fechner* :

$$I = I_0 e^{n \alpha S} \qquad \text{ou} \qquad S = \frac{1}{n \alpha} \log \frac{I}{I_0}.$$

On voit que la sensation S, correspondant à une intensité déterminée I de sa cause physique, varie en sens contraire des nombres α, I_0; leurs inverses, $\frac{1}{\alpha}$, $\frac{1}{I_0}$, permettent, par suite, d'apprécier le degré d'exaltation ou de finesse de la sensibilité.

Ces deux paramètres α, I_0, d'autant plus petits que l'organe est plus sensible, grandissent avec son état de fatigue, dont leurs variations donnent une sorte de mesure; ils ne sont, en réalité, constants qu'à une première approximation, comme il arrive plus ou moins pour la presque totalité des paramètres physiques (¹).

3. *Du seuil de la sensation; tentative d'explication de certains quanta, par la nécessité où est l'excitation d'excéder ce seuil* (juin 1921).

La sensation est nulle lorsque l'excitation I s'abaisse jusqu'à la valeur I_0, supposé que la loi de Fechner s'applique dès lors. Il n'y a donc plus de perception nette ou distincte, *sensible* (suivant l'expression de Leibniz), pour les excitations inférieures à cette limite I_0. Il ne peut y subsister tout au plus que des perceptions sourdes, confuses (appelées par Leibniz *perceptions insensibles*), ne donnant qu'une connaissance obscure de leur objet, comme est, par exemple, l'impression que produit sur notre ouïe, au bord d'une mer agitée, le bruit confus des myriades de flots s'entre-choquant. La limite I_0 s'appelle le *seuil* de la sensation. On voit que c'est l'excitation minimum, au-dessous de laquelle cesse toute perception nette de l'objet considéré.

(¹) La Note qu'on vient de lire, destinée à éclaircir des idées intéressantes et très répandues, mais dont l'exposition laissait peut-être à désirer quant à la netteté, a paru déjà, sous une forme un peu plus abrégée que celle-ci, dans le journal *Les Mondes* de M. l'abbé Moigno (numéro du 22 mars 1877) et dans la *Revue scientifique* de MM. Yung et Alglave (numéro du 14 avril 1877), en même temps que deux premières réductions, très succinctes, du Mémoire actuel.

Peut-être la mise en compte du seuil I_0 serait-elle propre à fournir l'explication la plus simple de ce qu'on a appelé dès le commencement du siècle, sinon de ce qu'on appelle encore maintenant, les *quanta* ou un *quantum.*

Supposons que, dans une partie déterminée du champ d'un microscope ou d'un ultramicroscope, se produise une réaction chimique donnant incessamment naissance à des particules d'espèce déterminée, qui, une fois devenues visibles (et peut-être refroidies), s'éloignent graduellement de leur place de formation. Chacune d'elles ne pourra, dans cette place où elle apparait, commencer à être perçue, que lorsque l'impression qu'elle produit sur l'observateur dépassera le seuil I_0 correspondant. Les particules naissantes, quoique se produisant avec une certaine continuité, resteront donc invisibles tant qu'elles n'auront pas atteint la masse qui répond à ce seuil I_0, masse qu'on appellera dès lors le *quantum* de la matière en formation et qui semblera en être *la plus petite quantité réalisable*, au moins dans les conditions ainsi expérimentées. Jusque-là, la particule, tout ébauchée et réelle qu'elle soit, semblera n'avoir encore qu'une existence virtuelle; et il y aura, en réalité, plus de continuité dans le phénomène chimique que dans les impressions ainsi enregistrées successivement par notre œil.

Si une explication de ce genre était possible, du moins pour certains quanta (?), elle dispenserait d'admettre comme réalité physique une matière en quelque sorte provisoire, à laquelle manquerait, pour exister tout à fait, un *appoint,* ou comme l'adjonction, d'une matière analogue, c'est-à-dire provisoire aussi, savoir, celle qui, avec elle, constitue un *quantum.* Nous ne concevons guère, en effet, de pareilles *virtualités,* que dans des objets surtout idéaux, à moins qu'une réalité corrélative, comme est, par exemple, la *configuration* du système dans le cas de l'énergie potentielle, ne vienne, si l'on peut ainsi dire, *garantir* ou *représenter* d'une manière précise ces virtualités (¹).

(¹) Il me semble cependant que les *quanta* ont toujours désigné, depuis qu'on en parle, des éléments d'énergie, ou de quelque autre chose analogue, et non de matière. Toutefois je laisse subsister ce court passage de mon livre, parce que l'évolution des idées sur les *quanta* ne parait pas terminée, au dire des physiciens les plus compétents, et que le *principe* de mon explication psychologique pourrait bien, avec les changements convenables, y trouver quelque jour une application.

4. Rattachement, à la même idée d'un seuil, de notre manque de sensibilité pour les phénomènes atomiques se produisant dans l'intérieur d'une molécule, pour les phénomènes électriques, etc.

L'observation des dilatations, en quelque sorte thermométriques, que perçoit notre *épiderme* sous la forme de sensations de chaleur, montre que les vibrations calorifiques ordinaires des molécules d'un solide, d'un liquide et même d'un gaz, sont appropriées, tant pour leurs périodes moyennes que pour leurs amplitudes habituelles sur la Terre, à notre propre sensibilité, aux dimensions et à la contexture de nos éléments nerveux. Ceux-ci peuvent donc, en vibrant à l'unisson des corps terrestres, nous transmettre les vibrations moléculaires dont il s'agit et nous en donner ainsi la connaissance vivement sentie, quoique obscure, que nous en avons.

Mais, par le fait même, les vibrations à périodes et longueurs d'onde *incomparablement plus courtes*, à amplitudes beaucoup plus petites aussi, des atomes se déplaçant individuellement dans une molécule agitée, ne se trouveront pas du tout adaptées à ces mêmes éléments nerveux (incapables d'osciller si vite), et échapperont par suite à leur perception. Aussi, tandis qu'une exagération exceptionnelle de la température de solides, liquides et gaz en contact avec notre corps, produirait sur nous *l'impression* de brûlures nous contraignant à la faire cesser par l'éloignement rapide de sa cause, au contraire, l'action sur nos organes des rayons X, ou de ceux qu'émet une particule radioactive, ne sera perçue par nous qu'après une altération très notable, sinon même la destruction, de nos tissus, une fois que ceux-ci, ne pouvant plus réagir, *à notre point de vue moléculaire*, comme ils font dans l'état normal, nous révéleront ainsi, indirectement, le changement profond survenu dans leur structure.

Il y aura donc, là aussi, un *seuil* spécial de la sensibilité, c'est-à-dire un degré minimum d'altération de nos organes par les très courtes radiations, au-dessous duquel ne sera perceptible aucun phénomène de vibrations intra-moléculaires, ou surtout, intra-atomiques. Les molécules y seront, en quelque sorte, perçues (ou *senties*) *du dehors*, et dans leur superficie seulement, bref, *d'assez loin*, pour masquer leurs atomes, comme une forêt aperçue à distance a ses arbres indistincts. On voit même qu'ici *le seuil sera assez haut, pour nous laisser entièrement ignorer* des phénomènes de radio-activité peu violents ou surtout modérés, comme il en existe certainement un très grand nombre. Car, dans chaque espèce de faits, ce sont généralement les moins intenses qui sont les plus fréquents.

La même remarque s'applique aux phénomènes électriques, si familiers par la multitude de leurs effets moléculaires indirects, mais dont *aucun sens* ne nous a révélé jusqu'ici les caractères propres, sans doute encore parce qu'ils sont également de nature intra-moléculaire, atomique ou même *ultra-atomique*, comme on peut voir par la note de la page 413 du Tome III du *Cours*.

5. *Domaines que leur petitesse ou leur extrême grandeur nous laissent ignorer; utilité de cette ignorance pour la précision de nos concepts.*

Il y a donc probablement, au sortir du domaine moléculaire (ou *physique*) auquel est adaptée notre sensibilité tactile, pour entrer dans le domaine atomique, de dimensions incomparablement moindres, un *seuil* à peu près insurmontable, qui nous interdit toute sensation un peu nette du domaine chimique, en ne nous laissant prendre connaissance que des molécules existant soit avant, soit après les *réactions* ou échanges d'atomes. Grâce à ce seuil, nos sensations ignorent au fond, il le semble bien, les mondes ou domaines d'un ordre de petitesse supérieur à celui des molécules.

Or, du côté contraire des grandes distances, des immenses étendues, notre sensibilité ne serait pas moins annihilée, s'il s'agissait de percevoir avec quelques détails un univers ultra-terrestre, inter-planétaire mais surtout inter-stellaire ou encore ultra-stellaire. Et alors l'*éloignement* à lui seul pourrait constituer un seuil infranchissable, malgré tous les progrès des instruments d'optique, ou autres, facilitant l'analyse physique et chimique des corps célestes.

Ainsi, dans les deux sens opposés de l'extrême petitesse et de l'extrême grandeur, nos organes ne peuvent nous renseigner sur les faits naturels qu'entre certaines limites plus ou moins distantes : ils réduisent le champ de notre activité à ne s'exercer qu'à l'intérieur de ce qu'on peut appeler *notre monde* ou *notre domaine*. Et il existe sans doute, pour chaque catégorie d'êtres vivants, un *domaine* ou *une sphère* analogues, où se déploient les rapports intéressant ces êtres, rapports auxquels leurs organes sont adaptés. Les êtres dont il s'agit ignorent donc tout le reste.

Ignorance d'ailleurs salutaire pour nous et pour le progrès de nos connaissances ! Car, en nous limitant aux champs d'étude qui nous restent possibles à raison de nos organes, elle nous empêche d'éparpiller à l'infini notre attention sur un enchevêtrement de mondes tellement complexe, que nous nous y perdrions sans doute dans un éblouissement total ! C'est donc grâce même à cette ignorance, que nos connaissances de toute nature, physiques notamment, peuvent se fixer, se classer, bref devenir précises, *scientifiques*.

NOTE III (¹).

1. *De la défiance que l'intuition géométrique inspire à quelques partisans des doctrines non euclidiennes.*

On connaît l'extension que prennent de nos jours les études relatives aux géométries dites *non euclidiennes* ou *imaginaires*, c'est-à-dire aux géométries dans lesquelles on admet, soit, à la suite de Lobatchefsky et Bolyai, que par un point il passe tout un faisceau de parallèles à une droite donnée, soit au contraire, à la suite de Riemann, qu'il n'existe pas de parallèles, ou que deux droites d'un plan vont toujours concourir à une distance finie, comme si l'espace plan se fermait de tous côtés à la manière d'un espace sphérique. Ces idées nouvelles, que d'intéressantes recherches philosophico-mathématiques de M. Houël, en France, et de M. de Tilly, en Belgique (²), ont répandues parmi nous, sont visiblement démenties, en ce qui les distingue de la géométrie euclidienne, par l'intuition géométrique telle qu'elle existe chez tous les hommes. Aussi les mathématiciens qui les développent ne se proposent-ils sans doute (à quelques exceptions près) qu'un but de pure logique, consistant à mettre en vue et à combiner entre elles, non pas toutes les données premières ou irréductibles du sens géométrique pris dans son intégrité, mais seulement les données qui semblent les plus nécessaires pour édifier un

---

(¹) Se rapportant au n° 0 (p. 11). Cette *apologie* de l'intuition géométrique a été lue, le 17 avril 1879, à la réunion des Sociétés savantes des départements (Section des Sciences mathématiques). Elle a paru, presque en entier, dans la *Revue philosophique* d'octobre 1879 et constitue la première partie de mon *Étude* (de 1879) *sur divers points de la philosophie des sciences* (p. 5 à 26).

(²) Voir surtout le remarquable traité, de M. de Tilly, intitulé « *Essai sur les principes fondamentaux de la Géométrie et de la Mécanique* », publié en 1879 dans les *Mémoires de la Société des Sciences physiques et naturelles de Bordeaux* (t. III, 2ᵉ série, 1ᵉʳ cahier).

corps de doctrine, notamment ce principe, qu'il est possible de mener, à partir de chaque point de l'espace et dans chaque direction, une ligne droite et une seule. Ils font, au contraire, abstraction de l'idée de *similitude*, jugée par eux moins fondamentale ou moins indispensable, c'est-à-dire qu'ils conviennent de ne pas recourir à l'intuition, en tant qu'elle nous assure que toute figure peut être reproduite à une *échelle de grandeur* quelconque *sans qu'aucun de ses angles soit altéré*, ou, par conséquent, en ce qu'elle nous montre une corrélation stricte entre le fait de l'égalité des angles correspondants, formés dans un plan par deux droites que coupe une sécante, et le fait de la non-intersection de ces droites, autant dans le cas où la portion de sécante comprise entre les droites est finie, que dans le cas où elle est infiniment petite et où cette corrélation découle de l'idée même de ligne droite.

Ils ne nient donc pas la valeur et la légitimité de l'intuition géométrique dans ses applications à l'ordre concret; en sorte que leurs recherches, utiles tout au moins par les classements rationnels d'idées qu'elles peuvent faire connaître, paraissent sans danger pour la rectitude de l'esprit, même aux yeux de ceux qui ne se sentent pas certains de la possibilité de scinder ainsi fictivement leur faculté de se représenter les formes et qui, par suite, conservent quelques doutes sur la portée -- fût-elle tout abstraite — des conséquences ainsi déduites.

Mais d'autres partisans de la géométrie non euclidienne ne s'en tiennent pas là. Désireux, naturellement, de donner plus d'importance à leurs spéculations, ils voudraient pouvoir les introduire dans la pratique, là où leur négation de l'idée de similitude, cessant d'être purement fictive, est condamnée de suite et sans appel par le sens géométrique, tel qu'il existe chez eux autant que chez les autres hommes. Force leur est donc de s'attaquer à ce sens lui-même. Et c'est ainsi qu'ils se décident à mettre en suspicion l'*intuition* ou *évidence* géométrique, la qualifiant de « *chose mal définie* », la regardant comme une transformation ou un simple produit capitalisé de l'expérience sensible, comme « *une expérience dans laquelle la mémoire remplace l'activité physique* »; ce qui en ferait, tout au plus, une sorte de souvenir généralisé des perceptions tactiles et visuelles. Ils en viennent à dire qu'il faut assimiler ce qu'elle nous montre à des données empiriques, aux résultats, toujours plus ou moins grossiers, de nos observations, et l'écarter entièrement des raisonnements vraiment mathématiques, qui, seuls, d'après eux, seraient rigoureux ou exacts.

Il peut donc être bon d'examiner rapidement si ces objections sont fondées, et si les raisonnements des mathématiciens subsisteraient, en dehors des matériaux que leur fournit l'intuition géométrique ou, tout au moins, de l'appui qu'elle leur prête.

2. *Cette défiance n'est pas justifiée; car l'évidence ou intuition géométrique ne saurait être, comme ils le supposent, un produit de l'observation externe.*

Tout le monde admet que le sens idéal de l'espace et des figures n'a pu se développer en nous qu'à la suite des observations qui ont éveillé notre activité intellectuelle. Sans le choc provoqué dans notre système sensitif par le monde extérieur et par ses contrastes, il est probable que nos facultés seraient restées engourdies, faute de sollicitation ou même, si l'on veut, faute de matière première. Mais il y a infiniment loin des résultats incomplets et grossiers de l'expérience aux données de l'intuition géométrique une fois exercée, données qui se présentent à nous comme des créations de l'esprit, avec des caractères de simplicité, de précision, de généralité, que la nature physique ne comporte guère et que, certainement, nous n'y avons pas vus. Donc les constructions idéales que nous édifions et contemplons au moyen de notre sens intérieur de l'étendue et des formes, ne sont pas le produit de l'observation externe : elles constituent un ordre de choses spécial, bien distinct de celui avec lequel nous met en rapport notre nature sensible.

Celle-ci, telle que l'a, sans doute, façonnée peu à peu l'influence des réalités extérieures, paraît même repousser, dans leur expression exacte et seule intelligible, les principes essentiels qui nous fournissent comme les matériaux de nos constructions géométriques. Les principes dont il s'agit consistent, en effet : 1° dans la notion de points *sans étendue;* 2° dans celle des droites, *sans largeur ni épaisseur,* mais *indéfiniment* divisibles en longueur, qui joignent ces points deux à deux; 3° dans l'idée d'angles divisibles aussi *indéfiniment,* espaces plans, illimités d'un côté, qui relient deux droites issues d'un même point; 4° dans la notion de lignes *courbes,* qui, bien que n'étant pas réductibles à des droites par voie de déduction logique, le deviennent, comme on dit, *à l'infini* ou *à la limite*, grâce à une certaine vue transcendante de la raison, vue sans laquelle, d'après le mot de Pascal, on n'est pas géomètre; etc. Voilà pourquoi la tournure d'esprit du mathématicien et celle du physicien ou du naturaliste sont si différentes, et pourquoi leurs langages, leurs manières de voir, se trouvent souvent en opposition (au moins apparente).

En résumé, l'observation externe, qui est incapable d'atteindre positivement aux conceptions du géomètre *entendues dans leur sens rigoureux* et qui, en se laissant guider par l'instinct, leur semble même contraire, n'est pas la source *propre* où nous avons puisé ces conceptions. Elle a pu seulement en suggérer un certain nombre par voie d'analogie ou tourner de leur côté notre attention, en la mettant à même d'utiliser d'imparfaites ressemblances.

Les figures de la Géométrie et les lois que l'intuition y fait découvrir sont jugées par nous tellement indépendantes de tout empirisme, et de l'existence même de l'univers physique, que nous ne pouvons nous empêcher de les regarder comme nécessaires et éternelles, c'est-à-dire comme exactement pareilles chez tous les esprits, existants ou possibles, de tous les temps et de tous les lieux, même dans ce qui nous semble, en elles, contraire aux données des sens et, probablement, étranger à la stricte réalité concrète ou matérielle. Aussi a-t-on toujours admis, dans la science, qu'elles constituent un ordre de choses supérieur, autonome, dont la manière d'être, il est vrai, nous échappe.

Sans doute, nous sommes dans une ignorance profonde du chemin que notre intelligence a suivi, pour arriver à la claire vision de ces vérités, depuis le jour où la perception encore *sourde* des mouvements imprimés à nos organes tactiles a commencé à lui révéler l'extension matérielle. Mais cette ignorance ne doit pas nécessairement nous rendre incertains de l'exactitude objective des lois mathématiques. Car autre chose est un but que l'on se propose, et autre chose les voies multiples qui y conduisent. L'obscurité profonde de ces dernières n'empêche pas le but dont il s'agit ici d'être en pleine lumière, une fois qu'on l'a atteint, et d'être reconnu exactement le même, soit qu'on y parvienne en s'appuyant pour toute donnée physique sur les sensations du tact, comme ont fait, à ce qui semble, les aveugles de naissance devenus géomètres, soit qu'on ait pu s'aider en outre de la vue. Il n'y a donc pas lieu, pour apprécier la justesse du sens géométrique, de se préoccuper des premières phases qu'il a dû traverser, pas plus qu'on ne s'inquiète, en jugeant des bonnes qualités d'un œil, de la série des transformations qu'il a subies durant sa période embryonnaire.

3. *Quelque opinion que l'on ait d'ailleurs sur son origine, le sens géométrique n'en reste pas moins la plus parfaite de nos facultés intellectuelles, la mieux définie dans son objet.*

Mais — les notions fournies par l'intuition géométrique fussent-elles seulement subjectives, ou encore dût-on les supposer, en quelque sorte, fonction tout à la fois de la nature de notre esprit et de celles des choses — l'admirable uniformité et la clarté singulière qu'elles présentent dans toutes les têtes humaines, ainsi que leur conformité constante, sans limite *assignable*, à tous les résultats d'expériences précises, n'en feraient pas moins la plus solide base des sciences et même, dans l'ordre logique, la meilleure pierre de touche des doctrines. Le sens géométrique ne serait donc pas, même alors, une chose *mal définie*, de telle manière qu'on dût s'en défier et qu'il fût possible d'espérer mieux. Loin de là, il resterait ce qu'il n'a jamais cessé d'être, savoir, la chose la mieux définie, celle qui prête le moins aux malentendus et aux désaccords.

Nous sommes tous convaincus, dans la pratique, que nos conceptions abstraites des grandeurs et des figures peuvent exprimer les faits naturels avec une exactitude très supérieure à celle que comportent les meilleures observations; et l'expérience vient, à tout instant, apporter à cette manière de voir une confirmation nouvelle, d'autant plus admirable, que l'origine ou du moins l'élaboration de nos idées mathématiques est, pour la plus notable part, rationnelle et non empirique. Comment s'étonner, après cela, que le pouvoir, dont nous jouissons, de nous représenter l'étendue figurée et d'en évaluer en nombre chaque partie, nous paraisse invinciblement la plus parfaite de nos facultés intellectuelles ? Aussi est-ce celle que nous accuserions la dernière, celle que nous jugerions avoir le moins besoin de progresser, pour se mettre, d'une manière adéquate, à l'unisson ou à la forme des objets extérieurs.

Ce qui prouve le mieux qu'elle est très voisine de la perfection et qu'il ne lui est plus possible, en quelque sorte, de progresser, c'est qu'elle n'a pas varié d'une manière appréciable, depuis les premières origines des sciences, depuis Thalès de Milet, en dépit du besoin de changement qui n'a cessé d'agiter les esprits, et malgré les efforts séculaires dépensés dans l'intervalle pour élever l'édifice immense de nos mathématiques. De tels efforts n'auraient pas manqué d'accroître par l'exercice la justesse de la faculté qui les déployait, pour peu que cette justesse eût laissé à désirer dans une mesure sensible. Donc elle avait déjà comme atteint sa limite extrême dès le début du développement historique des sciences, à supposer qu'elle ait eu jamais besoin de progresser et que sa perfection en quelque sorte absolue ne fasse pas essentiellement partie de notre nature intellectuelle.

Et c'est ce qui explique pourquoi la faculté dont il s'agit a offert cette garantie singulière de véracité, de se montrer absolument pareille chez tous les hommes connus, à quelque époque et à quelque société qu'ils appartinssent, dictant les mêmes réponses à tous ceux qui l'ont consultée attentivement sur telle ou telle question : genre de contrôle qu'elle peut seule, à ce qu'il semble, supporter victorieusement, ou qui, dans tout autre ordre d'idées, trouverait sans doute en défaut notre faible raison. En un mot, l'intuition ou sens géométrique paraît comprendre ce qu'il y a de plus ressemblant en nous et hors de nous, ce qui, dans notre intelligence, est à la fois le mieux approprié à la forme de notre esprit et à la nature du monde extérieur.

4. Accord des géomètres non euclidiens avec les autres dans les questions pratiques, aux degrés d'approximation que peuvent espérer atteindre des êtres humains.

Du reste, les géomètres non euclidiens dont je combats ici la tendance à supprimer *positivement* la notion de similitude, comme idée nécessaire, et à en refuser l'application aux faits, conviennent eux-mêmes que toutes les figures qui ont leurs dimensions inférieures ou comparables à celles de notre globe, et que nous pouvons mesurer dans leurs diverses parties, sont régies sans erreur appréciable par la géométrie ordinaire, c'est-à-dire euclidienne. Ils invoquent précisément l'expérience pour juger l'étendue *absolue* de toutes ces figures très faible (¹) et pour les assimiler à des figures infiniment petites, qui, dans leurs idées, sont susceptibles de devenir semblables entre elles à la limite ou sauf erreurs relatives tendant vers zéro, et comportent pour cette raison une géométrie plus simple que celle des grandes figures. En d'autres termes, la géométrie euclidienne est, à leur sens, une première approximation, applicable en toute rigueur aux figures infiniment petites (²), et, avec une exactitude suffisante, aux figures finies dont les dimensions ne dépassent pas certaines limites, qu'il appartiendrait à l'expérience (jointe à la théorie) de fixer. En dehors de ces limites, la même géométrie usuelle peut, au contraire, d'après eux, tomber complètement en défaut, ou conduire aux erreurs les plus grossières *pour des figures assez grandes.*

Ainsi, les doutes qu'ils émettent, touchant l'emploi de cette géométrie dans des questions réelles, concernent tout au plus les immenses triangles que considère l'astronome, ou même seulement les plus

---

(¹) *Distinction des figures en petites et grandes, que comporte la géométrie non euclidienne.* — Il est peut-être bon de remarquer qu'au point de vue non euclidien, les figures admettent une *étendue absolue.* Cette expression, dépourvue de toute signification précise quand les figures peuvent grandir ou décroître dans des rapports quelconques en restant semblables à elles-mêmes et, par suite, en gardant toutes leurs propriétés, est susceptible de recevoir un sens naturel dans l'hypothèse contraire où leurs dimensions ne varient pas *sans que leurs angles changent par le fait même.* Alors, en effet, tous leurs états de grandeur sont liés à ceux des angles, ou comme jalonnés par ceux-ci, qui comportent une mesure absolue; car l'unité naturelle d'angle est l'angle droit, ou mieux l'espace total compris autour d'un point. Par exemple, dans les systèmes non euclidiens, on pourrait qualifier d'*absolument petits* les triangles où la somme des trois angles serait voisine de la limite, deux droits, qu'elle atteindrait si les côtés venaient à s'annuler, vu que tous ces triangles ne correspondraient qu'à une partie minime du *champ total possible* des variations de la somme considérée des trois angles et devraient ainsi être réputés très voisins des triangles infiniment petits, par opposition aux autres triangles, incomparablement plus nombreux, pour lesquels cette somme différerait de deux droits d'une manière sensible.

(²) On le reconnaît tout de suite en concevant un triangle qui se réduise à un point (ou dont les côtés décroissent de plus en plus tout en conservant des directions déterminées) et en lui appliquant une démonstration célèbre du théorème de Thalès qui devient rigoureuse dans ce cas limite. Il suffit, pour cela, de prolonger la base dans les deux sens et les deux autres côtés au delà du sommet. Alors les deux angles à la base, joints à l'opposé de celui du sommet, valent bien deux droits; car ils occupent précisément la moitié de l'espace angulaire compris autour du point auquel le triangle se réduit.

Or, on sait que le théorème de Thalès est une proposition corrélative du *postulatum* d'Euclide.

grands d'entre eux, ceux qui, ayant pour base un diamètre de l'orbite terrestre, et pour sommet une étoile fixe, servent à calculer la parallaxe annuelle de l'étoile et sa distance à notre système. Il est vrai que les doutes dont je parle — les bornât-on à ces derniers triangles — auraient encore en astronomie des conséquences graves, pour peu qu'ils fussent fondés, c'est-à-dire pour peu que la géométrie euclidienne laissât à désirer sous le rapport de l'exactitude. Car il suffirait que la somme des angles de ces très grands triangles fût inférieure, ou supérieure à deux droits d'une quantité comparable à une seconde, pour infirmer le calcul de l'angle au sommet d'où se déduit la parallaxe, angle qui, évalué en retranchant de deux droits la somme des deux angles à la base, se trouve être de l'ordre de petitesse d'une seconde.

5. *Nécessité de rejeter la croyance aux géométries non euclidiennes, malgré les mystères subsistant dans l'intuition géométrique.*

Mais les conséquences théoriques de ces doutes seraient autrement importantes. A quels principes, à quels moyens de penser, pourrions-nous accorder la moindre confiance, si nous suspections celle de nos facultés qui voit le plus clair, celle qui perçoit et juge avec une précision absolue dans l'ordre idéal et qui, même dans l'ordre pratique où elle est moins chez elle, ne peut être suppléée par les sens, qu'elle devance toujours de beaucoup? Qu'une telle faculté laisse échapper encore d'imperceptibles nuances dans les questions concrètes, étrangères à son domaine propre, en y transportant, de la sphère des idées pures qui est la sienne, certaines notions incapables de s'adapter parfaitement aux réalités physiques, cela se conçoit chez des êtres imparfaits comme nous. Mais qu'elle commette dans son propre domaine, fatalement et irrémédiablement, des erreurs finies, même grossières, et surtout générales, que le raisonnement venant à son aide prétendrait relever et mesurer, voilà ce qui ne peut être admis, ou le système tout entier de nos idées s'écroule, et il ne reste plus qu'à dire que nous sommes foncièrement des esprits manqués, des instruments qui résonnent faux. Aussi ne voit-on pas de quel droit les géomètres critiqués ici continuent à accepter sur le seul témoignage de l'intuition, à moins que ce ne soit d'une manière tout hypothétique, les principes dont ils n'ont pu se passer, et qu'ils conservent dans leurs études abstraites, mais qu'elle ne saurait garantir autrement que celui de similitude auquel ils renoncent.

Sans doute, le sens géométrique ne s'est jamais laissé analyser dans son mode de procéder et dans tous les résultats qu'il fournit ou peut fournir : à cet égard, rien n'est plus vrai que de dire qu'il n'a pas été *défini*. La lumière qu'il répand est pour nous une sorte de mystère, tant en elle-même que dans sa source. Pareil à toutes les œuvres de la nature, qui soutiennent des rapports avec l'ensemble des choses, et dont les racines plongent dans un infini où nous nous perdons, il n'a pas permis à notre science, nécessairement discursive et bornée, d'explorer entièrement, et de classer, même les premiers principes qu'il nous fait connaître. Seules les constructions artificielles de notre raison, se déroulant en une série linéaire, tout au plus en quelques séries entre-croisées, se laissent pénétrer ou reproduire parfaitement dans leurs parties explicites. Mais, outre ces parties, elles contiennent toujours, même à notre insu, des profondeurs inexplorées, expression du sentiment instinctif d'où jaillit la pensée claire et qui la dépasse de toutes parts, ou vague reproduction des contours indécis entourant les objets mis en lumière, que l'œil ne peut ni ne doit séparer jamais complètement de leurs attaches naturelles, non plus que des objets voisins maintenus dans l'ombre.

Il n'est donc pas surprenant qu'il reste en géométrie une infinité de points obscurs, de rapports, même élémentaires, non encore débrouillés. Le géomètre peut se sentir impatient ou mal à l'aise au milieu de la multiplicité des voies qu'il connaît ou qu'il soupçonne dans sa science, et de la difficulté qu'il éprouve à choisir, parmi tous ces chemins, celui qui, suivi d'une manière continue comme l'exige le discours, relie mieux que tous les autres les points de vue importants et est propre à faire saisir les rapports les plus nombreux ou les plus féconds, leur totalité même, s'il était possible. Mais cette difficulté ne concerne que l'ordre logique des idées; elle n'atteint nullement la clarté et la valeur de l'intuition géométrique, qui seule, au contraire, éclaire tous ces horizons et permet de s'y mouvoir.

6. Sans l'intuition, tout raisonnement deviendrait impossible en géométrie et, probablement, même dans les autres branches des mathématiques.

Que resterait-il, en effet, surtout en Géométrie, du raisonnement pur, c'est-à-dire des modes de groupement et de succession si multiples des idées, sans la vue idéale de l'espace et des figures, qui conserve à ces idées leur vie et aux mots leur sens? Rien, évidemment, pas même des cases vides. Le flambeau de l'intuition une fois éteint, les notions qu'il éclaire et qui ne subsistent que par lui s'évanouiraient aussitôt; et avec elles disparaîtraient tous leurs rapports, tous les enchaînements qu'elles forment. Le rôle du raisonnement en géométrie se borne, en quelque sorte, à classer les mille voies qui se croisent dans le monde de l'intuition, et à les fixer par le langage, afin de permettre de les retrouver au besoin : tâche très utile, qui ne sera jamais accomplie, à cause de l'étendue sans bornes du champ à explorer et des croisements infinis qui s'y trouvent, mais tâche qui deviendrait illusoire, si le champ tout entier se dérobait, par suite de la disparition, réelle ou fictive, de la lumière qui, en l'éclairant, le crée pour l'esprit.

Certains géomètres opposent quelquefois, il est vrai, le raisonnement à l'intuition pure ou immédiate. Mais c'est simplement parce qu'ils entendent par cette dernière l'intuition à l'état statique, ou se bornant au premier objet qui se présente à elle; tandis qu'ils appellent *raisonnement* l'intuition à l'état dynamique, l'intuition se déplaçant avec continuité, soit pour passer d'un horizon à un autre, soit pour explorer dans chacun les détails qui échappent à un premier coup d'œil.

On aperçoit même, en suivant attentivement les démonstrations des théorèmes les plus simples de la géométrie, ceux qui concernent, par exemple, les perpendiculaires, l'égalité de tous les angles droits, l'égalité des triangles, etc., que le rôle du sens géométrique ne s'y borne pas à maintenir aux mots leur signification et à contrôler l'exactitude des propositions principales. Il y a du moins, dans l'enchaînement de celles-ci, plus que des syllogismes, plus que de la déduction pure. A côté de ce qui est dit explicitement, il y a quelque chose d'indéfinissable qu'on laisse entendre, il y a un recours direct à l'intuition prise en bloc, ou instinctive; et celle-ci peut seule compléter ce qui manquerait au raisonnement pur.

C'est précisément parce que les propositions les plus essentielles de la Géométrie semblent rester indémontrées, tant qu'on ne fait pas appel à l'intuition simple, prise dans son intégrité naturelle, qu'un doute légitime plane, à mon avis, sur les conclusions propres à la géométrie non euclidienne, considérées même à un point de vue purement logique. Et, en effet, le géomètre non euclidien, s'il ne peut se dispenser d'employer, au moins implicitement, le sens géométrique tel qu'il est chez tous les hommes, n'a-t-il pas à craindre d'introduire à son insu, dans ses raisonnements, quelque chose des vérités, relatives aux parallèles, dont il voudrait faire abstraction? Et sera-t-il bien certain que les propositions auxquelles il parviendra en soient complètement indépendantes, alors qu'il ne sait pas au juste ce qu'il y a mis? Pour être exact, il devrait donc se borner à regarder ces propositions comme n'ayant aucun rapport *explicite* avec les vérités dont il s'agit, c'est-à-dire concernant les parallèles entendues à la manière euclidienne.

Mais la Géométrie ne serait pas la seule science atteinte par la suppression de l'intuition géométrique. Le cerveau *pensant* tout entier paraît n'être, à quelques égards, qu'une extension du système visuel, qui est par excellence l'organe de la représentation et des figures. Nous condensons et précisons toutes nos idées par des formes, des constructions idéales, sans lesquelles nous ne parviendrions pas à les fixer, à les voir nettement; et l'on dirait que c'est, précisément dans la mesure où leur assimilation à des images réussit, que nous pouvons en faire l'objet de connaissances positives.

Par exemple, l'idée du temps ne se présente pas à nous sans celle du mouvement, c'est-à-dire d'un chemin qu'un point décrirait, quoique nous sentions qu'elle en est distincte. De même nous ne pensons pas nettement à des nombres, sans qu'à l'instant divers points ou objets disséminés, dont chacun nous représente une unité ou un groupe, viennent se placer sous l'œil de l'esprit.

De même encore, nous ne raisonnons jamais clairement, ce me semble, sur la quantité algébrique continue, sans voir à l'instant une étendue qui nous la représente, notamment la plus simple des étendues, c'est-à-dire l'étendue à une dimension, la ligne droite. Celle-ci, supposée commencer à l'infini et prolongée d'abord jusqu'à une origine choisie arbitrairement, peut être, en partant ensuite de cette origine, augmentée ou diminuée de longueurs quelconques. Ces longueurs sont justement pour nous les images naturelles de toutes les quantités, positives ou négatives; et elles viennent se placer bout à bout, suivant les sens indiqués par leurs signes, croître ou décroître dans certains rapports, toutes les fois que nous transformons, par exemple, une équation et que, craignant une erreur ou nous défiant du mécanisme algébrique, nous tenons notre attention en éveil. Si l'analyse pure, la théorie de la quantité (réelle) en général, est plus simple, plus uniforme dans ses procédés, que la géométrie ordinaire, cela est dû précisément à ce que cette quantité est exprimable par une ligne, et par suite à ce qu'elle n'a qu'une dimension ou ne varie que dans un sens et dans le sens opposé, à la place de trois dimensions de l'étendue et de la multiplicité infinie de rapports qu'elles amènent.

Il semble que, si l'on nous ôtait le sens de l'espace et des figures, nous n'entendrions plus même la branche de l'analyse qui paraît, en quelque sorte, la moins géométrique, je veux dire celle où l'on opère sur de purs symboles algébriques, que l'on combine d'après certaines lois sans leur attribuer aucune signification de quantité continue ou de nombre. En effet, les mots *arrangement, disposition, substitution, permutation,* etc., dont il faut bien se servir pour exprimer les manières d'être relatives d'éléments diversement rapprochés et ordonnés, supposent les idées *d'étendue,* de *groupement dans l'espace;* et ils deviendraient inintelligibles si ces idées venaient à disparaître.

Il y a donc tout lieu de croire que, sans le concours apporté au raisonnement par l'intuition géométrique, les mathématiques seraient impossibles. Bien plus, nos connaissances ou notions de toute nature se trouveraient sans doute, du même coup, profondément mutilées, peut-être même anéanties dans ce qu'elles ont de précis, de scientifique. On sait, en effet, quel rôle universel, inévitable, prennent dans le langage philosophique, autant que dans le langage populaire, les métaphores empruntées aux choses matérielles, dès qu'il s'agit de désigner des objets intellectuels et moraux. L'image est toujours à côté de la notion abstraite ou immatérielle, pour lui donner un corps, pour la rendre accessible et la fixer. Il ne semble donc pas possible qu'un raisonnement puisse jamais se faire sur des idées pures, séparées de la forme qui nous les représente.

7. *Réflexions sur la notion d'espace.*

Ce n'est pas seulement au nom des doctrines non euclidiennes que la légitimité de l'intuition géométrique a été mise en doute par des mathématiciens. Certains géomètres acceptent sans restriction cette faculté en tout ce qui concerne les figures tracées dans l'espace; mais ils la suspectent et même la rejettent dans sa donnée la plus fondamentale, sans laquelle les figures ne pourraient se concevoir, je veux dire dans ce qu'elle nous apprend touchant l'espace même.

Le sens géométrique nous montre, en effet, l'espace comme quelque chose d'infini, d'immuable, d'antérieur (logiquement) à toutes les figures que l'imagination y voit dessinées comme à tous les corps qui en occupent des portions et qui s'y meuvent. Or, il y a dans notre esprit une certaine tendance, qui nous porte à rattacher tout ce qui est concevable, à l'une des deux catégories de la substance et du mode (créées de bonne heure d'après les données ou sous la prédominance des sens externes), et qui voudrait nous faire regarder cet espace sans limites, emplacement de toutes les figures et de tous les corps possibles, soit comme un être véritable, une sorte de matière, soit du moins comme un attribut d'un être réel. Mais l'une et l'autre de ces suppositions nous répugnent; car, d'une part, l'espace ne nous paraît pas un être réel, et, d'autre part, l'intuition ne nous le montre pas davantage comme étant nécessairement le mode d'un être réel, puisque nous nous le représentons subsistant toujours, quand bien même on supprimerait tous les êtres que nous y voyons ou y concevons. L'idée la plus essentielle que nous fournisse le sens géométrique, celle sans laquelle tout ce qu'il y a de plus clair pour notre esprit deviendrait inintelligible, paraît donc se trouver en contradiction avec d'autres données de l'intelligence, très confuses, il est vrai, incapables de servir de base à aucune science positive, mais qui puisent une certaine force dans notre nature sensible, où elles ont pris naissance dès les premières phases du développement intellectuel : nouvelle preuve, pour le dire en passant, de ce fait, que l'intuition géométrique n'est pas un simple produit de l'expérience sensible et que son objet propre, bien que réel en tant qu'impliqué dans toute réalité physique, est d'un ordre très spécial.

Eh bien, cette impossibilité de faire de l'étendue pure une substance ou un mode, de la définir comme une chose qui se palpe et se sente, voilà précisément la raison pour laquelle les géomètres dont je parle rejettent en théorie la notion d'un espace absolu. Ils s'appuient bien aussi en Mécanique, comme on verra ci-après (n° 8), sur le fait de l'absence de tout signe, de tout jalon fixe, qui permette de reconnaître les vrais mouvements des corps : mais cette nouvelle raison semble n'être, au fond, qu'une transformation de la précédente; car le manque de repères dans l'étendue pure tient justement à la nature hyperphysique de cette étendue ou à ce que ses parties ne tombent pas sous les sens (¹).

D'ailleurs, les géomètres qui repoussent ainsi en principe, pour des motifs quelconques, l'idée de l'espace, continuent néanmoins à l'admettre implicitement, et à s'en servir, dans les détails de la science, à cause de l'impossibilité où ils seraient, sans cela, de concevoir aucune figure, et de la nécessité qui les domine d'imprimer à toutes leurs conceptions le caractère, essentiellement géométrique, de l'esprit humain.

La difficulté que leur offre la notion d'un espace absolu, tel que l'intuition le montre, s'explique donc, pour ainsi dire, par une sorte de réaction, qui se produit entre les régions obscures de l'esprit, d'où émergent vaguement les idées de substance et de mode, et la région claire qui ne connaît pas ces idées : l'ombre ou le voile qui couvre les premières régions fait effort pour s'étendre aussi sur la dernière, comme si ce n'était pas sous des fluctuations, sans quelques défaillances, que la région claire parvient à se dégager du milieu des autres et que celles-ci peuvent, en la portant, l'élever en quelque sorte jusqu'aux niveaux où pénètre la lumière. Le parti le plus simple et le plus sage, dans ces conditions, est sans doute d'admettre que les substances et leurs modes ne comprennent pas tout, pas même tout ce dont nous avons quelque connaissance (puisque ce qu'il y a de plus évident en est distinct), de se défier par suite de ce genre de

---

(¹) En d'autres termes, si, *par impossible*, l'espace pur pouvait être perçu expérimentalement, il semble que ses parties seraient, par le fait même, distinguées les unes des autres, et que l'on sentirait, dans le mouvement, les changements absolus de position éprouvés par l'organe en jeu. En effet, il n'y a de sensation proprement dite, assez persistante pour laisser dans l'esprit quelque connaissance de son objet, que là où il y a contraste, changement, variations plus ou moins fréquentes. Une sensation qui se rapporterait à l'espace en général, sans être accompagnée d'aucun discernement des parties mêmes de l'espace, serait absolument uniforme du côté de son objet : elle ne tarderait sans doute guère à s'émousser autant que si cet objet n'existait pas; et elle aurait cessé d'être perçue bien avant l'époque où la réflexion et la mémoire s'éveillent chez l'enfant.

classification, en substances et modes, auquel peut-être les réalités purement matérielles se prêtent seules convenablement, et d'accepter enfin l'espace pour ce que nous le donne le sens géométrique, seul compétent à cet égard autant que le comporte notre nature.

Il est, d'ailleurs, bien entendu que cette adhésion ne doit pas nous empêcher de soupçonner et même d'admettre l'existence de différences très petites entre l'espace idéal ainsi conçu et l'espace réel où sont les corps, quoique nous ne puissions fixer ces différences. Car, d'une part, nous sentons que notre science est imparfaite en tout, même dans les choses où nous voyons le plus clair; et, d'autre part, la distinction que nous concevons entre l'ordre géométrique pur et la partie de l'ordre physique qui lui ressemble ou qui concerne les formes et les grandeurs, doit exister ailleurs que dans notre esprit, c'est-à-dire être vraie d'une manière absolue, si, comme il paraît, le second de ces ordres est une représentation nécessairement imparfaite, quoique fort approchée, du premier. Or il faut bien qu'il y ait, dans cette question du passage de l'abstrait au concret, quelque irréductibilité, ou, pour ainsi dire, quelque incommensurabilité de l'une ou de l'autre espèce, subjective ou objective, pour que les problèmes de la divisibilité indéfinie des corps, de l'étendue ou de l'inétendue des atomes, etc., soulèvent, comme on sait, dans toutes les hypothèses, d'inextricables difficultés ou, encore, pour que le sens pratique répugne à accepter dans leur rigueur les données fondamentales du sens géométrique, notamment celle qui les domine peut-être toutes et qui consiste dans notre manière de concevoir la continuité par la divisibilité à l'infini (¹).

Renonçons donc à creuser la notion d'espace, puisqu'on ne le peut

---

(¹) Il ne me semble pas impossible qu'il existe dans la nature, quoique ce soit peut-être tout à fait en dehors de la portée de notre esprit, une certaine continuité n'entraînant pas la divisibilité indéfinie. Car le sens pratique admet parfaitement la continuité dans les mêmes choses dont il repousse la divisibilité à l'infini. Or nous devons tenir notre intelligence ouverte à toute lumière et attentive surtout aux moindres indications de nos facultés expérimentales, sauf à coordonner ensuite ces indications dans la mesure du possible. Mieux vaut d'ailleurs laisser subsister quelques contradictions apparentes, jusqu'au jour où l'on parvient enfin à trouver le point de vue d'où tout s'accorde naturellement, plutôt que de sacrifier à la logique étroite d'un esprit de système certains faits, certains éléments du vrai, en les atténuant ou les dénaturant.

sans sortir du champ qui nous est accessible ; et, en particulier, ne la rapprochons pas des idées de substance et de mode, dont l'obscurité profonde est une preuve qu'elles sont peu appropriées à la forme de notre intelligence.

On sait que Leibniz, pour expliquer l'espace, en a fait un mode des corps, et l'a défini le rapport ou l'ordre des coexistences. Mais l'espace, tel que nous le concevons spontanément, n'est pas précisément cela, vu que l'intuition nous le montre logiquement antérieur aux corps et même à toutes les figures qu'on peut y tracer. De plus, il y a, dans un sens très vrai, des ordres de coexistences qui ne sont pas dans l'espace, savoir, ceux que constituent les sentiments, pensées et volitions se produisant sur le théâtre éclairé par la conscience de chaque homme, théâtre bien distinct de l'étendue matérielle. Donc, l'espace n'est pas l'ordre des coexistences : il est seulement un ordre de coexistences, ou, pour mieux dire, il est le lieu dans lequel se déploie un certain ordre de coexistences. Dès lors, pour distinguer cet ordre de coexistences des autres, il faut lui chercher un caractère spécifique, et nos facultés expérimentales ou rationnelles n'en indiquent qu'un seul, consistant en ce que l'ordre dont il s'agit est celui qui se déroule dans l'espace. Ainsi, nous nous retrouvons au point de départ, et la notion d'espace est bien irréductible.

À quoi bon, d'ailleurs, chercher à la définir, alors que tout le le monde admet en pratique qu'elle est ce qu'il y a de plus clair, ou alors que toute science atteint son maximum de précision et de netteté dès qu'elle s'y ramène, dès qu'elle prend la forme géométrique.

8. *De la distinction des mouvements absolus et des mouvements relatifs.*

C'est principalement en Mécanique, lorsqu'il faut définir le repos absolu et le mouvement absolu, que les géomètres peuvent être dans l'embarras au sujet de la notion d'espace. Avec un espace absolu, le repos absolu est l'absence de tout déplacement dans cet espace. Seulement, nous ne connaissons pas de repère fixe, pas de corps que nous ayons quelque motif de supposer parfaitement en repos ; nous n'observons jamais que des repos relatifs et des mouvements relatifs, c'est-à-dire des variations insensibles ou finies de distance entre des corps en mouvement. Or, c'est surtout cette impossibilité où nous sommes de constater et de mesurer les vrais mouvements des corps, qui a porté un certain nombre de géomètres à nier qu'il y ait dés mouvements absolus et que l'espace pur soit quelque chose présentant une certaine réalité. Ces géomètres rejettent ainsi, pour une raison purement négative, et sacrifient, du moins en principe, une idée des plus claires : ils oublient combien nous sommes pauvres de pareilles idées, combien nous devons en être avares.

Des considérations rationnelles, sans lesquelles nulle science n'existerait, permettent d'ailleurs d'arriver aux vraies lois générales des mouvements absolus, malgré l'impossibilité d'observer de pareils mouvements. Les équations différentielles de la dynamique ne reçoivent, comme on sait, le maximum de simplicité dont elles sont susceptibles, qu'autant qu'on y rapporte les mouvements à certains axes de coordonnées x, y, z. Il y a, en d'autres termes, une manière d'expliquer les mouvements relatifs observés, qui est la plus simple possible, qui, notamment, ne fait pas dépendre les accélérations des vitesses (¹), et cette manière peut se déduire de l'application du calcul aux données mêmes de l'observation. Or, dès qu'on admet un espace absolu, les vrais mouvements sont les mouvements rapportés à cet espace; et ce sont ceux-là, non des mouvements relatifs, qui sont régis par les lois *générales* ou les équations différentielles les moins complexes obtenues : car le bon sens nous dit qu'en combinant plusieurs choses on les complique (si ce n'est dans des cas improbables, d'ailleurs *particuliers*), et que, par suite, les mouvements absolus doivent obéir à des lois générales aussi simples ou plus simples que les mouvements résultant de leur composition. De fait, une translation uniforme imprimée aux axes des coordonnées ne compliquerait pas les lois et n'y changerait même rien; mais il en est autrement, comme on sait, d'une rotation.

(¹) On sait que, d'après une loi fondamentale de la Mécanique, les actions réciproques de divers atomes en présence ne dépendent que de leur nature et de leurs distances mutuelles, non de leurs vitesses; ce qui, dans le langage des géomètres, signifie que leurs accélérations vraies sont de simples fonctions de leurs situations relatives actuelles. Or, si l'on rapportait le mouvement à des axes animés de certaines vitesses, il s'adjoindrait en général à ces fonctions, pour exprimer les accélérations apparentes des atomes, des termes dépendant du mouvement même des axes, c'est-à-dire fonctions d'autres variables que les seules distances réciproques de ces atomes et qui, par suite, compliqueraient généralement les expressions totales.

9. *Dans la nature, les grands corps ont les mouvements les moins changeants, ou se rapprochant le plus d'une translation rectiligne uniforme, presque équivalente au repos.*

Dans les problèmes pratiques, on peut supposer fixes les gros corps, avec une approximation d'autant plus grande qu'ils sont plus considérables, lorsqu'on étudie les mouvements qu'exécutent à leur intérieur, ou près de leur surface, d'autres corps beaucoup plus petits. Cela revient à admettre que les grandes masses ne sont animées, dans la nature, que de vitesses de translation et de rotation très faibles ou, du moins, *très graduellement variables*, en comparaison de celles qu'ont relativement à elles les petits corps contigus; de telle manière qu'il soit permis d'attribuer aux lois du mouvement relatif de ceux-ci la même simplicité qu'à des lois de mouvements absolus, en commettant seulement des erreurs à peine sensibles aux moyens d'expérimentation les plus délicats. C'est ainsi que la Terre peut être censée fixe, avec une approximation très notable, par rapport aux corps qui se meuvent à sa surface. Une approximation plus grande s'obtient en supposant la Terre et les planètes en mouvement autour du centre de gravité du système solaire, c'est-à-dire, à fort peu près, autour du centre du Soleil. Enfin, dans l'approximation la plus haute à laquelle nous puissions prétendre de nos jours, on ne regarde comme immobile que l'ensemble des étoiles visibles et de l'éther qui nous transmet leur lumière.

Le bon sens de tous les temps a donc eu bien raison d'attribuer le mouvement aux petits corps de préférence aux gros. La fausse application qu'il a faite autrefois de cette loi, en quelque sorte instinctive, quand il en déduisit l'hypothèse de l'immobilité de la Terre dans l'espace et du mouvement absolu des astres autour d'elle, avait pour véritable cause l'ignorance où l'on était des distances et des vraies grandeurs de ces astres. Pour rester fidèle à son principe, il ne pouvait s'empêcher de faire mouvoir la Terre plutôt que le Soleil et les étoiles, dès qu'il devenait palpable que celles-ci sont beaucoup plus grosses qu'elle. L'erreur dont il s'agit, la plus grande peut-être qu'ait commise le sens commun, n'est donc, au fond, qu'une erreur matérielle; et elle n'empêche nullement de penser que ce sens commun,

interrogé convenablement, est encore, de tous les *critériums* philosophiques ou scientifiques, celui qui trompe le moins (¹).

(¹) Mon étude de 1879, *Sur divers points de la philosophie des sciences*, comprend, outre l'appréciation précédente de l'intuition géométrique, qui en constitue
la première Partie, trois autres Parties, à peu près pareilles à celle-là pour l'étendue.
Elles sont intitulées, respectivement :

La seconde, *Considérations sur le but, la méthode et les principaux résultats
de la Mécanique physique;*

La troisième, *Questions diverses* (savoir — Sur la notion de différentielle, — Sur
les difficultés que présentent, dans leurs rapports avec notre idée de l'étendue, les
diverses opinions possibles touchant les atomes, — Réflexions sur l'attraction newtonienne, — Sur l'explication de divers phénomènes moléculaires ou atomiques fondamentaux, — Sur le principe de la moindre action, — Sur le passage de l'abstrait
au concret, dans les applications de l'Analyse des mathématiciens aux réalités
physiques);

Enfin, la quatrième Partie a pour titre « *Complément à un Mémoire, publié en 1878,
Sur la conciliation du véritable déterminisme mécanique avec l'existence de la
vie et de la liberté morale* ».

Je ne reproduirai pas ici ces trois dernières, parce que, d'une part, les idées essentielles de la seconde et de la troisième sont passées presque en entier, soit, en 1887
et 1890, dans mon *Cours d'Analyse infinitésimale pour la Mécanique et la
Physique*, soit, en 1889, dans mes *Leçons synthétiques de Mécanique générale*,
soit enfin, plus récemment, dans la IV⁰ Partie du Tome III, que complète la présente
publication, du *Cours de Physique mathématique de la Faculté des sciences*, et
aussi dans le Chapitre II, consacré aux hypothèses astronomiques, de la VI⁰ Partie
du même Tome III. Quant à la quatrième Partie de l'Étude de 1879, tout ce qu'elle
contient d'essentiel a été fondu dans la présente édition du Mémoire principal
de 1878.

Aussi me contenterai-je d'ajouter ici une réflexion sur un point du Mémoire
de 1879 (p. 47). Comme on s'attend à ne trouver d'accessibles, dans les problèmes de
la Mécanique physique, que des cas *extrêmes* où soit la petitesse, soit la grandeur
de certaines quantités, rendra une méthode d'approximations successives applicable,
la seule ressource théorique restant dans le cas *général* intermédiaire, sera de s'y
appuyer sur la loi physique de continuité, pour interpoler plus ou moins grossièrement ce cas général compliqué entre les deux cas simples. De là résultera *parfois*
une formule empirique pas trop imprécise, où il suffira de demander finalement à
l'expérience une ou deux constantes. Ce procédé m'a réussi, spécialement, dans la
question du régime uniforme de l'eau le long de petits canaux découverts prisma-
tiques (p. 47 cité).

ANNEXE DE LA NOTE III.

SUR L'IMPOSSIBILITÉ D'ARRIVER AUX NOTIONS GÉOMÉTRIQUES PAR UNE SIMPLE CONDENSATION DES RÉSULTATS DE L'EXPÉRIENCE.

———

1. *Contraste entre la précision absolue du sens géométrique et la grossièreté de l'observation externe.*

Au n° **2** de la précédente Note III (p. 113), j'ai insisté sur le contraste qui existe entre la précision absolue du sens géométrique, s'exerçant dans sa sphère propre, c'est-à-dire dans l'ordre idéal, et la grossièreté relative de l'observation externe. Ce contraste, que font ressortir à tout instant les applications des mathématiques aux choses concrètes, prouve bien, comme je me proposais à cet endroit de le faire, l'impossibilité d'assimiler les données de l'intuition aux résultats de l'expérience et, par suite, d'attribuer directement ces données à l'observation. C'était, d'ailleurs, presque évident; car, comment l'expérience aurait-elle pu nous apprendre, par exemple, que le rapport de toute circonférence à son diamètre est exprimé, avec une approximation indéfinie, par le nombre constant

$$3,1415926535897932\ldots,$$

alors que, même en nous aidant d'instruments de mesure perfectionnés, nous avons beaucoup de peine à évaluer la longueur d'un corps avec une approximation relative d'un dix-millième? Et si, après tant de progrès, réalisés par l'art, dans la construction des instruments et peut-être même par la nature, dans celle de nos organes, nos observations personnelles restent à ce point imparfaites en comparaison des résultats précis qu'obtient par la voie rationnelle l'intuition géométrique, le même défaut d'exactitude n'a-t-il pas, à plus forte raison, entaché les observations qu'ont faites nos ancêtres, et dont le fruit aurait pu, d'une certaine manière, nous être transmis, grâce aux mystérieuses lois de l'hérédité?

Donc les conceptions géométriques ne sont pas plus l'expression directe, devenue héréditaire, d'observations anciennes, qu'un simple souvenir d'observations personnelles.

Mais peut-être, tout en maintenant la différence incontestable et profonde qui existe entre les idées géométriques et les divers résultats concrets de l'expérience, dira-t-on que ces idées sont comme le résidu d'un nombre prodigieux d'observations, poursuivies par chaque individu pendant la période assez longue de travail plus ou moins inconscient qui précède et accompagne l'éclosion de l'intelligence. Ces observations, s'associant, imprimeraient dans l'esprit, alors qu'il est éminemment flexible et modifiable, des images résultantes, formées par une sorte de superposition de leurs effets individuels. Des *notions générales* produites de cette manière se trouveraient, naturellement, de plus en plus harmonieuses ou parfaites, à mesure que les images élémentaires dont elles se composeraient, et qui seraient celles des objets matériels successivement aperçus, viendraient, en nombre de plus en plus grand, se fondre toutes ensemble; car les irrégularités de ces dernières y disparaîtraient par neutralisation réciproque.

On pourrait même supposer que les images élémentaires considérées n'ont qu'une existence virtuelle, pendant les premières périodes du développement intellectuel, chacune s'employant tout entière, dès l'instant de sa production, à modifier dans une petite mesure l'effet laissé par les précédentes, et l'esprit, encore sans consistance ou incapable de réagir, ne pouvant, en quelque sorte, la fixer et l'enregistrer distinctement. Les formes *moyennes* obtenues par cette fusion toute spontanée persisteraient d'ailleurs, sans changement appréciable, dès que l'esprit aurait perdu sa plasticité première, et elles constitueraient comme le fond, désormais fixe, de l'intelligence. Ainsi s'expliquerait notamment l'existence, chez tous les hommes, des notions géométriques.

2. *Impossibilité d'attribuer les notions géométriques à une condensation des résultats de l'expérience.*

Cette hypothèse est-elle satisfaisante? Elle se heurte d'abord à deux difficultés, qu'un simple coup d'œil fait apercevoir. D'une part, les premières phases de chaque existence individuelle semblent bien courtes, pour fournir des matériaux suffisants à un aussi vaste travail de synthèse, dont les résultats essentiels eux-mêmes sont nombreux. D'autre part, les circonstances, assez différentes, que présentent ces phases chez les divers individus, ne paraissent guère permettre d'expliquer l'absolue concordance, chez tous, des idées géométriques, c'est-à-dire l'identité parfaite des résultats obtenus à partir de données variables.

On pourrait, il est vrai, essayer d'écarter ces difficultés, surtout la première, en admettant que les observations dont il s'agit auraient été faites, durant un nombre presque illimité de siècles, par une multitude incalculable de générations successives, qui auraient ainsi, sans le savoir, constitué le futur capital intellectuel de l'espèce humaine. En vertu de l'hérédité, les résultats de ces observations se seraient condensés, à la longue, en un système de *notions moyennes*, incomparablement mieux définies et plus constantes qu'ils ne pouvaient l'être pris isolément, de même que la moyenne d'un grand nombre de mesures, effectuées par diverses personnes sur un objet déterminé, se trouve d'ordinaire, à ce qu'on croit, beaucoup plus exacte que ces mesures, ou de même qu'une série de petites impulsions inégales, exercées sur un corps d'une certaine masse, produisent, à la longue, un mouvement moyen, à fort peu près constant ou graduellement variable, dans lequel sont amorties les irrégularités des impulsions successives. Alors les observations personnelles ne joueraient plus que le rôle de causes excitatrices, destinées à éveiller, chez l'enfant, des facultés engourdies; elles n'auraient qu'à faire surgir, du fond de l'intelligence, les notions générales qui s'y trouveraient déposées, à l'état virtuel, dès le début de l'existence individuelle, et qui ne demanderaient qu'à se déployer.

Mais — outre qu'il semble difficile au bon sens d'arriver à des résultats d'une rigueur et d'une concordance absolues, comme le sont les idées géométriques, par des combinaisons d'éléments imparfaits, si nombreux qu'on les suppose — un examen plus attentif montre qu'il est, de toute manière, impossible de ne pas attribuer la première apparition de ces idées à l'activité *propre* de l'esprit, comme à sa cause principale.

En effet, considérons d'abord, parmi les notions de la Géométrie, celles qui paraissent le mieux pouvoir se réduire à des moyennes de résultats d'expérience. Tel est, par exemple, le cercle parfait, qui tient le milieu entre un grand nombre de figures concrètes peu diffé-, rentes, s'en écartant légèrement, les unes, dans un sens, les autres, dans un autre. On concevrait, jusqu'à un certain point, que l'idée du cercle résultât spontanément de l'impression composée produite dans l'intelligence par toutes ces figures, si celles-ci étaient les seules que présente l'observation. Mais il y a, dans la nature, bien des objets dont la forme est loin d'être ronde; et il faut que l'esprit sache d'abord extraire, par le souvenir, les images quasi circulaires du nombre prodigieux de celles qui ne le sont pas et qui ont été également en vue : ce n'est qu'après le groupement des images quasi circulaires, que leur fusion pourrait conduire à l'idée du cercle. Si, au contraire, on combinait au hasard des formes quelconques, comme elles se présentent, le résultat serait des plus indéterminés, et les moyennes obtenues, loin d'offrir le type de la plus absolue régularité, de l'ordre par excellence, seraient l'expression d'un chaos indescriptible. Donc, il est inévitable que l'activité *propre* de l'esprit intervienne, et à un haut degré, quand ce ne serait que pour opérer les classements variés d'images auxquels correspondraient les diverses conceptions géométriques.

De plus, et si l'on prend encore comme exemple le cercle, il faudrait, en thèse générale, pour arriver à sa notion exacte, que l'*esprit l'eût précisément en vue* dans le groupement d'images concrètes préalable, c'est-à-dire qu'il la choisit instinctivement comme type du groupe, comme terme idéal de la comparaison : sans cela, les écarts qui distinguent du cercle les figures ainsi rapprochées et combinées, ne se compenseraient pas avec l'exactitude requise. En effet, lorsqu'on vise un certain but, c'est, toutes choses égales d'ailleurs, autour du point visé que viennent se ranger les points effectivement atteints; par suite, ces derniers, supposés en très grand nombre, couvrent un espace dont le centre est naturellement le point visé lui-même. Si, au contraire, l'esprit, dépourvu de tout but précis, se contentait de grouper des images quasi circulaires d'après une vague ressemblance reconnue entre elles, il y a l'infini à parier contre 1 que l'image résultante produite ne serait pas celle d'un cercle, mais une autre un peu différente; car toute figure tient le milieu entre un grand nombre de figures qui lui ressemblent à peu près, vu qu'on peut passer par dégradations insensibles d'une forme donnée à une autre quelconque.

Il est vrai que le cercle, à raison même de son extrême simplicité, se trouve être une des figures autour desquelles oscille la forme de beaucoup d'objets, ou que la nature prend comme type dans un grand nombre de ses productions. Il y aurait donc plus de chance, pour lui, d'exprimer une moyenne de résultats concrets, que pour une infinité d'autres figures moins simples, parfaitement définies aussi en Géométrie, telles que polygones, ellipses, etc. Mais il ne faut voir ici dans le cercle qu'un exemple destiné à fixer les idées, et ne lui appliquer nos raisonnements que dans la mesure où l'on pourrait les étendre à d'autres figures quelconques.

Ainsi, l'idée du cercle devrait déjà se trouver implicitement dans l'intelligence, comme idée inspiratrice, pour qu'elle pût se dégager, par une espèce d'association ou de fusion naturelle, de résultats approchés, en grand nombre, que l'observation aurait fait connaître. Ceux-ci ne la révéleraient, ou mieux, ne la rendraient explicite, que parce que l'esprit, en composant un groupe de toutes les données concrètes propres à produire cet effet, *l'aurait mise elle-même dans le groupe* comme le caractère qui le distingue et en constitue la raison d'être. Au moment où il acquerrait de la sorte, explicitement, la notion du cercle, l'esprit ne ferait, en réalité, que reconnaître et reprendre son bien. L'expérience, lui ayant donné l'éveil, aurait été seulement l'*occasion* d'un développement intellectuel, non la source vraie de l'idée produite. Donc l'apport principal serait fourni par l'intelligence, même pour des conceptions qui paraîtraient se former par la condensation d'un grand nombre de résultats empiriques en un seul.

Mais d'autres idées géométriques, et des plus importantes, ne sauraient être considérées comme des moyennes : ce sont toutes celles qui se trouvent aux limites extrêmes du possible, au delà de tout le réel observable ou peut-être même concevable, et qui, par suite, ne tiennent pas le milieu entre plusieurs. Telle est d'abord la notion la plus fondamentale de toutes en Géométrie, celle du point, et telle est aussi, d'une manière plus générale, l'idée des infiniment petits, comprenant à différents égards, en outre de la conception du point, celles des lignes, des surfaces, et des figures *limites* d'autres figures variables. Il faut y joindre la notion de l'*infini*, ou infiniment grand, qui joue un rôle immense dans toutes les parties principales des mathématiques, quoique nous n'en ayons réellement pas une vue directe, suffisamment distincte pour pouvoir être utilisée, et qu'elle ne se présente par suite, dans la science, qu'indirectement, comme expression d'une *limite extérieure* des quantités indéfiniment croissantes. Or, on ne voit pas du tout comment de pareilles idées pourraient s'obtenir par une combinaison quelconque de données d'expérience. Celles-ci ne doivent y servir à l'intelligence que de point de départ ou d'appui, comme il arrivait du reste, quoique d'une manière moins visible, pour les notions géométriques que nous avons considérées tout à l'heure.

3. *Autonomie du monde géométrique idéal.*

En résumé, c'est dans la sphère propre de l'esprit et bien au delà des résultats de l'observation, non dans ces résultats eux-mêmes, qu'il faut chercher la véritable source des idées géométriques, quoique leur point d'apparition soit plus bas, dans la sphère expérimentale, là où la matière et l'esprit se joignent et où les idées, prenant corps, nous deviennent en quelque sorte palpables. Le monde idéal a son autonomie, ses lois distinctes, comme le monde physique. Et s'ils s'appellent l'un l'autre, si l'harmonie règne entre eux, jusqu'à un haut degré d'approximation qui d'ailleurs nous échappe, c'est assurément parce que, dès l'origine, les hommes ont été doués d'un sens droit, d'un esprit assez juste, comme il le fallait bien pour que leur vie organique, au soutien de laquelle concourt sans cesse leur intelligence dans ses rapports avec l'ordre matériel, n'avortât pas à tout instant.

Cette raison laisse, il est vrai, dans une ombre complète, le *comment* de l'harmonie dont elle fait une condition d'existence indispensable pour nous : elle n'explique pas pourquoi nous existons et sommes tels en effet, vu que rien, à en juger par la lumière qu'elle nous donne, n'obligeait des êtres conscients, capables de réflexion, à paraître dans l'univers. On doit la trouver également insuffisante, en ce qu'elle se borne à présenter le monde intellectuel comme un ordre de choses subjectif, comme un domaine tout abstrait de l'esprit humain, sans y voir les caractères de nécessité et de généralité qui en font, aux yeux de la raison s'appuyant sur le sens commun, un ensemble de vérités absolues, éternellement subsistantes.

Mais, pour aller plus loin, c'est-à-dire pour s'élever jusqu'au point de vue d'où le monde des idées pures serait jugé avoir au moins autant de réalité objective que le monde physique, et où s'expliqueraient, dans leur sens supérieur ou complet, l'harmonie que présente en particulier chacun des deux mondes, celle qui ressort de leur rapprochement, et les lacunes ou imperfections possibles que ces harmonies comportent soit en elles-mêmes, soit seulement par rapport à nous, il faudrait franchir toutes les limites de la science et faire appel aux mystérieuses lueurs du sentiment. Celles-ci, en effet, beaucoup plus étendues et pénétrantes que précises, beaucoup plus chaudes et fortes qu'éclairantes, sont les seules qui atteignent les régions trop lointaines ou trop profondes où n'arrive pas la lumière, à la fois plus restreinte et plus claire, de la raison humaine. Or, le but déterminé des recherches poursuivies ici nous interdit de sortir du champ de notre vision distincte, malgré l'intérêt puissant que présentent les questions, bien plus grandes que ce champ tout entier, au seuil desquelles nous sommes conduit.

NOTE IV.

SUR LA POSSIBILITÉ D'ATTRIBUER DES DÉRIVÉES À TOUTES LES FONCTIONS CONTINUES QUI SE PRÉSENTENT DANS LES APPLICATIONS (¹).

---

1. *Origine des idées de limite, d'infiniment petit, de continuité, de différentielle, etc.*

On me permettra d'exposer ici, avec quelques détails, des considérations qui démontrent que toute fonction continue, étudiée exclusivement en vue de la représentation des phénomènes, peut être supposée avoir une dérivée également continue. Il n'est peut-être pas inutile d'insister sur ce point, depuis que les géomètres ont appris à former des fonctions continues dépourvues de dérivée, et ont ainsi montré que les règles classiques du calcul infinitésimal ne concernent qu'une classe particulière de fonctions continues.

Lorsqu'une quantité variable reçoit successivement une infinité de valeurs, mais en finissant par ne plus changer d'une manière appréciable, de sorte que la différence entre une de ses valeurs déjà *assez* éloignée dans la série, et une autre quelconque de celles *qui viennent après*, soit plus petite que tout nombre *donné*, sa vue fait naître en notre esprit l'idée d'une certaine quantité constante parfaitement déterminée, dite *limite* de la quantité variable, et dont celle-ci approche de manière à en différer aussi peu qu'on voudra. C'est précisément *l'élan* de l'esprit au delà du variable, pour atteindre sa limite quand elle peut être nettement connue, ou pour constater, soit son absence, lorsqu'elle n'existe pas, soit son éloignement hors de notre portée, lorsqu'elle est inassignable pour nous, c'est-à-dire infiniment grande, qui nous fournit, d'une part, l'idée de l'infinité de la série des nombres entiers; d'autre part, la notion même de la

---

(¹) Dans la première édition du Mémoire, cette Note occupait les pages 151 à 161.

quantité abstraite, de la quantité en général, par l'intercalation de nombres fractionnaires de plus en plus rapprochés entre deux entiers consécutifs. Et il nous fait ainsi connaître *l'infiniment petit*, comme limite nulle de l'indéfiniment décroissant, le point, la ligne et la surface, comme limites d'étendues dont diverses dimensions diminuent jusqu'à zéro, etc., enfin la c- *tinuité*, cette propriété que présente la quantité de pouvoir passer d'un état de grandeur à un autre état par des accroissements plus petits que tout nombre *déterminé* (quel qu'il soit).

Toutes ces notions se présentent donc à nous comme des créations de l'esprit, comme des données que la vue des choses n'implique pas logiquement (ou du moins *déductivement*), mais qu'elle suggère à notre faculté d'intuition idéale. L'infiniment petit, en particulier, n'est pas le zéro pur, mais le zéro en tant que limite des décroissements d'une grandeur, ou en tant que point de départ d'une quantité qui naît et augmente.

Dans la pratique de l'analyse infinitésimale, le géomètre appelle *infiniment petites*, par extension, des quantités qu'il se représente comme très petites, qui, par conséquent, sont actuellement finies, mais qu'il introduit dans les calculs *avec l'intention expresse* de les faire décroître indéfiniment et de ne chercher que les limites vers lesquelles tendront les résultats des calculs. On qualifie donc de telles quantités d'infiniment petites, non pas à raison de ce qu'elles sont, mais à raison de ce qu'on veut qu'elles deviennent *au moment où seront utilisés les résultats qu'on leur demande*.

Quand il s'agit, en particulier, des accroissements *simultanés* très petits de variables continues, la caractéristique d, mise à la place de la caractéristique Δ pour les désigner, exprime justement l'intention où l'on est de ne chercher que des résultats-limites. *Cette intention est la seule chose qui distingue la différentielle d'une différence finie très petite.*

Aussi l'idée qu'a eue Leibniz de l'inscrire explicitement dans les formules, par l'emploi du signe spécial d, et quoiqu'il ne s'agisse là que d'une distinction purement *subjective* en quelque sorte, peut être regardée comme l'idée mère de l'Analyse infinitésimale. Car elle permet de *supprimer sans erreur*, de toutes les expressions, les termes qui, *masqués par d'autres incomparablement plus grands*, n'influeraient plus, à la limite, sur les résultats finis formés avec ces

expressions : principe fécond d'où découlent les règles des calculs
différentiel et intégral.

**2. *Condition pour qu'une fonction continue admette une
dérivée.***

Soit $f(x)$ une fonction, continue dans tout l'intervalle que comprennent une valeur particulière $x_0 = a$ et une autre valeur plus
grande b de la variable indépendante x. Pour un accroissement assez
petit Δx de x, l'accroissement simultané $f(x + \Delta x) - f(x)$ de la
fonction sera évidemment une fraction aussi petite qu'on voudra
de $f(x)$, pourvu qu'on n'ait pas $f(x) = 0$.

La fonction $f(x)$ jouit donc, en quelque sorte, d'une double continuité : *continuité proprement dite* ou *absolue*, consistant en ce que
ses accroissements peuvent approcher indéfiniment de zéro, et *continuité relative* ou *graduelle variation*, consistant en ce que ces
mêmes accroissements ont des rapports d'une petitesse indéfinie aux
valeurs totales de la fonction. Cette seconde continuité résulte de la
première, admise explicitement, et de ce fait, implicitement supposé,
que les valeurs de $f(x)$ sont des quantités d'une certaine grandeur,
ne s'annulant tout au plus que par exception. Voilà pourquoi on la
confond d'ordinaire avec la continuité absolue. Mais il importe de
l'en distinguer, parce qu'on verra bientôt que cette continuité relative ne suit pas toujours la continuité absolue, et que, d'autre part,
elle a une importance capitale en analyse. Elle seule, en effet, autorise les simplifications usuelles des calculs d'infiniment petits, en
rendant nulles, à la limite, les erreurs relatives qu'entraîne la suppression d'une différentielle devant son intégrale. La continuité
d'une fonction n'est donc vraiment *complète* et *profitable*, qu'autant
qu'elle comprend les deux continuités, absolue et relative.

Considérons, à ce point de vue, la différence très petite,

$$f(x + \Delta x) - f(x),$$

de $f(x)$. Elle possède évidemment la continuité absolue; et elle
jouira aussi de la continuité relative quelque petite que soit la
constante Δx, si son accroissement correspondant à un assez petit
accroissement h de x, n'est qu'une fraction aussi faible qu'on voudra
de sa valeur, même quand on a pris Δx incomparablement moindre

que h. En d'autres termes, on ne pourra dire que $f(x + \Delta x) - f(x)$ varie *graduellement*, avec pleine continuité, que dans le cas où il existera une quantité déterminée h telle, que $f(x + \Delta x) - f(x)$ change seulement d'une fraction aussi petite qu'on voudra de sa valeur, pour x croissant de h ou d'une partie quelconque de h, quelque minime qu'on eût faite la petite quantité constante Δx.

Il est clair que la continuité de $f(x)$ n'entraîne nullement celle de $f(x + \Delta x) - f(x)$ *ainsi entendue*. Quoi qu'il en soit, si

$$f(x + \Delta x) - f(x)$$

présente bien cette continuité complète, en supposant Δx contenu un nombre très grand n de fois dans h, les différences successives

$$f(x + \Delta x) - f(x), \quad f(x + 2\Delta x) - f(x + \Delta x),$$
$$f(x + 3\Delta x) - f(x + 2\Delta x), \quad \ldots, \quad f(x + n\Delta x) - f[x + (n-1)\Delta x],$$

ne différeront de la première d'entre elles que par une fraction aussi petite qu'on voudra de leur valeur; et leur somme totale,

$$f(x + n\Delta x) - f(x),$$

sera, à la somme des m premières d'entre elles, $f(x + m\Delta x) - f(x)$, dans un rapport très peu différent de celui de n à m, ou de celui des accroissements simultanés correspondants, $n\Delta x$, $m\Delta x$ de la variable indépendante. Comme ces deux accroissements peuvent recevoir des valeurs relatives quelconques, le rapport $\dfrac{f(x + h) - f(x)}{h}$ approchera d'une limite déterminée, $f'(x)$, lorsque h tendra vers zéro. Cette limite $f'(x)$ est dite la *fonction dérivée* de $f(x)$.

On voit que son existence tient à ce que la différence

$$f(x + \Delta x) - f(x)$$

est supposée ne varier que d'une très petite fraction de sa valeur, quelque faible que soit Δx, quand x éprouve un accroissement fini assez petit h *ou tout autre accroissement plus petit que celui-là*. Ainsi, une fonction ne possède de dérivée que lorsque *ses petits accroissements varient d'une manière graduelle ou présentent non seulement la continuité absolue, mais aussi la continuité relative.*

3. *Toute fonction continue est la dérivée d'une autre fonction continue.*

Puisqu'une fonction continue $f(x)$ n'admet pas en général de dérivée, il y a lieu de se demander si elle ne pourrait pas, tout au moins, être considérée comme la dérivée d'une autre fonction continue $F(x)$.

A cet effet, donnons successivement à x, en partant de x_0, des valeurs croissantes très voisines, x_1, x_2, x_3, ..., jusqu'à la limite supérieure b ou une limite voisine; et appelons $y = \varphi(x)$ la *fonction continue* qui, ayant pour $x = x_0$ une valeur finie quelconque donnée y_0, varie linéairement entre x_0 et x_1, entre x_1 et x_2, entre x_2 et x_3, ..., en admettant successivement pour dérivée, entre ces limites respectives, $f(x_0)$, $f(x_1)$, $f(x_2)$, ... Pour une valeur quelconque x, comprise entre x_p et x_{p+1}, la dérivée de $\varphi(x)$ égalera donc $f(x_p)$ et différera très peu de $f(x)$, ou pourra s'écrire $f(x) + \varepsilon$, si ε désigne une quantité qui tend vers zéro en même temps que l'intervalle $x_{p+1} - x_p$.

Concevons actuellement qu'on rapproche les unes des autres, autant qu'on voudra, les valeurs successives attribuées à x; et soient x'_0, x'_1, x'_2, ... ces nouvelles valeurs. Appelons $\Phi(x)$ la fonction y qu'on obtiendra de proche en proche, dans les intervalles $x'_1 - x'_0$, $x'_2 - x'_1$, $x'_3 - x'_2$, ..., en opérant de même que précédemment pour $\varphi(x)$. La dérivée de $\Phi(x)$ sera $f(x) + \varepsilon_1$, où ε_1 désigne une quantité qui s'annule en même temps que les nouveaux intervalles respectifs $x'_1 - x'_0$, ... Par suite, la différence $\Phi(x) - \varphi(x)$, nulle (par hypothèse) quand $x = x_0$, aura pour dérivée $\varepsilon_1 - \varepsilon$; et l'on sait qu'elle sera moindre, en valeur absolue, que le produit de $x - x_0$ par la plus grande valeur absolue de ε_1. Cette différence est donc aussi petite qu'on voudra, pourvu que les intervalles $x_1 - x_0$, $x_2 - x_1$, ... soient assez petits. En d'autres termes, $y = \varphi(x)$ tend vers une fonction limite $F(x)$, parfaitement déterminée, lorsque les intervalles dont il s'agit tendent tous vers zéro.

La dérivée $f(x) + \varepsilon$ se réduisant en même temps à $f(x)$, *il existe toujours une fonction continue $F(x)$ qui a pour dérivée la fonction continue donnée $f(x)$.* On voit, en outre, que cette fonction $F(x)$ est unique, dès qu'on l'astreint à prendre, pour $x = x_0$, une valeur déterminée y_0, et qu'elle devient $F(x) + c$ quand on demande que, pour $x = x_0$, elle égale $y_0 + c$.

Enfin, si l'on remplaçait $f(x)$ par une fonction très peu différente $f_1(x)$, l'erreur commise sur $F(x)$, c'est-à-dire l'excès, sur $F(x)$, de la fonction $F_1(x)$ qui aurait $f_1(x)$ pour dérivée, serait moindre que le produit de $x - x_0$ par la plus grande valeur absolue de $f_1(x) - f(x)$. Cette erreur deviendrait donc aussi petite que l'on voudrait, pourvu que les erreurs $f_1(x) - f(x)$ commises sur la dérivée restassent suffisamment petites.

4. *Possibilité de remplacer, dans les applications, toute fonction continue d'une variable, par une autre fonction continue admettant autant de dérivées continues que l'on voudra.*

Cherchons actuellement à remplacer la fonction donnée $f(x)$, continue entre les valeurs $x = a$ et $x = b$ de la variable, par une autre qui admette une dérivée et qui pourtant ne diffère pas de $f(x)$ d'une manière appréciable.

Appelons ε une constante positive, d'ailleurs susceptible d'être prise aussi petite qu'on voudra. Comme $f(x)$ est la dérivée de $F(x)$, le rapport $\dfrac{F(x + \varepsilon) - F(x - \varepsilon)}{2\varepsilon}$ tend vers $f(x)$ lorsque ε tend vers zéro. Si donc on donne à ε une valeur constante, telle, que la différence

$$\frac{F(x + \varepsilon) - F(x - \varepsilon)}{2\varepsilon} - f(x)$$

reste sans cesse de l'ordre des quantités qu'on néglige dans les applications, parce qu'elles sont insaisissables à nos meilleurs moyens d'observation, il sera permis de substituer à $f(x)$ la fonction

$$\frac{F(x + \varepsilon) - F(x - \varepsilon)}{2\varepsilon},$$

qui a la dérivée $\dfrac{f(x + \varepsilon) - f(x - \varepsilon)}{2\varepsilon}$, continue et parfaitement calculable pour toutes les valeurs de x comprises entre $a + \varepsilon$ et $b - \varepsilon$.

La différence $F(x + \varepsilon) - F(x - \varepsilon)$, accroissement total de la fonction F quand la variable y grandit de $x - \varepsilon$ à $x + \varepsilon$, égale la somme de ses différentielles successives, $f(x)\,dx$, dans le même intervalle; et le quotient de cette somme par l'augmentation totale 2ε de la variable, représente la moyenne des valeurs de la fonction $f(x)$ qui correspondent, dans l'intervalle considéré, à une infinité de valeurs équidistantes de la variable. Ainsi, l'expression qui peut tenir lieu de $f(x)$ et qui a une dérivée continue, est, pour chaque valeur de x, la moyenne que représente l'intégrale définie

$$\int_{x-\iota}^{x+\iota} f(x)\,\frac{dx}{2\iota}.$$

On remplacera, pareillement, la dérivée $\dfrac{f(x+\iota)-f(x-\iota)}{2\iota}$ par une fonction sensiblement égale, qui ait elle-même une dérivée continue, puis celle-ci par une autre ayant également une dérivée; et ainsi de suite. La $n^{\text{ième}}$ opération analogue fera connaître une certaine fonction, dont nous appellerons $f^{(n)}(x)$ la dérivée; soit $f^{(n-1)}(x)$ cette fonction. Elle différera extrêmement peu de la dérivée de la fonction précédente; en sorte que celle-ci pourra être remplacée, sauf erreur négligeable, par celle, $f^{(n-2)}(x)$, qui a même valeur qu'elle pour x très peu différent de x_0 et dont la dérivée est, en outre, $f^{(n-1)}(x)$. De même, la fonction précédente ne différera pas sensiblement de $f^{(n-3)}(x)$, fonction qui a $f^{(n-2)}(x)$ pour dérivée. On continuera ainsi jusqu'à la fonction proposée, qui ne différera pas, d'une manière appréciable, de celle dont la dérivée est appelée de la sorte $f'(x)$.

En résumé, *toute fonction $f(x)$, continue entre deux valeurs $x=a$, $x=b$, de la variable, peut être remplacée, sauf erreur aussi petite qu'on voudra, entre deux limites que comprennent les précédentes a, b, mais qui en approchent indéfiniment, par une autre fonction dont les n premières dérivées existent et sont continues.*

Cependant rien n'obligera de remplacer ainsi une fonction par une autre qui ait ses dérivées, jusqu'à celles d'un certain ordre, continues. Lorsqu'une telle substitution compliquerait l'expression de la fonction, il sera préférable de laisser subsister quelques discontinuités accidentelles, surtout dans les dérivées d'un ordre élevé.

5. Possibilité de remplacer toute fonction continue de plusieurs variables par une autre admettant des dérivées partielles du premier ordre continues.

Passons actuellement au cas d'une fonction continue $f(x, y, z, \ldots)$ de plusieurs variables indépendantes. Considérant d'abord tout spécialement la variable x, nous substituerons à $f(x, y, z, \ldots)$ la valeur moyenne

$$\int_{x-\iota}^{x+\iota} f(x, y, z, \ldots)\, \frac{dx}{2\iota},$$

qui en diffère, comme on vient de voir, aussi peu qu'on voudra, et qui a pour dérivée par rapport à x la fonction continue

$$\frac{f(x+\iota, y, z, \ldots) - f(x-\iota, y, z, \ldots)}{2\iota}.$$

Afin d'abréger, appelons $f_1(x, y, z, \ldots)$ cette expression

$$\int_{x-\iota}^{x+\iota} f(x, y, z, \ldots)\, \frac{dx}{2\iota}.$$

Elle est continue en y, z, $\ldots$; car il est visible que, si l'on y fait croître y, par exemple, de Δy, elle ne varie que de la moyenne des accroissements éprouvés par la fonction f, accroissements s'annulant en même temps que Δy. On pourra donc remplacer, sauf erreur négligeable, $f_1(x, y, z, \ldots)$ par la nouvelle expression

$$\int_{y-\iota_1}^{y+\iota_1} f_1(x, y, z, \ldots)\, \frac{dy}{2\iota_1},$$

où ι_1 désigne une constante très petite, comme ι; et l'on aura ainsi une fonction continue en z, $\ldots$, pourvue d'une dérivée continue en y. Cette fonction aura, de plus, conservé une dérivée continue en x, vu qu'un accroissement très petit Δx de x la fait grandir de la quantité

$$\int_{y-\iota_1}^{y+\iota_1} \left(\frac{df_1}{dx}\, \Delta x\right) \frac{dy}{2\iota_1} = (\Delta x) \int_{y-\iota_1}^{y+\iota_1} \frac{df_1}{dx}\, \frac{dy}{2\iota_1},$$

proportionnelle à Δx. En continuant de même par rapport aux variables z, $\ldots$, on aura finalement remplacé la fonction $f(x, y, z, \ldots)$ par une autre qui, sans en différer d'une manière appréciable, possédera, par rapport à chacune des variables x, y, z, $\ldots$, une dérivée continue.

On pourra donc, en particulier, lui appliquer la règle pratique de différentiation des fonctions composées, c'est-à-dire regarder ses accroissements infiniment petits comme des fonctions linéaires des accroissements correspondants des diverses variables; conséquence d'une portée capitale dans l'étude des fonctions continues de plusieurs variables, et, en particulier, dans celle des seconds membres des équations différentielles simultanées représentant l'évolution des phénomènes naturels, ainsi que dans l'étude de leurs intégrales premières, dont il sera question à la Note suivante V, présentées sous leur forme normale.

Il me semble douteux qu'on puisse de même faire acquérir toujours à une fonction continue de plusieurs variables des dérivées partielles continues du second ordre ou d'ordre supérieur, à cause des conditions d'intégrabilité que les dérivées premières ne vérifieraient peut-être pas d'une manière générale. Aussi l'opération qui consiste à différentier un nombre indéfini de fois des fonctions pareilles me parait-elle ne devoir être employée qu'avec circonspection, dans la limite de ce qu'exigent les besoins du calcul et sans se dissimuler qu'elle introduit peut-être des restrictions pouvant nuire à la pleine généralité des résultats (¹).

6. *Remarques sur la continuité relative dans les quantités physiques.*

Du reste, il n'y a peut-être pas lieu de se préoccuper beaucoup de l'observation précédente dans les phénomènes physiques. Et d'abord, quand on considère un système matériel comme formé d'atomes distincts, ce qui est le point de vue auquel se place naturellement

---

(¹) *De l'uniformisation des fonctions dans l'espace et dans le temps.* — À la page 436 du Tome II de ce Cours, en étudiant la dispersion de la lumière, j'ai appelé *uniformisation* l'opération de polissage qui consiste à effacer ainsi, d'une fonction donnée, d'innombrables irrégularités accidentelles de sens contraires et de faible amplitude, tout en n'altérant partout que très peu la fonction, mais de manière à simplifier son allure. Pour des *fonctions continues de point* (c'est-à-dire de trois coordonnées rectangulaires x, y, z) et aussi du temps t, *mais possédant déjà des dérivées partielles de tous les ordres*, cette opération donne des formules très symétriques, quand on choisit ce que j'ai appelé un *rayon ε d'uniformisation*, rayon constant d'une petite sphère, que l'on décrit autour du point quelconque (x, y, z) comme centre et à *l'intérieur de laquelle les irrégularités aient toutes leurs phases.* L'opération consiste à remplacer partout la valeur locale connue de la fonction par la moyenne de ses valeurs effectives dans tout l'intérieur $\frac{4}{3}\pi\varepsilon^3$ d'une telle sphère à centre (x, y, z). Les formules de cette opération sont simples (p. 437) et n'emploient que le paramètre différentiel du second ordre, Δ_2, de la fonction donnée, celui $\Delta_2\Delta_2$ de ce paramètre, celui, $\Delta_2\Delta_2\Delta_2$, du précédent, et ainsi de suite, tous ces paramètres ne figurant que linéairement dans la série.

On peut, si la fonction est donnée aussi, directement, aux divers instants t, avec

notre esprit, il n'y paraît, strictement parlant, qu'une seule variable indépendante, celle qui l'est par excellence, le temps t : rien n'empêche donc d'attribuer à toutes les quantités définissant l'état physique de chaque point, fonctions continues de t, autant de dérivées successives qu'il est nécessaire.

Mais on peut aussi, dans les mêmes questions, avoir besoin de différentier certaines fonctions par rapport à ces quantités physiques, notamment par rapport aux coordonnées x, y, z d'un quelconque des atomes du système. Or, dans ce cas, le sentiment que nous avons de la continuité des choses suffit pour nous assurer que tout ce qui concerne les relations mutuelles des atomes varie graduellement en fonction de leur état, notamment en fonction de leurs situations relatives, et que cette graduelle variation a lieu, tant pour les fonctions finies représentant les influences réciproques des points, que pour leurs différences partielles successives, corrélatives à de petits accroissements constants des coordonnées d'un point ou d'autres quantités définissant son état. Il y a partout *continuité relative*, pourvu du moins qu'on excepte des cas extrêmes, semblant même parfois irréalisables, comme serait celui où la distance de deux atomes s'annulerait.

En outre, dans les problèmes de physique mathématique où il s'introduit, à côté du temps t, trois nouvelles variables indépendantes x, y, z, parce que les points matériels y sont assez rapprochés pour que toute étendue perceptible en contienne un nombre immense, et pour qu'il se produise, par suite, en chaque endroit (x, y, z), un

---

des irrégularités, dans le temps, d'amplitude moyenne 2τ, remplacer les valeurs correspondantes par leur moyenne, prise en (x, y, z), entre les deux instants limites $t - \tau$, $t + \tau$. La formule définitive, ainsi obtenue, de la valeur uniformisée ξ_m d'une fonction continue donnée $\xi(x, y, z, t)$, est

$$\xi_m = \left(1 + 3\,\frac{\varepsilon^3}{5}\,\frac{\Delta_2}{2.3} + 3\,\frac{\varepsilon^5}{7}\,\frac{\Delta_2\Delta_2}{2.3.4.5} + 3\,\frac{\varepsilon^6}{9}\,\frac{\Delta_2\Delta_2\Delta_2}{2.3.4.5.6.7} + \cdots \right) \int_{t-\tau}^{t+\tau} \xi(x, y, z, t)\,\frac{dt}{2\tau},$$

où l'on voit que les symboles Δ_2, $\Delta_2\Delta_2$, $\Delta_2\Delta_2\Delta_2$, ... s'appliquent à la fonction ξ déjà uniformisée par rapport au temps.

On a donc ainsi une méthode régulière pour uniformiser toute fonction continue de quatre variables indépendantes. Les éléments de volume de la sphère d'uniformisation, et les éléments du temps 2τ, étant en nombre infini, cette formule doit pouvoir établir, *généralement*, la variation graduelle de la fonction uniformisée, jusque dans les dérivées partielles d'ordres quelconques, en x, y, z, t, de la fonction $\xi(x, y, z, t)$, une fois remplacée par ξ_m.   (14 juillet 1921.)

état physique moyen assimilable pour tout le corps à une fonction
continue des coordonnées x, y, z, le sentiment de la continuité, dont
j'ai parlé, nous assure de même de la graduelle variation non seulement
de cet état, mais aussi de ses petites différences successives dès que
le phénomène a commencé à se régler, du moins tant qu'on n'arrive
pas aux limites extrêmes de l'espace où il se déroule et tant qu'on ne
traverse pas, à l'intérieur de cet espace, des surfaces qui sépareraient
deux matières contiguës de constitution notablement différente ou
soumises à des influences très différentes. Sous le bénéfice de ces
réserves, la *continuité relative* semble donc partout garantie, et
l'existence des dérivées partielles de tous les ordres en t, x, y, z,
pleinement admissible.

NOTE V.

DÉMONSTRATION DE L'EXISTENCE DES INTÉGRALES GÉNÉRALES ET DE LA POSSIBILITÉ D'INTÉGRALES SINGULIÈRES DE DIVERSES SORTES. CALCUL DE CELLES-CI ([1]).

1. *Tout système d'équations différentielles simultanées admet un système d'intégrales générales et un seul. Il peut admettre, en outre, des solutions singulières.*

Soit généralement

$$(a) \quad \begin{cases} \dfrac{dx}{dt} = f_1(t, x, y, z, \ldots), \quad \dfrac{dy}{dt} = f_2(t, x, y, z, \ldots), \\[2mm] \dfrac{dz}{dt} = f_3(t, x, y, z, \ldots), \quad \ldots \end{cases}$$

un système d'équations différentielles, qui détermine, pour toutes les valeurs de la variable indépendante t, la dérivée de chacune des variables dépendantes $x, y, z, \ldots$ en fonction continue de t, et des valeurs actuelles de ces variables.

Je me propose d'établir dans ce numéro, en premier lieu, qu'il existe effectivement, quelles que soient les expressions de $f_1, f_2, f_3, \ldots$, certaines fonctions continues de t dont les valeurs se réduisent à des constantes arbitraires $x_0, y_0, z_0, \ldots$ pour $t = t_0$, et vérifient de plus constamment les équations (a); en deuxième lieu, que ce système de fonctions $x, y, z, \ldots$ est unique, entre deux valeurs de t dans l'intervalle desquelles les dérivées partielles des seconds membres $f_1, f_2, f_3, \ldots$, par rapport à $x, y, z, \ldots$ restent finies, mais qu'il pourrait cesser de l'être, à des moments t où $x, y, z, \ldots$ recevraient des valeurs rendant infinies quelques-unes de ces dérivées partielles.

Pour le démontrer, concevons, à partir de $t = t_0$, des valeurs suc-

---

([1]) Dans la première édition, cette Note, réduite à sa partie principale reproduite ici, occupait les pages 162 à 181.

cessives $t_1, t_2, t_3, \ldots, t_p, \ldots$, de la variable indépendante t, obtenues par l'addition réitérée de très petits accroissements $\Delta t_0, \Delta t_1, \Delta t_2, \ldots$, tous positifs ou tous négatifs. De plus, appelons provisoirement x, y, z, ... les fonctions *continues* de t qui, recevant, pour $t = t_0$, les valeurs initiales données $x_0, y_0, z_0, \ldots$, varieraient linéairement entre t_0 et t_1, entre t_1 et t_2, ..., et auraient d'une manière générale pour dérivées respectives, dans l'intervalle quelconque compris de t_p à t_{p+1}, les expressions

$$(b) \quad \begin{cases} f_1(t_p, x_p, y_p, z_p, \ldots), \quad f_2(t_p, x_p, y_p, z_p, \ldots), \\ f_3(t_p, x_p, y_p, z_p, \ldots), \quad \ldots, \end{cases}$$

où $x_p, y_p, z_p, \ldots$ désignent les valeurs de $x, y, z, \ldots$ pour $t = t_p$, calculées ainsi de proche en proche.

Comme $t, x, y, z, \ldots$ diffèrent aussi peu qu'on veut de $t_p, x_p, y_p, z_p, \ldots$ (à condition que les intervalles Δt soient pris assez petits), les expressions (b) s'écarteront également, aussi peu qu'on voudra, de $f_1(t, x, y, z, \ldots), f_2(t, x, y, z, \ldots), \ldots$. Donc les fonctions continues $x, y, z, \ldots$ dont il s'agit satisfont à des équations de la forme

$$(c) \quad \begin{cases} \dfrac{dx}{dt} = \iota_1 + f_1(t, x, y, z, \ldots), \quad \dfrac{dy}{dt} = \iota_2 + f_2(t, x, y, z, \ldots), \\ \dfrac{dz}{dt} = \iota_3 + f_3(t, x, y, z, \ldots), \quad \ldots \end{cases}$$

$\iota_1, \iota_2, \iota_3, \ldots$ étant certaines fonctions de t qui tendent vers zéro en même temps que les Δt, mais qui présentent, d'ailleurs, des discontinuités pour $t = t_1, t = t_2, \ldots, t = t_p, \ldots$.

Supposons actuellement qu'on fasse décroître de plus en plus les intervalles Δt, et examinons si $x, y, z, \ldots$ s'approcheront en même temps, pour toute valeur de t, de certaines limites déterminées. A cet effet, appelons $X, Y, Z, \ldots$ ce que deviennent les expressions de $x, y, z, \ldots$ quand les Δt sont pris plus petits qu'ils n'étaient d'abord, ou reçoivent d'autres valeurs déterminées, d'ailleurs quelconques. Si $\varepsilon'_1, \varepsilon'_2, \varepsilon'_3, \ldots$ désignent ce que deviennent alors les petites quantités $\varepsilon_1, \varepsilon_2, \varepsilon_3, \ldots$, les fonctions $X, Y, Z, \ldots$ vérifieront les équations, pareilles à (c) :

$$(d) \quad \frac{dX}{dt} = \varepsilon'_1 + f_1(t, X, Y, Z, \ldots), \quad \frac{dY}{dt} = \varepsilon'_2 + f_2(t, X, Y, Z, \ldots), \quad \ldots$$

Retranchons les équations (c) de celles-ci; et les dérivées des différences $X-x$, $Y-y$, $Z-z$, ... seront données par les formules

$$(e) \begin{cases} \dfrac{d.X-x}{dt} = (\varepsilon'_1 - \varepsilon_1) + [f_1(t, X, Y, Z, \ldots) - f_1(t, x, y, z, \ldots)], \\[2mm] \dfrac{d.Y-y}{dt} = (\varepsilon'_2 - \varepsilon_2) + [f_2(t, X, Y, Z, \ldots) - f_2(t, x, y, z, \ldots)], \\[2mm] \cdots\cdots\cdots\cdots\cdots\cdots\cdots\cdots\cdots\cdots\cdots\cdots\cdots\cdots \end{cases}$$

Les seconds membres de ces formules, à part les termes indéfiniment décroissants $\varepsilon'_1 - \varepsilon_1$, $\varepsilon'_2 - \varepsilon_2$, ..., sont les augmentations qu'éprouvent les fonctions continues f_1, f_2, ... quand leurs variables autres que t passent des valeurs x, y, z, ... aux valeurs X, Y, Z, ... Si l'on applique au premier, par exemple, de ces accroissements la formule de Taylor pour le cas de plusieurs variables, en le réduisant à son terme complémentaire sous sa forme la plus simple, le second membre de la première équation deviendra, sauf la très petite partie $\varepsilon'_1 - \varepsilon_1$, la somme des produits respectifs de $X-x$, $Y-y$, $Z-z$, ... par la dérivée partielle de

$$f_1[t, x + \theta(X - x), y + \theta(Y - y), z + \theta(Z - z), \ldots]$$

relative à la variable correspondante

$$x + \theta(X - x), \qquad \text{ou} \qquad y + \theta(Y - y), \qquad \ldots,$$

θ désignant un certain nombre positif inférieur à l'unité. Admettons que ces dérivées partielles restent finies lorsque $x, y, z, \ldots$ varient, pour la valeur considérée de t, jusqu'à $X, Y, Z, \ldots$. L'expression

$$f_1[t, X, Y, Z, \ldots] - f_1(t, x, y, z, \ldots)$$

aura ainsi un certain rapport fini, $-M$, à la plus grande des différences $X-x$, $Y-y$, $Z-z$, ...

D'ailleurs, les différences $X-x$, $Y-y$, $Z-z$, ... s'annulant pour $t = t_0$, l'une d'elles devient, aux environs de $t = t_0$, plus grande (en valeur absolue) que les autres, ou leur reste tout au moins comparable. Soit $X-x$ cette différence. Le second membre de la première équation (e) pourra donc, pour les valeurs de t assez peu éloignées de t_0, s'écrire $\varepsilon'_1 - \varepsilon_1 - M(X-x)$. Par suite, la première équation (e) devient

$$(f) \qquad \frac{d.X-x}{dt} + M(X-x) + \varepsilon_1 - \varepsilon'_1 = 0.$$

Si nous la multiplions par le facteur essentiellement fini (et pourvu d'une dérivée continue)

$$e^{\int_{t_0}^{t} M dt},$$

elle prend une forme identique à

$$\frac{d}{dt}\left[(X-x)e^{\int_{t_0}^{t} M dt} + \int_{t_0}^{t} (\varepsilon_1 - \varepsilon'_1)e^{\int_{t_0}^{t} M dt}\, dt \right] = 0,$$

vu que les discontinuités isolées du facteur $\varepsilon_1 - \varepsilon'_1$ n'empêchent évidemment pas le terme

$$\int_{t_0}^{t} (\varepsilon_1 - \varepsilon'_1)e^{\int_{t_0}^{t} M dt}\, dt$$

d'être parfaitement défini et continu. Elle signifie alors que l'expression

$$(g) \qquad (X-x)e^{\int_{t_0}^{t} M dt} + \int_{t_0}^{t} (\varepsilon_1 - \varepsilon'_1)e^{\int_{t_0}^{t} M dt}\, dt$$

reste, pour toutes les valeurs de t, ce qu'elle est pour $t = t_0$, c'est-à-dire nulle. Or le second terme de cette expression tend vers zéro en même temps que ε_1 et ε'_1, ou quand les intervalles Δt deviennent infiniment petits. Donc le premier tend aussi vers zéro; ce qui montre que, tout au moins pour les valeurs de t voisines de t_0, la différence $X - x$ s'annule en même temps que les Δt lorsque aucune des dérivées partielles premières de f_1, en x, y, z, ..., ne devient infinie pour $t = t_0$, $x = x_0$, $y = y_0$, $z = z_0$, ... Il en est, à plus forte raison, de même des autres différences $Y - y$, $Z - z$, ..., supposées ou plus petites, ou aussi petites, que $X - x$.

D'ailleurs, ce raisonnement est applicable, de proche en proche, au voisinage de valeurs quelconques de la variable indépendante t, valeurs qu'on peut appeler successivement t_0. Et il démontre tout à la fois :

$1°$ Que x, y, z, ... tendent bien vers des limites déterminées, à mesure que les Δt décroissent indéfiniment, ou à mesure que x, y, z, ... approchent de plus en plus de satisfaire aux équations (a);

$2°$ Que deux systèmes de fonctions x, y, z, ..., qui se confondent pour une valeur particulière t_0 de t et qui satisfont tous les deux aux équations différentielles (a) ou à d'autres infiniment peu différentes (c) et (d), ne peuvent jamais cesser de se confondre ou s'écarter sensiblement, soit quand t grandit à partir de t_0, soit quand t diminue, si ce n'est peut-être pour des valeurs de t et de x, y, z, … rendant infinie quelqu'une des dérivées partielles des seconds membres des équations proposées (a) par rapport à x, y, z, ….

En résumé, les équations différentielles (a) admettent toujours un système d'intégrales générales, tel, que les valeurs x_0, y_0, z_0, … de x, y, z, …, pour une valeur particulière quelconque t_0 de t, peuvent être choisies arbitrairement. De plus, toutes fonctions continues x, y, z, …, qui satisfont aux équations (a) et qui, pour une valeur particulière de t, ne diffèrent pas de celles que donne une spécification déterminée de l'intégrale générale, ne peuvent jamais se séparer de celles-ci que pour des valeurs de t, x, y, z, … rendant infinie une au moins des dérivées premières des fonctions f_1, f_2, f_3, … par rapport aux fonctions x, y, z, ….

2. *Des réunions et des séparations d'intégrales, lorsqu'elles ont lieu, se font de deux manières bien différentes, suivant qu'elles correspondent, ou non, à des solutions singulières. Calcul des solutions singulières.*

Lorsqu'une de ces dérivées (de f_1, f_2, f_3, … par rapport à x, y, z, …) devient effectivement infinie pendant que varient les fonctions x, y, z, … il peut se faire qu'elle le soit seulement pour une valeur unique de t, ou qu'elle se maintienne constamment infinie pendant que t éprouve des variations finies.

Examinons d'abord le second cas, dans lequel les fonctions considérées x, y, z, … rendent la dérivée partielle dont il s'agit infinie pour une infinité de valeurs successives de t. Alors ces fonctions constituent ce qu'on appelle des *solutions singulières*, du moins dans tout intervalle où elles ne se confondent avec aucun système d'intégrales particulières déduit de l'intégrale générale; et, d'ordinaire, elles sont à la fois, sur tout leur parcours, des lieux de réunion et de séparation des intégrales particulières. On les obtiendra évidemment en cherchant, parmi toutes les fonctions possibles, x, y, z, …, de t, qui rendent infinies d'une manière continue une ou plusieurs des dérivées partielles premières de f_1, f_2, f_3, …, par rapport à $x, y, z, \ldots$, s'il en existe qui satisfassent aux équations proposées (a).

Passons actuellement au premier cas, où, au contraire, certaines dérivées partielles de $f_1, f_2, f_3, \ldots$ en $x, y, z, \ldots$ ne deviennent infinies dans toute intégrale que pour des valeurs isolées de t. Dans ce cas, il arrive bien, en général, que les dérivées en question sont ainsi infinies un instant pour une infinité de systèmes de valeurs différentes de $t, x, y, z, \ldots$, c'est-à-dire pour une infinité d'intégrales particulières, obtenues en faisant varier avec continuité les circonstances initiales; mais il est impossible d'y relier deux intégrales particulières quelconques de manière à passer de l'une à l'autre, puisque les valeurs de $x, y, z, \ldots$, supposées exprimées en fonction de t, qui comprennent tous les lieux de réunion et de bifurcation d'intégrales, ne vérifient pas, d'après l'hypothèse, les équations différentielles proposées, ou ne peuvent pas servir de passage pour aller d'une intégrale particulière à une autre qui ne lui ferait pas suite immédiatement.

Ce cas est donc, au point de vue du Mémoire actuel, beaucoup moins intéressant que celui où il y aurait des solutions singulières permettant de relier deux intégrales quelconques. Il ne se présente jamais dans les questions étudiées aux n°s 20 à 29 (p. 37 à 56). En effet, les questions dont il s'agit se ramènent finalement à l'intégration d'une équation de la forme

$$\frac{dx}{dt} = \sqrt{f(x)},$$

où $f(x)$ désigne une fonction finie et continue ainsi que sa dérivée $f'(x)$. Or, dans une pareille équation, les valeurs de x qui rendent infinie la dérivée du second membre par rapport à x,

$$\frac{f'(x)}{2\sqrt{f(x)}},$$

sont toutes comprises parmi celles qui donnent $f(x) = 0$: elles sont constantes, et vérifient l'équation différentielle en annulant séparément ses deux membres, c'est-à-dire $\frac{dx}{dt}$ et $\sqrt{f(x)}$. Ainsi les points de bifurcation correspondent toujours à des solutions singulières dans les problèmes que j'ai traités.

Il serait curieux de trouver en Mécanique, s'il y en a d'imaginables, des exemples de lieux de bifurcations ne constituant pas une intégrale, des exemples de *bifurcations instantanées*, pour ainsi dire. Le moment de prendre chaque décision n'y serait pas laissé à la disposition du principe directeur : celui-ci devrait intervenir à des instants déterminés, pour choisir entre deux ou plusieurs voies ouvertes, tout à coup, devant le système matériel. L'objection d'instantanéité pour une décision à prendre, dont j'ai indiqué une solution au n° 352 *bis* du Tome III (p. 352) dans le cas d'un acte libre, se. produirait alors incomparablement plus forte, de manière à devenir, semble-t-il, insoluble pour la volonté, car la décision n'y comporterait aucun délai; et le principe directeur s'y montrerait aussi prompt à agir que le sont les forces physiques elles-mêmes. Il en est du reste, déjà ainsi, pour le principe directeur vital.

3. *Forme normale des intégrales générales et autre mode de calcul pour les solutions singulières.*

Le système des intégrales générales des équations (a) est de la forme

$$(h) \quad \begin{cases} x = F_1(t, x_0, y_0, z_0, \ldots), \quad y = F_2(t, x_0, y_0, z_0, \ldots), \\ z = F_3(t, x_0, y_0, z_0, \ldots), \quad \ldots, \end{cases}$$

où les fonctions F_1, F_2, F_3, ... sont évidemment continues, tant par rapport à t, que par rapport à x_0, y_0, z_0, ... Mais observons qu'on pourrait prendre toute valeur particulière de t pour valeur initiale de cette variable indépendante, se donner arbitrairement les valeurs simultanées x, y, z, ... des fonctions à déterminer, puis en déduire de proche en proche les autres valeurs de ces fonctions, jusqu'à celles, x_0, y_0, z_0, ..., qui correspondent à $t = t_0$. Donc, les intégrales générales (h), résolues par rapport aux constantes x_0, y_0, z_0, ..., font celles-ci égales à des fonctions parfaitement déterminées φ_1, φ_2, ... de t, x, y, z, ...; en sorte que ces intégrales pourront s'écrire encore :

$$(h') \quad \begin{cases} \varphi_1(t, x, y, z, \ldots) = x_0, \quad \varphi_2(t, x, y, z, \ldots) = y_0, \\ \varphi_3(t, x, y, z, \ldots) = z_0, \quad \ldots. \end{cases}$$

D'ailleurs, quel que soit t, les fonctions x, y, z, ... sont autant susceptibles d'y recevoir des valeurs arbitraires, variables avec continuité, que l'étaient x_0, y_0, z_0, ... dans les formules (h).

Les relations (h') ont toutes la forme

$$(i) \qquad \varphi(t, x, y, z, \ldots) = \text{une constante arbitraire } c.$$

C'est cette forme qu'on appelle *normale*, et qui est la plus avantageuse, parce qu'il suffit de différentier l'intégrale qui s'y trouve réduite pour en éliminer toute constante arbitraire. Différentions en effet la relation (i), en observant que les dérivées $\frac{dx}{dt}$, $\frac{dy}{dt}$, $\ldots$ ont, par hypothèse, les valeurs $f_1, f_2, \ldots$ que donnent les équations (a). Il vient

$$\frac{d\varphi}{dt} + \frac{d\varphi}{dx} f_1 + \frac{d\varphi}{dy} f_2 + \frac{d\varphi}{dz} f_3 + \ldots = 0,$$

formule où ne paraissent que les variables t, x, y, z, $\ldots$. Il est permis, comme on a vu, d'y supposer t, x, y, z, $\ldots$ quelconques ou, du moins arbitrairement variables avec continuité entre certaines limites. On a donc *identiquement*, dans toute l'étendue qui est à considérer,

$$(j) \qquad -\left(\frac{d\varphi}{dx} f_1 + \frac{d\varphi}{dy} f_2 + \frac{d\varphi}{dz} f_3 + \ldots \right) = \frac{d\varphi}{dt}.$$

Cela posé, écrivons les équations (a) sous la forme

$$(k) \qquad \frac{dx}{dt} - f_1 = 0, \qquad \frac{dy}{dt} - f_2 = 0, \qquad \frac{dz}{dt} - f_3 = 0, \qquad \ldots;$$

puis ajoutons *leurs premiers membres*, après les avoir respectivement multipliés par les facteurs

$$\frac{d\varphi}{dx}, \quad \frac{d\varphi}{dy}, \quad \frac{d\varphi}{dz}, \quad \ldots,$$

et en supposant que x, y, z, $\ldots$ soient des fonctions quelconques de t, ou sans nous préoccuper de leur faire vérifier les équations (k). Si l'on tient compte de l'identité (j), la somme ainsi obtenue représentera précisément la *dérivée complète* $\frac{dc\varphi}{dt}$ de la fonction composée φ :

$$(k') \qquad \frac{dc\varphi}{dt} = \frac{d\varphi}{dx}\left(\frac{dx}{dt} - f_1 \right) + \frac{d\varphi}{dy}\left(\frac{dy}{dt} - f_2 \right) + \frac{d\varphi}{dz}\left(\frac{dz}{dt} - f_3 \right) + \ldots$$

On voit que la dérivée complète de φ s'annulera continuellement toutes les fois que les équations (k) seront satisfaites, à moins que l'un des facteurs $\frac{d\varphi}{dx}$, $\frac{d\varphi}{dy}$, $\ldots$ ne devienne et ne reste en même temps

infini. Donc tout système de valeurs de x, y, z, ... qui vérifie les
équations proposées (a) satisfait également à l'intégrale générale (i),
à moins qu'il ne rende infini, pour toutes les valeurs de t, quelqu'un
des facteurs d'intégrabilité $\frac{d\varphi}{dx}$, $\frac{d\varphi}{dy}$, ...

En conséquence, les solutions singulières d'un système d'équations
différentielles s'obtiendront en égalant à l'infini les facteurs d'intégrabilité par lesquels il faut multiplier ces équations pour que leur
somme devienne immédiatement intégrable.

Supposons, en particulier, que le système proposé (a) soit équivalent à une seule équation différentielle ne contenant que x et
ses n premières dérivées. C'est ce qui arrive quand les équations (a),
excepté la dernière, sont de la forme

$$\frac{dx}{dt} = y, \qquad \frac{dy}{dt} = z, \qquad \ldots,$$

ou quand elles reviennent, en appelant x', x'', ... les dérivées successives de x par rapport à t, à prendre

$$y = x', \qquad z = x'', \qquad \ldots.$$

Alors le système (a) se ramène à une seule équation de la forme

$$(l) \qquad x^{(n)} = f(t, x, x', x'', \ldots, x^{(n-1)});$$

et le système (k) devient

$$\frac{dx}{dt} - x' = 0, \qquad \frac{dx'}{dt} - x'' = 0, \qquad \ldots, \qquad \frac{dx^{(n-1)}}{dt} - f = 0.$$

Celles-ci, sauf la dernière, expriment des identités. La relation (k')
est réductible par suite à

$$\frac{d\varphi}{dt} = \frac{d\varphi}{dx^{(n-1)}}\left[\frac{dx^{(n-1)}}{dt} - f\right];$$

en sorte qu'elle donne identiquement

$$(l') \qquad \frac{dx^{(n-1)}}{dt} - f = \frac{1}{\dfrac{d\varphi}{dx^{(n-1)}}}\,\frac{d\varphi}{dt}.$$

Toutes les fois qu'en égalant à l'infini le facteur d'intégrabi-
lité $\frac{d\varphi}{dx^{(n-1)}}$, on obtiendra une relation, en t, x, x', x'', ..., $x^{(n-1)}$,
satisfaite par certaines expressions de x finies et continues en fonction

de t, la dérivée complète de la fonction φ par rapport à t sera généralement finie aussi quand on y mettra pour x ces expressions, qui rendront bien nul le second membre de (l') ou satisferont à l'équation proposée (l).

Ainsi, le facteur d'intégrabilité $\dfrac{d\varphi}{dx^{(n-1)}}$, égalé à l'infini, donnera effectivement une intégrale première de l'équation proposée (l); et ce sera une solution singulière proprement dite, toutes les fois que la dérivée complète $\dfrac{d_c\varphi}{dt}$ ne s'annulera pas en même temps, ou qu'on n'aura pas $\varphi = \text{const.}$

4. *Comparaison de deux procédés indiqués ici pour le calcul des solutions singulières. Application du premier à l'équation différentielle du premier ordre et à la recherche des contours-limites ou lignes-enveloppes, etc.*

On remarquera que les deux procédés indiqués respectivement dans les n°s 2 et 3 de cette Note, et du reste bien connus, pour obtenir les solutions singulières des équations différentielles, ont, sur la méthode classique due à Lagrange, qui les déduit des intégrales générales, l'avantage de ne pas exiger l'intégration effective du système proposé. Le second, qui consiste à égaler à l'infini les facteurs d'intégrabilité, suppose, il est vrai, que l'on connaisse ces facteurs ou que le problème de l'intégration des équations proposées soit ramené aux quadratures. Il fournit d'ailleurs, dans tous les cas que j'étudie au Chapitre III (^{1}), les intégrales asymptotes en même temps que les solutions singulières proprement dites; ce qui est un avantage au point de vue de notre Mémoire (^{2}).

Le premier procédé, qui consiste à égaler à l'infini les dérivées en x, y, z, ... des fonctions f_1, f_2, f_3, ..., élimine au contraire presque toujours les intégrales asymptotes, quoiqu'il en donne parfois aussi quelques-unes (*voir* la fin du n° 23, p. 47); et il serait préférable à l'autre si l'on tenait à n'avoir que les solutions singulières proprement dites. Mais, comme celles-ci sont assez rares, ainsi que l'a remarqué M. Darboux dans un intéressant article du 25 juillet 1870

(^{1}) *Voir* surtout les n°s 20 et 28 du Mémoire (p. 38 et 53).

(^{2}) Cet avantage ne subsisterait pas dans des problèmes quelconques; car tout facteur qui rend intégrable une équation différentielle n'est pas *nécessairement* en

sur les solutions singulières des équations du premier ordre et du second degré à deux variables (1), il arrive le plus souvent que les séries des valeurs de t, x, y, z, ..., qui rendent infinies certaines dérivées partielles de f_1, f_2, f_3, ..., en x, y, z, ..., ne satisfont pas aux équations différentielles proposées (a); il ne faut donc jamais négliger de reconnaître, par un examen spécial, si elles sont bien des intégrales.

Quand elles n'en sont pas, ces séries de valeurs conservent néanmoins une grande importance : puisqu'elles continuent (p. 153) à être les seules pour lesquelles il puisse y avoir des réunions ou des bifurcations d'intégrales. A cause même de ce rôle, qu'elles ne cessent pas de remplir lorsqu'il y a lieu, elles marquent souvent des contours-limites que ne franchissent pas les variables x, y, z, ..., t. C'est ce qu'a observé M. Darboux dans l'article cité, pour le cas d'une équation différentielle du premier ordre et du second degré entre deux coordonnées x, y. Alors la valeur de $\dfrac{dy'}{dy}$ devient en général infinie sur toute la ligne qui sépare les points du plan où la dérivée y' est réelle de ceux où elle est imaginaire (2), et comme cette ligne ne constitue une solution singulière qu'autant que les courbes représentatives

---

relation simple avec les intégrales asymptotes de celle-ci. Par exemple, l'équation

$$\frac{dx}{dt} + \frac{x}{t} = 0$$

a pour intégrale générale

$$t x = \text{const.};$$

et elle admet l'intégrale asymptote $x = 0$, qu'on n'a pas le droit d'obtenir en égalant à l'infini le facteur d'intégrabilité t, essentiellement arbitraire par nature.

(1) *Comptes rendus de l'Académie des Sciences*, t. 71, p. 268.

(1) **En effet, soit**

$$y' = M \mp \sqrt{N}$$

ce que devient une pareille équation quand on la résout par rapport à y', M et N désignant deux fonctions connues toujours réelles de x et de y. La ligne qui sépare la partie du plan où se trouvent les courbes représentées par les intégrales particulières, et où le coefficient angulaire y' est réel, d'avec la partie du plan que ces courbes ne recouvrent pas et où, par suite, y' est imaginaire, a évidemment pour équation N = 0. Or la dérivée $\dfrac{dN}{dy}$ ne s'annule généralement pas quand N s'annule; en sorte qu'on a bien

$$\frac{dy'}{dy} = \frac{dM}{dy} \mp \frac{1}{2\sqrt{N}} \frac{dN}{dy} = \mp \infty,$$

tout le long du *contour-limite* ou *contour-enveloppe* N = 0.

d'intégrales particulières viennent s'y raccorder, ou s'y faire envelopper *tangentiellement*, elle est, dans les autres cas, le lieu des points de part et d'autre desquels ces courbes ne se prolongent pas, c'est-à-dire le lieu de leurs rebroussements (car les deux valeurs de y' y deviennent égales ([1]).

Donc lorsqu'il s'agit d'une équation différentielle du premier ordre et du second degré à deux variables x, y, la ligne exprimée par la relation $\frac{dy'}{dy} = \pm \infty$ comprend généralement certaines branches qui jouent le rôle *d'enveloppes*, de contours-limites, et qui sont aussi, pour les courbes représentant les intégrales particulières, des lieux de réunion ou de bifurcation, quoiqu'elles ne deviennent à la fois des lieux de réunion et de bifurcation que dans un cas particulier, savoir, dans le cas où elles constituent des intégrales, des solutions singulières.

En outre, rien n'empêche que la ligne $\frac{dy'}{dy} = \pm \infty$ puisse admettre d'autres branches, dépourvues de toutes ces propriétés ou seulement de la première, c'est-à-dire n'étant plus des contours-limites et pouvant n'être pas davantage soit des lieux de réunion ou de bifurcation, soit surtout des intégrales singulières.

Si les lignes-enveloppes ou contours-limites ne représentent pas toujours, ni même le plus souvent, des solutions singulières, à l'inverse, il arrive parfois que les solutions singulières d'une équation différentielle du premier ordre, entre une ordonnée y et une abscisse x prise pour variable indépendante, ne représentent pas davantage des contours-limites. Toutefois, ce cas est rare : car le contact d'une intégrale singulière avec les intégrales particulières qui s'y joignent est presque toujours du premier ordre, c'est-à-dire d'ordre impair; et l'on sait qu'alors, à moins de discontinuités exceptionnelles, les

---

([1]) Je m'aperçois, en parcourant le *Traité élémentaire de la théorie des fonctions et du calcul infinitésimal* par M. Cournot (1841, t. II, n° 517 et 518, p. 343) que l'éminent inspecteur des études connaissait cette propriété de la ligne qui limite la région du plan où se trouvent toutes les courbes représentant les intégrales particulières d'une équation différentielle du premier ordre et du second degré; il dit expressément, et montre sur un exemple, d'une part, que la ligne dont il s'agit est, en général, le lieu des points de rebroussement des courbes et non une enveloppe au sens ordinaire, c'est-à-dire une enveloppe tangente aux enveloppées, d'autre part, que celle-ci, ou l'intégrale singulière proprement dite, existe seulement dans des cas exceptionnels.

courbes ne se croisent pas. Si donc l'une d'elles en touche une infinité d'autres formant ensemble une certaine famille, elle les laisse toutes sur un seul de ses côtés, du moins dans le voisinage des points communs. Mais quand, par extraordinaire, le contact de la solution singulière avec les intégrales particulières devient d'un ordre pair, c'est-à-dire (le plus souvent) du second, les courbes se croisent, comme on sait, et la solution singulière est, en quelque sorte, traversée par les intégrales particulières. Alors la ligne $\frac{dy'}{dy} = \pm\infty$, tout en continuant à représenter une intégrale, lieu de réunion et de bifurcation d'autres intégrales, cesse d'être un contour-limite et ne mérite plus, en aucune manière, le nom *d'enveloppe*. Dans d'autres cas, elle peut cesser également d'être un lieu de réunion ou de bifurcation d'intégrales.

5. *Exemples de cas où les solutions singulières ne représentent pas des enveloppes.*

Supposons, par exemple, que la dérivée y' soit finie et continue pour toutes les valeurs finies des coordonnées x, y, et qu'elle ait au plus une valeur en chaque point du plan, ou que les courbes régies par l'équation différentielle ne se croisent nulle part sous des angles finis. Alors, si l'on mène un petit arc de la ligne $\frac{dy'}{dy} = \pm\infty$, et si l'on considère, à partir de cet arc, une très petite longueur constante de chacune des courbes de la famille qui émanent de ses divers points, en s'en détachant d'un même côté, celles-ci se confondront presque avec leurs cordes, qui, par raison de continuité, seront sensiblement égales et parallèles; en sorte que le lieu de leurs secondes extrémités sera un arc presque égal à celui de la ligne $\frac{dy'}{dy} = \pm\infty$, d'où elles partent. Comme, par hypothèse, les courbes représentatives des intégrales ne se croisent jamais sous des angles finis, comme aussi, d'ailleurs, on sait qu'elles ne peuvent se croiser sous des angles infiniment petits qu'aux points (tout au plus) où $\frac{dy'}{dy} = \pm\infty$, elles se présenteront, le long de ce second arc, dans le même ordre où elles se seront détachées du premier; et la distance de deux d'entre elles, émanées de deux points infiniment voisins de la courbe $\frac{dy'}{dy} = \pm\infty$, ne pourra qu'être infiniment petite par raison de continuité. Donc, de chaque point de la ligne $\frac{dy'}{dy} = \pm\infty$, il ne partira, sur un de ses côtés, qu'une seule courbe de la famille : la place manquerait pour deux. Il en partira, de même, tout au plus une de l'autre côté ; et, vu la continuité supposée de y' partout où y' existe, il ne passera, par chaque point de la ligne $\frac{dy'}{dy} = \pm\infty$, comme par les autres points du plan, qu'une courbe unique représentative d'intégrales particulières. Cette courbe ou s'y terminera, ou se prolongera de part et d'autre avec continuité, si elle n'est pas tangente à la ligne même $\frac{dy'}{dy} = \pm\infty$; mais elle pourra encore présenter un rebroussement à la traversée de la ligne $\frac{dy'}{dy} = \pm\infty$, si celle-ci lui est tangente, ou exprime une solution singulière.

En résumé, dans la supposition que la valeur de y' soit partout unique, c'est-à-dire que les courbes considérées ne se coupent nulle part sous des angles finis, il n'y a réunion ou bifurcation d'intégrales, aux divers points de la ligne $\frac{dy'}{dy} = \pm\infty$, qu'autant que cette ligne représente une solution singulière. Et il n'y a tout à la fois réunion et bifurcation que lorsque les courbes de la famille traversent tangentiellement cette même ligne sans y présenter de rebroussement ; alors, quoique les diverses courbes, exprimant des intégrales particulières proprement dites, n'admettent, comme dans les autres cas, aucun point commun, et qu'il n'y ait même nulle part réunion ou séparation de deux de ces intégrales (c'est-à-dire de deux branches d'une même courbe venant se souder l'une contre l'autre en se terminant au point commun), la ligne $\frac{dy'}{dy} = \pm\infty$ établit entre elles un passage : elle est, en quelque sorte, le débouché commun de toutes les parties de courbes qui sont sur un de ses côtés et la source commune des parties qui sont sur l'autre.

Éclaircissons cette théorie par un exemple. Soit l'équation

$$y'^2 = f(y),$$

f désignant une fonction parfaitement déterminée, finie et continue, ainsi que ses dérivées, pour toutes les valeurs finies de y. Alors y' admet partout une valeur réelle $\sqrt[3]{f(y)}$, et une seule : les courbes régies par l'équation différentielle couvrent tout le plan sans se croiser nulle part (sous des angles finis). Comme la dérivée partielle $\frac{dy'}{dy} = \frac{f'(y)}{3y'^2}$, elle ne devient infinie que pour $y' = 0$ tout au plus, c'est-à-dire pour $f(y) = 0$. La ligne $\frac{dy'}{dy} = \pm\infty$ se compose donc d'un certain nombre de parallèles à l'axe des x; et celles-ci représentent des solutions de l'équation différentielle; car on a, en tous leurs points, $y' = f(y) = 0$.

Considérons les intégrales particulières pour des valeurs $y = a + h$, voisines de l'ordonnée $y = a$ de l'une de ces parallèles. Un développement par la série de Taylor, réduit au premier des termes qui ne s'annulera pas, donnera $f(a + h) = M^3 h^n$, ou, plus exactement,

$$f(a + h) = (M + \varepsilon)^3 h^n,$$

si l'on appelle, pour abréger, M^3 la constante $\frac{f^{(n)}(a)}{1.2.3\ldots n}$, et ε une fonction de h insensible par rapport à M. L'équation proposée

$$y' = \sqrt[3]{f(y)}$$

devient donc, aux environs de $y = a$, pour $y = a + h$,

$$(l'') \qquad \frac{dh}{dx} = (M + \varepsilon)h^{\frac{n}{3}} \qquad \text{ou} \qquad h^{-\frac{n}{3}}dh = (M + \varepsilon)\,dx.$$

Le nombre entier n sera inférieur à 3; car la formule (l'), où $\frac{dh}{dx}$ n'est autre chose que y', donne sensiblement

$$\frac{dy'}{dy} \qquad \text{ou} \qquad \frac{dy'}{dh} = \frac{nM}{3}\,h^{\frac{n-3}{3}},$$

expression qui ne devient infinie pour $h = 0$, comme on le suppose, que si l'on a $n < 3$. Intégrons donc, dans l'une des hypothèses $n = 1$, $n = 2$, l'équation (l'), entre deux petites valeurs de même signe h_0, h, correspondant à deux abscisses x_0, x. Il vient

$$\frac{3}{3 - n}\left[h^{\frac{3-n}{3}} - h_0^{\frac{3-n}{3}}\right] = \text{sensiblement } M(x - x_0).$$

On voit que h peut s'annuler sans que x cesse d'être fini. Ainsi l'intégrale $y = a$ est bien une solution singulière proprement dite, ou non asymptote.

Pour $n = 1$, la dérivée $\frac{dh}{dx}$ change de signe avec h, d'après (l'). Par suite, quand x grandit, les intégrales particulières s'approchent toutes ou s'éloignent toutes de la solution singulière. Celle-ci est donc seulement, ou un lieu de réunion d'intégrales, ou un lieu de bifurcation.

Si, au contraire, $n = 2$, elle est un lieu de réunion pour les intégrales dans lesquelles h a un certain signe, un lieu de bifurcation pour celles où h a le signe opposé : car l'équation (l'') montre que $\frac{dh}{dx}$ conserve le même signe quel que soit h. En d'autres termes, les courbes représentatives des intégrales particulières ont alors de simples points d'inflexion, au lieu de points de rebroussement, sur la tangente qui leur est commune à toutes et qui exprime la solution singulière.

6. *Les solutions singulières peuvent appartenir analytiquement à la famille des intégrales particulières, sans perdre leur caractère véritable, qui en fait le lieu des points de réunion ou de bifurcation de celles-ci.*

Enfin, pour terminer ce que j'ai à dire ici au sujet des solutions singulières, j'observerai qu'une intégrale peut être, sur tout son parcours, un lieu de réunion et de bifurcation pour les autres intégrales, tout en se trouvant de la même famille que celles-ci, c'est-à-dire tout en étant, comme chacune d'elles et comme les intégrales asymptotes, une certaine spécification de l'intégrale générale. Ainsi, la propriété la plus importante des solutions singulières, celle qui leur permet de relier avec continuité les diverses intégrales particulières, ne tient pas nécessairement à une nature analytique différente de la leur. En d'autres termes, elle ne tient pas au caractère (de n'être pas comprise dans l'intégrale générale) que les analystes regardent comme essentiel pour qu'une solution singulière mérite bien son nom, mais qui est très secondaire au point de vue du Mémoire actuel.

Par exemple, les paraboles

$$y = c^3(x - c)^2,$$

qui couvrent toute la moitié du plan des xy située du côté des y positifs, ont pour vraie enveloppe l'une d'elles, $y = 0$, correspondant à $c = 0$. Elles admettent, en outre, une sorte d'enveloppe *relative* ou *intérieure* $\left(\text{ayant pour équation } y = \frac{x^4}{16}\right)$, qui sépare la partie du plan où y est plus petit que $\frac{x^4}{16}$, et où se croisent en chaque point *quatre* paraboles de la famille, d'avec la partie du plan où y est plus grand que $\frac{x^4}{16}$ et où se croisent en chaque point *deux* paraboles seulement de la famille. En effet, l'équation

$$y = (cx - c^2)^2,$$

résolue par rapport à $2c$, devient

$$2c = x \pm \sqrt{x^2 - 4\sqrt{y}};$$

et celle-ci, en y supposant, à volonté, la racine carrée de y positive ou négative, donne bien pour c soit quatre valeurs, soit deux seulement, suivant que x^2 dépasse, ou non, $4\sqrt{y}$. Quant à l'équation différentielle de la famille des paraboles, on y arrive en annulant la dérivée complète de l'expression ci-dessus de $2c$. Il vient ainsi, presque immédiatement,

$$y' = \sqrt{y}\left(x \pm \sqrt{x^2 - 4\sqrt{y}} \right),$$

ou

$$y' - x\sqrt{y} = \pm \sqrt{y}\sqrt{x^2 - 4\sqrt{y}}.$$

Élevons celle-ci au carré, puis, après avoir supprimé yx^2 des deux membres du résultat, isolons les termes affectés de $\sqrt{y}$ et élevons de nouveau au carré. Nous obtiendrons, sous sa forme rationnelle et entière, l'équation différentielle cherchée :

$$y'^4 - 4y(xy' - 2y)^2 = 0.$$

M. J.-A. Serret, dans son *Cours de calcul différentiel et intégral* (t. II, n° 642, p. 388), avait déjà remarqué qu'un lieu d'intersections successives de courbes appartenant à une certaine famille peut être lui-même une ligne de la famille. Et il l'avait prouvé par l'exemple des paraboles $y = c(x - c)^2$, qui, couvrant tout le plan des xy, n'admettent point d'enveloppe proprement dite, mais qui ont l'enveloppe intérieure $y = 0$, comprise dans la famille ou donnée par l'hypothèse $c = 0$, et qui ont en outre l'enveloppe, intérieure aussi, $y = \frac{4x^3}{27}$. Quelle que soit l'abscisse x d'un point du plan, il passe trois paraboles par ce point quand son ordonnée y est comprise entre celles, zéro et $\frac{4x^3}{27}$, des deux enveloppes relatives ou intérieures, et, au contraire, une seule parabole, quand y est en dehors de l'intervalle considéré.

On voit quelle variété extrême de cas se rencontre dans l'étude des réunions et des bifurcations que peuvent présenter les intégrales d'un système d'équations différentielles (¹).

(¹) Dans la première édition de mon Mémoire (de 1878), le présent Note occupait les pages 162 à 188. La partie que j'en ai reproduite ici (avec quelques additions et remaniements) s'y continuait par deux numéros consacrés, l'un, à l'intégration de certaines équations différentielles par approximations successives, l'autre, à l'éclaircissement des notions d'aire plane et de volume, matières passées ultérieurement dans la partie élémentaire de mon *Cours d'Analyse infinitésimale pour la Mécanique et la Physique* (t. II, p. 209 à 212, 227 à 230, 9 à 94, 114 à 115). La même Note était suivie (p. 189 à 240) d'une autre très étendue de Mécanique rationnelle, totalement étrangère à la question du déterminisme, mais où, traitant d'abord (p. 189 à 204) la question des mouvements d'un point attiré par un centre fixe en fonction de la distance, j'étudiais les conditions de fermeture des orbites ou quasi circulaires ou, au contraire très allongées, et montrais que l'hypothèse, faite *a priori* par les astronomes, d'orbites se fermant à chaque révolution, y équivaut déjà à admettre la loi newtonienne (comme on a vu au Tome III, p. 376). Ensuite, de la page 204 à la page 220, j'étudiais la question, un peu analogue, des mouvements quasi circulaires d'un point pesant sur une surface concave et polie de révolution à axe vertical, pour y reconnaitre pareillement les cas de fermeture de l'orbite quasi circulaire. Il n'y a pas, pour le méridien de la surface, de forme où l'orbite se ferme *en toute rigueur*, c'est-à-dire où l'angle horizontal de deux rayons vecteurs r correspondant à deux minimums consécutifs de la distance du mobile à l'axe, soit π. Mais le fond d'un ellipsoïde aplati ayant son axe vertical polaire moitié de l'axe équatorial, approche infiniment plus de le faire que toute autre forme; car, à parité d'écart des orbites d'avec la forme circulaire, cet angle n'y est inférieur à π que d'une quantité de l'ordre de ε'^6 où ε' est la *pente* de la surface sur le bord de l'orbite quasi circulaire. Enfin, de la page 220 à la page 240, je me restreignais aux *petites* oscillations quelconques (ou non plus quasi circulaires) du mobile pesant autour de l'axe vertical de la surface; et je démontrais que ce mouvement, vu en projection sur le plan tangent horizontal du fond, se fait perpendiculairement suivant les deux axes d'une petite ellipse ayant son centre en ce point, mais animée elle-même, autour de ce centre, d'une rotation uniforme dont la vitesse est proportionnelle à l'aire de l'ellipse. Enfin, le coefficient de cette proportionnalité se réduit à zéro pour l'ellipsoïde aplati à axe vertical moitié de l'axe horizontal.

NOTE VI (¹)
(se rapportant à la page 78).

POURQUOI L'IMAGINATION NOUS FAIT-ELLE ATTACHER UN SENS D'EFFORT
À DES PRODUITS DE MASSES PAR DES ACCÉLÉRATIONS ? RÉFLEXIONS
DIVERSES SUR LES FORCES, ETC.

---

1. *Origine probable de la notion de force mécanique.*

C'est précisément la correspondance, dont il est parlé à la page 78, entre l'intensité de nos sensations et les variations des distances moléculaires dans nos organes, qui fait de chacun de nos muscles une sorte de dynamomètre élastique, ayant pour graduation l'échelle même des sensations corrélatives à ses divers degrés de raccourcissement.

Nous avons reconnu de bonne heure que nous produisions des mouvements, dans les corps qui nous entourent, en employant, à les tirer ou à les pousser, certains de nos membres auxquels nous imprimions ces déplacements qui se traduisent pour nous en sensations d'*effort*. L'équilibre obtenu par l'application, à un même corps, de nos deux mains, suivant deux directions opposées, ou bien par le concours de notre propre effort et de celui d'une autre personne, déjà connue de nous, que nous jugions agir en sens inverse, nous a donné d'ailleurs l'idée de *réaction*, de *résistance*, que nous aurons regardée désormais comme inséparable de celle d'effort. Cette corrélation de la résistance à l'effort se sera établie en nous d'autant plus facilement, que nous aurons sans doute joué, alternativement, l'un et l'autre rôles aux diverses phases de certains phénomènes, et que même, dans les premières sensations qui nous auront *éveillés*, nous nous serons sentis *passifs*, ou à peu près uniquement résistants.

(¹) Cette Note, dans la première édition, occupait les pages 241 à 247.

La tendance, qui nous est si naturelle, de faire le monde physique à notre image, de lui prêter nos manières de sentir et d'agir, nous aura portés bientôt à attribuer à tout corps que nous tenons immobile, et qui tend notre bras vers une certaine direction, un véritable effort qu'il exercerait dans ce sens et que nous appelons, par exemple, son *poids*, dans le cas ordinaire où c'est vers le *bas* que nous nous sentons tirés. Elle nous a portés à voir de même, dans toute masse qui tend également notre bras quand nous la traînons derrière nous sur un sol horizontal poli, une autre force, résistante, dépendant des variations de son mouvement, et que nous désignons par le terme *d'inertie* parce qu'elle est de sens contraire à la direction du mouvement *nouveau* imprimé à chaque instant, ou qu'elle semble, en particulier, s'opposer à la cessation du repos; etc. Ces forces fictives sont mesurées vaguement par la sensation correspondant au degré effectif de déformation de nos organes quand nous nous jugeons en lutte avec elles : une évaluation plus précise nous est fournie ensuite par la substitution, à chacune d'elles, d'un certain nombre d'autres causes de déformation produisant des effets égaux et susceptibles de se superposer, toutes les fois que nous pouvons les grouper de manière à en obtenir le même effet total que de la proposée. Or un degré déterminé de contraction d'un muscle, produit sur l'extrémité mobile de ce muscle une certaine accélération; et la neutralisation de celle-ci exige chez le corps étranger en rapport avec l'organe, à cause de la loi de conservation des quantités de mouvement, une diminution déterminée de mouvement que mesure, pour l'unité de temps, le produit de la masse de ce corps par l'accélération qu'il perd. Le produit ainsi évalué exprime le résultat, pour le corps, de l'influence mutuelle exercée entre lui et nous : il est à certains égards, dans l'ordre matériel, l'équivalent de notre sensation. Voilà pourquoi ce que nous nous représentons vaguement hors de nous comme des *forces*, comme des causes de mouvement, n'est pas autre chose que certains produits de masses par des accélérations.

En résumé, d'une part, les lois physiques ont voulu que les produits des masses des divers atomes par leurs accélérations respectives, dépendissent des distances mutuelles de ces atomes; d'autre part, nos sensations se trouvent aussi en rapport avec les mêmes distances, en ce qui concerne les atomes dont se composent nos organes. De là, entre les produits de masses par des accélérations, dans le monde matériel, et les sensations d'effort, en nous, un parallélisme qui explique notre tendance à associer constamment ces deux choses, malgré la dissemblance profonde de leur nature, objective, pour la première, purement subjective, pour la seconde.

Les mots *force*, *résistance* et même *inertie* n'ont vraiment leur sens élevé de cause, de réaction active et de réaction passive ou purement absorbante de force, que là où ils perdent leur sens géométrique et où les objets qu'ils désignent cessent d'être capables d'une mesure précise, c'est-à-dire dans la psychologie et la dynamique sociale, où l'on considère l'action d'êtres intelligents sur eux-mêmes et sur leurs pareils.

2. *Prééminence de la notion d'énergie, en tant qu'elle aurait, hors de nous, un objet plus réel, plus subsistant, que la force des mécaniciens.*

S'il fallait accorder une réalité spéciale, ou comme une existence distincte, à quelque élément mécanique, on devrait de beaucoup préférer aux forces, pour en faire une sorte d'*âme* de la matière non organisée, l'énergie, actuelle ou potentielle, cette chose impérissable dont la transformation et l'échange entre les corps mesurent la valeur dynamique des phénomènes. Les forces exercées du dehors sur un système sont les dérivées, par rapport aux déplacements de mêmes sens des points du système, de l'énergie extérieure qui y pénètre. Il leur reste donc le rôle fort important qui consiste à régler les échanges d'énergie pour certains déplacements effectués; mais ce rôle ne doit pas plus leur faire accorder une sorte d'existence substantielle qu'on n'en accorde à la *pente* d'après laquelle se règle la vitesse d'un cours d'eau.

On objectera peut-être, dans le but de faire attribuer aux forces de la statique autant de *réalité* qu'à l'énergie, ce fait, qu'un être vivant ne *dépense* presque pas moins, ne *se fatigue* presque pas moins, quand il soutient sur place un fardeau, ou quand il pousse un obstacle fixe contre lequel il développe une pression ne produisant aucun travail, aucune force vive, que lorsqu'il porte ce fardeau à une certaine hauteur ou qu'il imprime à un corps des vitesses notables. Mais, en y regardant de près, on reconnaît qu'il y a production de travail dans toute contraction musculaire, dans tout acte d'un être animé, vu que, même à l'état le plus complet de repos apparent, la vie est par essence un phénomène dynamique, inséparable d'une combustion continue et d'un renouvellement incessant de matière. Donc, quand un moteur animé soutient un fardeau, c'est, en quelque sorte, à la manière du jet d'eau en forme de gerbe qui maintient immobile, à sa partie supérieure, une sphère métallique creuse, et qui s'épuise à moins qu'un réservoir plus élevé ne l'alimente sans cesse, non à la manière d'une masse liquide en repos, supportant, sans déperdition ou pendant un temps indéfini, un corps qui flotterait à sa surface. Le travail développé par l'être vivant qui pousse un obstacle fixe, comme celui du jet d'eau soutenant en équilibre une sphère, ne s'emploie réellement pas à produire ces effets, qui n'en sont pas pour le mécanicien et qui servent tout au plus d'occasion au phénomène dynamique proprement dit : ce travail, à peine dépensé, *se dissipe*, c'est-à-dire se convertit entièrement en mouvements vibratoires, en chaleur, etc. (¹).

____

(¹) Je vois, en lisant l'intéressant Ouvrage intitulé « *La machine animale, locomotion terrestre et aérienne* », par M. Marey, professeur au Collége de France (Chap. IV, p. 35, et V, p. 44 à 49), que l'idée émise ici, au sujet de l'énergie incessamment dépensée par un muscle en état de contraction permanente, n'est pas prouvée seulement par un échauffement très sensible du muscle, comme il fallait bien s'y attendre. Elle l'est aussi par l'existence d'un son grave, qu'un grand nombre d'observateurs ont entendu, et qui peut s'élever notablement à mesure que l'effort ou la contraction augmentent : ainsi, le muscle tendu est dans un état vibratoire persistant.

Enfin, on peut expliquer expérimentalement, d'une certaine manière, la contraction elle-même, en excitant à plusieurs reprises, sur un quelconque de ses points, une fibre musculaire en repos. Chaque excitation isolée provoque, au point dont il s'agit, la formation d'un gonflement transversal de peu de longueur, inséparable d'un accourcissement longitudinal proportionnel : ce gonflement se propage de là, avec une vitesse comparable à un mètre par seconde, jusqu'aux deux extrémités de la fibre, pour y disparaître finalement ; de même qu'une onde solitaire, produite par un brusque refoulement de l'eau d'un canal, se propage le long du canal, et vient mourir, en déferlant, à son extrémité, si l'on suppose que le fond y soit en pente douce ou que la profondeur y diminue graduellement jusqu'à zéro. M. Marey voit dans ce gonflement du muscle l'effet mécanique d'une combustion partielle qui ne durerait qu'un instant très court en chaque endroit, mais qui se propagerait, le long de la fibre musculaire, à la manière d'une traînée de poudre qu'on enflamme. Quand des *ondes musculaires* isolées se suivent d'assez près, les gonflements se superposent et peuvent déterminer, sur toute la longueur, une contraction permanente, assez analogue à l'intumescence générale résultant de la fusion d'ondes solitaires successives, que fait naître le refoulement presque continu de l'eau d'un canal.

M. Marey admet que les contractions ordinaires d'un muscle soumis à la volonté

3. Nécessité de ne pas confondre l'idée d'effort avec celle de tension musculaire, non plus qu'avec toute autre notion mécanique ou purement physiologique.

Les vraies puissances du monde physique ont-elles assez d'analogie avec celles que nous sentons s'agiter en nous, ou dont la conscience nous fournit quelque notion, pour que nous puissions espérer les connaître jamais autrement que par leurs effets perceptibles, c'est-à-dire autrement que dans les changements de forme, dans les mouvements susceptibles de mesure, de représentation géométrique, seuls objets que notre nature intellectuelle nous permette de voir clairement, parmi ceux qu'elle nous présente comme extérieurs au *moi?* Il faudrait pouvoir répondre à cette question, avant d'imposer, avec quelque chance de rencontrer juste, le *type* de notre propre force aux agents inconnus de l'ordre matériel.

En tout cas, il ne serait guère probable que le sentiment de l'*effort,* ou quelque chose d'équivalent approprié à la manière d'être des corps bruts, fût le caractère vraiment distinctif de l'activité déployée par les puissances physico-chimiques, si l'on continuait à admettre que celles-ci se confondent avec les forces des mécaniciens. Car, en nous, le sentiment de l'effort n'est pas corrélatif uniquement aux contractions musculaires qui mesurent la force mécanique mise en œuvre, bien que, vraisemblablement, ces contractions ne manquent jamais de le précéder ou de l'accompagner. Dans les actes volontaires, par exemple, la conscience nous fait rattacher le sentiment de l'effort à l'action même du *moi,* de ce qui se sent *principe directeur,* comme à sa cause *immédiate :* elle nous le montre en rapport de grandeur ou d'intensité avec cette action du principe directeur, laquelle échappe pourtant aux mesures dynamométriques ; de sorte que la valeur, en kilogrammes, de la *vraie cause* du mouvement, du *moi* voulant et agissant, est alors nulle, quoique un *effort* considérable lui corresponde, et en donne une certaine appréciation quantitative, pour le moins autant qu'il correspond à l'effet dynamométrique produit.

---

ne sont, pareillement, que les effets d'excitations volontaires, isolées, se suivant à des intervalles d'autant plus courts que l'effort est plus grand ; et une analogie plausible le conduit à prendre, pour le nombre des excitations élémentaires, celui des vibrations sonores doubles ou complètes produites en même temps, vibrations qui peuvent s'évaluer d'après la hauteur du son entendu.

L'effort ne serait donc pas exclusivement propre à la force mécanique et n'en constituerait pas le caractère distinctif.

Est-ce à dire que le mécanicien doive s'abstenir de se représenter désormais, comme il l'a fait jusqu'ici, les produits algébriques de masses et d'accélérations par des *cordes*, ou d'autres liens matériels; attachés à ces masses et qu'une main invisible tirerait plus ou moins fort dans le sens même des accélérations? Nullement : cette image est légitime, puisque de pareils liens ainsi tirés produiraient précisément les accélérations qu'on a en vue; et elle présente l'avantage, immense à certains égards, de traduire la question géométrique dans la langue si riche du sentiment, des connaissances vagues acquises peu à peu par l'expérience des choses, mais trop complexes pour avoir pu être débrouillées. Elle permet donc au géomètre d'utiliser, dans les questions difficiles où la claire vision lui fait défaut, un fonds inépuisable de demi-lueurs, devenues instinctives, ou passées dans le domaine du sens commun; et il lui suffit d'en retraduire ensuite les données dans la langue de la Mécanique positive, pour les dépouiller de leurs éléments purement subjectifs.

4. (Septembre 1921.) — *Efforts musculaires* et *fatigue nerveuse*, évaluant d'une manière approximative les énergies, respectivement *physique* et *chimique*, dépensées dans certaines opérations de l'organisme animé.

De nouvelles réflexions me portent à penser qu'il convient de réserver le mot *effort* à l'action soit de la volonté ou du *moi*, soit même du *principe vital*, en tant que cette action met en œuvre, dans nos muscles, les *forces intermoléculaires* qui déplacent pour ainsi dire en bloc chaque molécule, de manière à y exciter, à y faire varier, les actions *physiques* ou *mécaniques proprement dites*, ces mêmes actions auxquelles est appropriée notre sensibilité tactile et auxquelles paraissent dues, en particulier, nos sensations de chaleur ou de froid, comme on a vu plus haut (p. 108). Bref, les phénomènes *proprement physiques* y prédominent.

Mais lorsqu'on considère, au contraire, les *nerfs*, qui interviennent en même temps que les muscles et les os, sinon plutôt très peu avant ou très peu après, la dépense d'énergie qui s'y fait est presque exclusivement *chimique* et ne peut être perçue comme effort, leur substance molle ne comportant pas des extensions et des contractions longitudinales corrélatives à des tractions ou à des pressions sensibles. Les atomes y sont donc ébranlés, dans chaque molécule, en quelque sorte individuellement; et leurs périodes vibratoires doivent, comme dans le cas des rayons X (p. 108), se trouver trop courtes pour pouvoir être nettement perçues. Ainsi, là encore, fonctionnera le *seuil*, si difficile à franchir, de notre sensibilité pour l'ordre de choses *intra-moléculaire*, seuil qui nous interdit l'accès à cet ordre de choses *atomique*. Nous ne sommes donc, semble-t-il, avertis qu'à *la longue* du travail chimique dépensé (qui peut y être considérable), savoir, par *l'usure* même, l'altération notable, de ces filets nerveux et de leurs centres, sous la forme peu distincte de *fatigue nerveuse ou cérébrale*, dont la sensation diffère si profondément de celle d'*effort*.

Il ne s'agit pas ici, d'ailleurs, comme on voit, de l'acte *initiateur* propre, émané soit du cerveau, soit d'un ganglion du grand sympathique, qui se trouve au point de départ d'un phénomène ou volontaire, ou essentiellement vital, et qui peut avoir provoqué toute la série de mouvements dont nous venons de parler, dans les systèmes nerveux, musculaire et osseux de l'organisme. Nous savons ou, du moins, nous avons toute raison de penser, qu'un tel acte initiateur est purement *de direction*, sans valeur quantitative ou dynamique, et d'une nature plutôt *mentale*.

Il ne s'y agit pas davantage des phénomènes de sensibilité, d'intelligence et de volonté accompagnant les divers mouvements matériels de l'organisme, ou naturellement associés à ces mouvements, et qui en sont comme l'équivalent psychologique ou le côté intérieur, mouvements probablement aussi sans valeur dynamométrique propre.

NOTE VII

(se rapportant à la p. 93).

SUR LE PRINCIPE DE LA MOINDRE ACTION.

Le principe de la moindre action, tel que je l'ai présenté au n° 53 du Mémoire, est fréquemment employé en Chimie, surtout par M. Berthelot dans ses travaux de statique chimique; la dépense ou l'acquisition d'énergie d'un mélange, au passage d'un état à un autre état, s'y évalue surtout au moyen des quantités de chaleur cédées ou prises par le mélange au milieu ambiant. On l'utilise aussi :

1° En hydraulique, dans la théorie de l'écoulement par un déversoir, où le débit effectif est le plus grand de ceux qui pourraient correspondre à la hauteur de charge donnée ;

2° En plastico-dynamique, c'est-à-dire dans l'étude de la déformation des corps ductiles, où il permet de prévoir, par exemple, si une pression suffisamment forte, exercée sur un bloc plastique d'une certaine épaisseur, produira soit l'écrasement du bloc, soit l'expulsion de sa partie centrale par un orifice sous-jacent (¹);

3° Dans la mécanique des masses pulvérulentes, où il fait connaître les modes d'équilibre les plus stables et les plus naturels d'un massif sablonneux soutenu d'une manière déterminée (²);

4° Dans la dynamique des solides en mouvement qui en touchent

---

(¹) *Voir* le premier éclaircissement placé à la suite de mon *Essai théorique sur l'équilibre des massifs pulvérulents, comparé à celui de massifs solides, et sur la poussée des terres sans cohésion* (*Recueil des Savants étrangers de l'Académie Royale des Sciences de Belgique*, t. XL (1876); ou mieux les pages 107 à 110 du second Mémoire sur la *Mécanique des semi-fluides*, cité au bas de la page 139 du Tome III de mon Cours, Mémoire inséré, en 1918, aux *Annales scientifiques de l'École Normale supérieure*.

(²) *Voir* le paragraphe VIII du même Mémoire de Belgique (ou mieux les pages 1 à 68, du Mémoire de 1918, cité ci-dessus, sur la Mécanique des semi-fluides).

d'autres, où il pourrait sans doute permettre de distinguer les cas où il y aurait glissement des parties en contact d'avec les cas où il y aurait roulement, etc.;

5° Enfin, par une extension naturelle, même en optique, où les seules ondes d'une période déterminée, parties d'un centre lumineux, qui soient *efficaces*, ou qui ne s'entre-détruisent pas en arrivant par des voies diverses à un point donné quelconque, sont, conformément aux opinions de Fermat et de Leibniz, celles qui s'y trouvent rendues les premières ou qui ont, en quelque sorte, suivi la voie de moindre résistance.

Il n'est, d'ailleurs, pas facile de reconnaître quels rapports ce principe pratique de la moindre action pourrait avoir avec le théorème de Mécanique rationnelle connu sous le même nom. Celui-ci, en effet, n'est démontré que pour des systèmes matériels fictifs. Car on y suppose possible l'introduction de liaisons ne développant aucune résistance qu'il soit nécessaire de faire figurer dans la formule des vitesses virtuelles, comme s'il existait des courbes ou des surfaces sans frottement, des tiges parfaitement rigides, des fils sans raideur, inextensibles, et que les liaisons considérées fussent réalisables au moyen de pareilles lignes ou surfaces, au moyen de telles tiges ou de pareils fils.

Le *principe des vitesses virtuelles* n'est, en quelque sorte, qu'une forme abstraite, dans laquelle on peut faire entrer tous les problèmes de Mécanique, à la condition de joindre, aux forces extérieures données, des forces supplémentaires *évaluées justement en vue de rendre utilisable cette méthode de calcul*. Par suite, toute démonstration où l'on néglige les forces *supplémentaires* est inapplicable à la réalité, même approximativement, à moins qu'il ne s'agisse de cas particuliers pour lesquels des considérations directes suppléeraient à l'absence ou à l'insuffisance de la démonstration générale.

Par exemple, dans le cas d'un point sans pesanteur, mobile sur une surface concave fixe, et animé d'une certaine vitesse initiale, on peut admettre, ce semble, avec quelque approximation, que le point vient, à chaque instant, comprimer la surface, comme il le ferait s'il se heurtait sous un petit angle contre le plan tangent à celle-ci, de manière à éprouver une résistance contenue dans le plan de la normale et de la vitesse actuelle, malgré la dissymétrie que la surface courbe présente en général par rapport à ce plan. S'il en est ainsi, ce même plan, normal à la surface, coïncide avec le plan osculateur de la trajectoire, *qui est dès lors une ligne minima ou géodésique*, comme si la surface était infiniment polie ou n'exerçait qu'une réaction dirigée suivant sa normale. Mais le recours à l'observation serait nécessaire pour justifier l'hypothèse faite touchant le mode de compression de la surface courbe par le mobile, et surtout pour reconnaître s'il est exact de calculer, comme on le fait d'ordinaire, le *frottement*, ou composante tangentielle de la réaction, d'après des expériences relatives à des mouvements de corps pesants sur des *plans*.

LE DÉTERMINISME ET LA LIBERTÉ ([¹]).

LETTRE AU DIRECTEUR DU « JOURNAL DES SAVANTS ».

Nous recevons de M. J. Boussinesq, professeur à la Faculté des Sciences de Lille, la lettre suivante, qui n'a pu paraître dans le *Journal des Savants* à cause d'un règlement ou de traditions propres à ce Journal. Elle a pour but de répondre à une critique de M. J. Bertrand.

Lille, le 18 octobre 1878.

Monsieur le Directeur,

Je vois, au numéro de septembre du *Journal des Savants*, un article de M. J. Bertrand, consacré à une appréciation critique d'un opuscule que j'ai publié récemment sur la *Conciliation du véritable déterminisme mécanique avec l'existence de la vie et de la liberté morale* (Paris, Gauthier-Villars, 1878). Je suis très flatté de l'honneur que m'a fait le savant Secrétaire perpétuel de l'Académie des Sciences en s'occupant de mon livre; et je le remercie d'avoir, par là, attiré l'attention sur cet essai. Aux lecteurs seuls il appartiendra, après avoir pris connaissance de mon étude et non pas seulement des sept pages de M. Bertrand, de juger si je m'y suis montré « intrépidement confiant dans les formules », comme m'en accuse mon éminent critique, ou si, au contraire, pénétré de ce principe que l'observation doit partout fournir au calcul ses bases et contrôler ses résultats, j'ai appelé constamment à mon aide l'expérience, représentée dans la question par le témoignage de physiologistes comme Claude Bernard, de chimistes comme Berzélius et de philosophes géomètres comme Cournot. Je me dispenserais donc de rien ajouter

---

([¹]) Extrait de la *Revue Philosophique*, de janvier 1879.

ici, et je ne viendrais pas, Monsieur le Directeur, demander à votre impartiale obligeance l'insertion de ces lignes, s'il n'était de mon devoir de dissiper certains malentendus assez graves, existant, sinon peut-être dans la pensée de M. Bertrand, du moins dans son article, et qui pourraient, de là, passer dans l'esprit des lecteurs qui n'auront pas occasion de lire mon livre.

I. Le premier de ces malentendus concerne l'objet même de mon étude, exposé cependant à l'Avant-Propos (p. XLVI, ci-dessus), dans tout le Chapitre I (p. 1 à 8), au n° 10 (p. 20), au n° 12 (p. 23), au n° 17 (p. 31), et, finalement, à la Conclusion du Mémoire (p. 95). Cet objet est de réfuter une assertion célèbre de Leibniz, Laplace, Du Bois-Reymond, Huxley, etc., en démontrant que les équations de mouvement d'un système matériel, *prises telles que les suppose la Mécanique classique*, ne déterminent pas toujours *toute* la suite des mouvements du système. Or M. Bertrand, explicitement d'accord avec moi sur la partie mathématique du travail, est sous ce rapport de mon avis; mais il oublie de dire que tel était mon but principal. Le lecteur de son article serait plutôt tenté de croire que je m'étais proposé de « pénétrer le mystère de l'âme immatérielle » ou « l'action de l'âme sur le corps », questions en dehors de la voie que j'ai suivie; car je me suis précisément appliqué à ne considérer que des mouvements matériels, que des objets rentrant dans les catégories de la forme et de la quantité mesurable, les seules où le savant voie clair. J'ai été même, à cet égard, bien plus loin que M. Bertrand : il paraît, en effet, attacher encore aux prétendues forces des mécaniciens un sens de *cause*, distinct de leur sens géométrique précis, tandis que je me suis astreint à ne voir en elles, conformément à ce dernier sens, que des produits de masses par des accélérations, les dépouillant ainsi dans ma pensée, à l'exemple de L. du Buat, Cauchy, M. de Saint-Venant, etc., de leur signification obscure, tout comme on a fait pour les forces vives et les quantités de mouvement.

M. Bertrand atténue, il est vrai, l'importance du but que j'ai poursuivi, en qualifiant de « paradoxe connu depuis longtemps » l'existence de cas où les équations de mouvement comportent plusieurs solutions. Il veut dire sans doute que Poisson avait déjà, en 1806, à propos d'études purement analytiques, trouvé un pareil exemple d'indétermination, savoir, celui que j'ai exhumé au n° 42 (p. 77), de mon livre et que rappelle M. Paul Janet dans son Rapport. Mais, pour montrer jusqu'à quel point ce fait, que Poisson déclare lui-même ne pouvoir s'expliquer, avait été compris et était resté « connu », mon éminent contradicteur aurait dû citer les Cours ou même les Mémoires de Mécanique, publiés depuis, qui en auraient fait mention ou qui auraient signalé d'autres exemples analogues. Le nombre de ces Cours ou Mémoires, *s'il en existe*, doit être bien petit, à en juger par la conviction profonde dans laquelle ont vécu Laplace, Duhamel, etc., et où sont encore la plupart des géomètres, que « l'équation différentielle du mouvement d'un point, jointe aux circonstances initiales, détermine complètement le mouvement de ce point pendant un temps indéfini » (¹).

M. Bertrand a donc bien raison d'observer qu'on n'avait conclu jusqu'ici rien de grave du fait analytique qu'il dit « connu depuis longtemps ». Mais il pourrait ajouter qu'en revanche on a tiré la plus grave des conclusions de l'ignorance où l'on était à l'égard du même fait, puisque on a, sur son omission, édifié le système d'après lequel un déterminisme mécanique absolu réglerait tous les mouvements qui se produisent dans l'univers et ne permettrait à aucune cause distincte des forces physico-chimiques, pas même à la vie végétale ou animale, d'influer en rien sur le cours des choses. L'importance d'une telle conclusion aurait fait comprendre au lecteur le prix que M. Paul Janet avait attaché à ma thèse.

Mais M. Bertrand paraît tenir quand même à ce que les lois physico-chimiques déterminent tout l'enchaînement des phénomènes auxquels elles s'appliquent. Là où se taisent les équations différentielles qui sont, même à son avis (p. 520), l'expression de ces lois la plus exacte que nous puissions formuler, il appelle à son aide la consi-

---

(¹) *Cours de Mécanique* de Duhamel (t. I, n° 277, p. 327). J'avoue, en ce qui me concerne, que je n'aurais encore aucunement connaissance de l'exemple découvert par Poisson, si une certaine surprise qu'a causé mon article du 19 février 1877 (*Comptes rendus des séances de l'Académie des Sciences*, t. LXXXIV, p, 362) ne m'avait excité à fouiller dans les Recueils scientifiques pour y chercher des preuves à l'appui de mes propres recherches.

dération des nuances mystérieuses qui séparent très probablement l'abstrait du réel, c'est-à-dire qui différencient légèrement nos conceptions géométriques des choses d'avec leurs vraies manières d'être ; et il y trouve une certaine possibilité d'attribuer, dans l'occasion, aux lois physico-chimiques, un peu plus de portée qu'à leurs expressions mathématiques reçues. A cet effet, niant la continuité de variation des forces et des mouvements dans la nature, peut-être même la valeur propre de la notion de ligne courbe (p. 520) sous prétexte qu'elle est irréductible pour notre esprit à la notion plus simple de ligne droite, il admet que les vraies lois physico-mathématiques devraient s'exprimer plutôt par des équations où entreraient de très petites différences finies, indéterminables pour nous, que par les équations différentielles connues et acceptées de la science. A son point de vue, un atome dont la vitesse change de direction ne décrirait réellement pas une courbe, mais bien une série de petites lignes droites, imperceptibles, se succédant sans transition, par l'effet d'impulsions brusques et discontinues qui seraient le mode d'action général ou unique des forces naturelles. C'est en s'appuyant sur des hypothèses aussi incertaines, en ressuscitant même, comme on voit, la vieille opinion, universellement bannie, des forces instantanées, auxquelles il réduit toutes les causes de mouvement, qu'il espère parvenir à charger les puissances physico-chimiques, déjà régulatrices des accélérations (ce qui est leur rôle classique et admis), de remplir du même coup la fonction supplémentaire consistant à diriger le mouvement aux bifurcations de voies possibles, dans les cas où les formules usuelles laissent subsister une indétermination (¹).

(¹) La science aurait quelque droit d'écarter par une fin de non recevoir l'hypothèse de la discontinuité des mouvements naturels, parce que cette hypothèse, comme je l'ai dit aux pages 77 à 79 (ci-dessus) de l'ouvrage critiqué par M. Bertrand, transporte les problèmes hors du champ de notre vision distincte, je veux dire au milieu des *différentielles du temps et des choses*, au milieu de leurs plus petits accroissements *réels*, dont ni la raison, ni l'expérience ne nous fournissent aucune idée nette. Mais j'observerai qu'en l'acceptant, on ne supprimerait les bifurcations d'intégrales ou de voies qu'au point de vue abstrait, au point de vue du géomètre pur. Ces bifurcations continueraient à subsister au point de vue de la réalité concrète, autant que nous pouvons en juger.

Admettons, en effet, que les vraies lois physico-mathématiques règlent à chaque instant de très petits changements, ou, pour mieux dire, les plus petits changements

Cette dernière opinion, que j'ai discutée aux nᵒˢ 42 et 44 de mon Mémoire (p. 76 à 81), et qui consisterait à charger constamment les puissances physico-chimiques de la fonction de pouvoir directeur, serait certes fondée, sans qu'il fût permis de l'asseoir positivement sur des raisons aussi problématiques — si les énergies de la matière brute étaient seules dans l'univers et devaient, en conséquence, s'y acquitter de tous les rôles. Mais, comme il y a aussi la *vie* dans le monde (quoique à l'état d'exception, sous le triple rapport de la petitesse relative de la quantité de matière qui est organisée, de sa constitution chimique spéciale et de ses conditions restreintes d'existence), comme, d'autre part, les physiologistes ont été conduits à reconnaître que les lois physico-chimiques, dans leur expression admise, s'observent pleinement même chez les êtres vivants, sans s'y heurter à rien d'étranger — force est bien de distinguer deux classes irréductibles de phénomènes et de trouver, en dehors du domaine *constaté* des lois physico-chimiques, une place, aussi petite qu'on voudra, qu'elles ne remplissent pas, où la vie puisse tout au moins intervenir. Donc, pour quiconque accepte les principes de la Mécanique et rejette les forces vitales de la vieille physiologie, le champ d'action de la vie se trouve forcément aux points de bifurcation qui se présentent quand il y a indétermination mathématique de voies, seule place restée disponible en dehors du domaine incontestée des puissances de la matière brute. Et c'est une bonne fortune, pour le géomètre, que tous les cas d'indétermination mécanique accessibles jusqu'à présent à son analyse correspondent à des états éminemment

---

réels. Les quantités qui différencieront les changements élémentaires des vitesses, dans une solution singulière, d'avec les variations pareilles dans chacune des solutions particulières qui s'y joignent, seront incomparablement moindres que les plus petites quantités physiques existant dans les circonstances considérées, puisque leur ordre de petitesse est et restera supérieur à l'ordre de ces dernières quantités, c'est-à-dire à l'ordre des variations élémentaires mêmes des vitesses. Donc ces petites différences seront purement fictives ou abstraites, autant qu'il nous est permis d'affirmer quelque chose en pareille matière : elles n'auront aucune réalité, aucune valeur objective, pour le physicien et le philosophe.

Ainsi, les réunions et bifurcations d'intégrales paraissent bien appartenir à ces catégories d'idées ou de faits que les changements de point de vue peuvent transposer, mais qu'ils n'éliminent pas, et que l'on retrouve toujours sous quelque forme qu'on ait traduit la pensée.

instables de la matière ; car une instabilité physico-chimique extrême,
inimitable, est précisément ce qui, aux yeux du chimiste et du physiologiste, caractérise le mieux les tissus vivants.

Jusque-là, rien d'arbitraire dans mes déductions. Pour aller plus
loin, il faut choisir entre deux suppositions possibles. La plus simple
consiste à faire de l'étroit champ d'action où la vie intervient un domaine exclusivement propre à ce principe directeur, un domaine où
les énergies de la matière brute n'aient pas accès. Telle est l'hypothèse dont j'ai cru, toute hardie qu'elle soit, pouvoir développer les
conséquences (pages 62 à 74), à cause des horizons absolument
nouveaux qu'elle ouvre et qui ne manquent ni de grandeur, ni de
beauté : mais je l'ai fait sans m'y abandonner autant que le dit
M. Bertrand, puisque j'ai consacré le n° 47 de mon étude (pages 84
et 86) à exposer la seconde supposition possible, dans laquelle les
points de bifurcation sont considérés au contraire comme un terrain
mixte, où les puissances physico-chimiques et la vie prennent à tour
de rôle, suivant les cas, la direction du mouvement.

Il suffit d'adopter cette seconde opinion pour faire disparaître deux
conséquences de la première qui ont alarmé le spiritualisme de
M. Bertrand, et qui consistent, l'une, en ce que la vie devrait surgir
nécessairement dès que se réaliseraient les conditions physico-chimiques très spéciales amenant des bifurcations de voies, l'autre, en
ce que, par suite, la génération spontanée ne serait impossible que
d'une impossibilité physique, non d'une impossibilité métaphysique
ou absolue. Aux yeux de M. Bertrand, qui dénonce hautement
(pages 522 et 523) d'aussi dangereuses conséquences d'une hypothèse par trop téméraire, ce n'est pas assez de maintenir la distinction
radicale du principe de la *vie* et, à plus forte raison, de *l'intelligence*,
d'avec les énergies de la matière brute : on est tenu aussi de ne pas
placer ce principe trop à côté ou à portée de la matière, mais de l'en
éloigner notablement, en sorte qu'il ait beaucoup de chemin à faire
au moment où il vient l'imprégner et se montrer au jour. Je conçois
et je respecte de tels scrupules, que je suis particulièrement heureux
de rencontrer chez mon savant contradicteur; mais je ne me crois
pas interdit pour cela d'interroger les idées et les choses, de les
fouiller en tous sens pour y dégager des points lumineux, de poursuivre, en un mot, la vérité partout où j'entrevois ses moindres
reflets.

11. Ceci me conduit à signaler un second malentendu, reproduit en divers endroits de l'article de M. Bertrand (pages 517, 521, 522). Là où, me plaçant dans celle des deux hypothèses qui est la plus hardie, je dis que la vie apparaîtra dès que se produiront des circonstances physico-chimiques nécessitant un principe directeur, M. Bertrand entend par cette « vie » la vie à sa plus haute expression, une vie consciente et libre. Or, j'ai dit expressément au n° 50, consacré à l'exposition de cette hypothèse (p. 90), qu'il ne peut être question, en cas pareil, que « d'une vie à l'état le plus rudimentaire, établissant la transition du minéral à un organisme nettement caractérisé..., pas même peut-être encore d'une vie végétale ». Et j'ai développé ma pensée dans ce n° 50, où j'insiste sur la distinction profonde qui sépare le mode d'action de la vie végétative d'avec celui de l'intelligence. Voici, en effet, ce que j'y énonce (p. 89) à propos du principe directeur préposé à la production des formes organiques, après avoir émis l'opinion que ses déterminations dépendent sans doute à chaque instant de l'état actuel du corps qu'il anime :

« Mais il semble, en considérant tout ce que l'hérédité dépose dans un simple germe, qu'il faudrait faire dépendre en outre le choix du principe directeur d'évolutions antérieures, de certaines circonstances effacées de l'état géométrique actuel, bien que subsistant d'une autre manière dans le système. Ce mode d'influence, sur le présent, d'un passé parfois lointain et paraissant n'avoir laissé aucune trace matérielle, serait peut-être le vrai caractère de la vie inconsciente : il établirait la transition entre la manière dont se comportent les forces physico-chimiques, constamment esclaves de l'état actuel, et le mode d'action, propre à la vie pleinement consciente, que définit le *principe de finalité*, et qui, subordonnant, au contraire, le présent à l'avenir, dispose le premier en vue du second. N'est-il pas naturel, en effet, que le pouvoir régulateur de l'évolution vitale ait sa manière spéciale d'agir, se distinguant à la fois de celle des agents mécaniques et de celle des causes libres?... Une telle influence, accordée au passé... sur l'évolution organique actuelle..., pourrait amener des différences profondes entre des organismes exactement pareils à une époque déterminée (à telle ou telle phase de la vie embryonnaire, par exemple), mais provenant d'ancêtres d'espèces différentes. De même, en imposant à chaque être un développement gradué, elle empêcherait sans doute des actes conscients et libres de se produire à la suite de certaines circonstances géométriques ou mécaniques, dans le cas où, *par impossible*, on supposerait réalisé artificiellement un corps en tout constitué comme le sont ceux des êtres intelligents. »

III. Enfin, M. Bertrand me permettra de relever encore un malentendu, peu important du reste. A la fin de son article, il se demande comment j'ai bien pu dire que le principe directeur, dans le cas où il s'agit d'actes conscients et délibérés, est en état « de *s'abstenir* ou d'agir à sa guise », alors qu'il faut bien pourtant qu'un parti quelconque soit pris sans retard. Assurément, il y aurait contradiction dans ma phrase, si je parlais d'une abstention consistant à ne prendre absolument aucun parti; mais il s'agit d'une abstention simplement relative, qui est elle-même une certaine manière (tout au moins provisoire) de se décider, et qui constitue une des voies laissées ouvertes par les équations du mouvement; comme lorsqu'un électeur, ayant le choix de voter pour divers candidats, ou de différer son vote, ou enfin de ne pas voter du tout, se détermine pour l'un des deux derniers partis (¹).

Mon éminent contradicteur voudra bien aussi me permettre, en terminant, d'exprimer le regret qu'il n'ait pas profité de l'occasion que lui offrait la critique de mon travail pour faire connaître ses propres idées sur le sujet débattu, sur la manière dont il conçoit que les lois physico-chimiques s'appliquent aux êtres vivants, sur les influences respectives qu'il penserait pouvoir y attribuer, d'une part, aux énergies de la matière brute, d'autre part, au principe propre de la vie. S'il s'était décidé à le faire, ne fût-ce qu'en peu de lignes, il n'aurait sans doute pas qualifié de « miracle » (page 521) un phénomène qui paraît à tout le monde très naturel, qui se produit à tous les instants et en un nombre incalculable de points du globle, qui, enfin, tout plein de mystères qu'il soit pour nous, ne se distingue pas essentiellement, sous ce rapport, des phénomènes les plus simples (²). Peut-être,

____

(¹) *Voir*, au tome III du *Cours* (p. 352, n° 352 *bis*), une explication simple des *délais* accordés à la volonté, dans les actes libres, pour prendre ses décisions.

(²) A certains égards même, les phénomènes volontaires, dont la cause véritable et responsable, révélée immédiatement par le sens intime, nous est connue d'une

pressé par les physiologistes, qui ont renoncé aux forces vitales après avoir reconnu qu'elles étaient insaisissables à toutes leurs recherches et à toutes leurs mesures, aurait-il sacrifié, lui aussi, la vague croyance à ces forces qu'il semble conserver encore, et se serait-il trouvé plus près qu'il ne pense d'admettre, avec moi, que la vie n'est ni une force mécanique, ni une puissance créatrice de forces mécaniques, c'est-à-dire modifiant les accélérations des atomes ou produisant des travaux évaluables en kilogrammètres ou en calories; et que son action, comme principe directeur aux points de croisement des voies tracées par les lois classiques de la Mécanique, n'en est pas moins réelle, pour échapper à nos instruments et à nos calculs. Alors la difficulté qu'il se pose (vers le bas de la page 521), touchant la question de savoir comment une cause de mouvements pourrait bien exister sans être ce que les mécaniciens appellent une *force*, lui aurait sans doute paru moins insoluble. Peut-être même n'y aurait-il vu qu'une subtilité; car, outre que le bon sens regarde la vie comme irréductible aux énergies physico-chimiques, et accepte par conséquent des causes de mouvement d'au moins deux sortes, n'ayant aucune commune mesure, ni précisément le même domaine, rien ne dit que les prétendues forces des mécaniciens soient bien réellement des principes d'action, et qu'elles ne soient pas, en dehors de leur sens géométrique strict, comme l'ont pensé avant moi L. du Buat (¹) et

---

certaine manière, sont bien moins obscurs que les phénomènes physico-chimiques ou purement vitaux, qui, accessibles seulement par leur côté externe ou géométrique, nous restent absolument impénétrables dans leur fond et sont dus à des causes dont nous n'avons aucune idée.

(¹) Une biographie de ce fils du célèbre hydraulicien a été insérée à la suite de celle de son père, par M. de Saint-Venant, dans le Volume de 1863 des *Mémoires de la Société des Sciences de Lille;* c'est lui que M. Bertrand, dans un écrit de 1864 (*Les progrès récents de la Mécanique*, à la *Revue des Deux-Mondes*), a inscrit en tête de la liste des géomètres dont les calculs auraient pu faire pressentir le résultat de la brillante expérience de Léon Foucault.

L'idée de ne considérer mathématiquement que les mouvements ainsi que leurs lois, et non leurs causes, était celle du philosophe écossais Th. Reid. Cauchy pensait que les forces physiques existent à la manière des lois, mais pas autrement (*Comptes rendus des séances de l'Académie des Sciences*, 14 juillet 1845, t. XXI, p. 141). On peut voir, à la Note VI ci-dessus (p. 168), l'explication de la circonstance, purement psychique ou subjective, qui nous porte à attacher un sens d'effort à ce qui n'est, hors de nous, que des produits de masses par des accélérations.

M. de Saint-Venant, de purs fantômes créés par l'imagination, puis érigés en idoles par la routine (¹).

Agréez, Monsieur le Directeur, etc.

J. BOUSSINESQ,
Professeur à la Faculté des Sciences de Lille.

(¹) D'ailleurs, si l'on persistait à croire aux forces vitales, la nécessité de se mettre d'accord avec l'expérience des physiologistes obligerait de n'attribuer à ces forces que de très petites valeurs, de l'ordre de celles qui échappent à l'observation. Or, de pareilles forces ne peuvent amener des effets sensibles que dans des systèmes matériels dont l'état physico-chimique est presque instable, ou diffère très peu d'un état pour lequel il y aurait indétermination mathématique parfaite de voies. Donc, même dans cette opinion, la recherche des solutions singulières des équations de mouvement, des réunions et bifurcations qu'admettent leurs intégrales, conserverait toute son importance : car elle fournirait les points de repère naturels pour déterminer les conditions effectives d'existence des êtres vivants, ou mieux, elle ferait connaître ces conditions avec une approximation pratiquement équivalente à l'exactitude.

Ainsi, une telle opinion ne différerait pas sensiblement, quant aux explications qu'elle pourrait permettre de donner des phénomènes vitaux, de celle qui réduit la vie et la volonté au rôle de simples principes directeurs. Et le géomètre devrait toujours accepter celle-ci, quand ce ne serait qu'à *titre d'hypothèse simplificatrice n'altérant pas les résultats d'une manière appréciable*, tout comme il réduit les atomes à de simples points, qualifiés par lui de *points matériels*, faute d'avoir aucune donnée positive sur leurs dimensions, qu'il sait seulement être imperceptibles et qu'il est conduit à supposer très petites en comparaison des distances d'atomes voisins. Il serait donc bien inutile, aux partisans respectifs de l'une et de l'autre opinion, de se critiquer mutuellement pour de légères nuances, que l'imperfection de nos moyens de connaître rendrait à peu près insaisissables et qui ne correspondraient peut-être même à rien de réel hors de nous, mais seulement à des différences subjectives de points de vue.

DE QUELQUES OPINIONS RÉCENTES
SUR LA
CONCILIATION DU LIBRE ARBITRE AVEC LE MÉCANISME PHYSIQUE;

Par M. RENOUVIER.

[Extrait de la *Critique philosophique* du 17 juin 1882 (11ᵉ année, nº 20).]

Dans un passage, que nous rapportions dernièrement, de la conférence de M. du Bois-Reymond sur les « sept énigmes du monde », on a pu remarquer les noms, tous français (pour le dire en passant), de Cournot, de M. de Saint-Venant, de M. Boussinesq et de M. Paul Janet, cités comme partisans de la possibilité d'un « indéterminisme mécanique ». Nous croyons qu'il ne sera pas inutile, à propos de l'opinion que nous avons exprimée nous-même sur ce sujet (¹), d'exposer ici la pensée exacte de chacun de ces philosophes ou savants. Il s'agit d'une question qui a le mérite, tout en portant sur une difficulté qu'on a tant débattue et sur laquelle on s'est tant répété, de la présenter sous une forme rajeunie, sous un jour vraiment nouveau, qui est dû aux progrès décisifs de la théorie de la Physique mécanique à notre époque. Il est certain, comme nous l'avons fait observer plusieurs fois, que rien ne prouve que l'idéal absolu du mécanisme, c'est-à-dire la constance absolue de *l'énergie* évaluée mathématiquement, soit une loi du monde réel et concret, non pas seulement du monde abstrait de la Mécanique rationnelle; ni qu'on doive subordonner, par conséquent, l'affirmation du libre arbitre, à la possibilité de concilier son action efficace avec l'existence d'un tel mécanisme. Mais il est curieux de savoir si, en admettant ce dernier sans restriction, on conserve la faculté d'affirmer le libre arbitre avec tous ses effets dans le monde externe. Et l'on va voir que la discussion de la difficulté, indépendamment de son intérêt propre, a pour le philosophe cet autre intérêt, d'arriver, en s'approfondissant, à soulever la question fondamentale de la *nature de la cause*. Leibniz l'avait

---

(¹) *Voir* la *Critique philosophique*, nº 17 de cette année, où j'ai pris la question dans l'hypothèse des forces réellement introduites par le « décrochement », ainsi que je l'avais fait déjà il y a huit ans (IIIᵉ année, nº 11, p. 173). Dans un autre article sur la même question (VIIᵉ année, nº 38), je me suis placé au point de vue de ceux qui soutiennent que ces forces peuvent être considérées comme mécaniquement nulles et je le reprends aujourd'hui comme pouvant se défendre.

déjà bien compris, comme nous le verrons, et aujourd'hui on oublie trop que
toute solution doit rester insuffisante, lorsque, en se prononçant en faveur
d'une action du libre arbitre, action modificatrice du mécanisme, on ne songe
point à la manière dont il faut comprendre la cause en général, afin qu'une
telle action ne soit pas complètement inintelligible.

Le terme employé tout à l'heure, d'après M. du Bois-Reymond, *indéterminisme mécanique*, a besoin d'être expliqué. Il ne signifie pas cette chose
absurde que les mots semblent dire : un système tout mécanique dont le
mécanicien serait indéterminé, mais bien un système dans lequel certaines déterminations du mouvement, au lieu de se produire comme les autres en vertu
des antécédents, et cela nécessairement, d'une seule manière possible, dépendraient d'une cause différente, le libre arbitre, et seraient, dès lors, réalisables en plusieurs sens, l'événement seul pouvant faire connaître laquelle
de ces déterminations possibles a été réalisée. Cette dernière ne laisserait pas,
bien entendu, d'être assujettie aux conditions et lois générales du mécanisme
où elle prend place; et parmi ces lois, celle de la conservation (ou constance
quantitative de l'« énergie » au sens mécanique du mot), attire spécialement
notre attention. Il faut qu'aucune force mécanique nouvelle ne s'introduise
dans le système des forces donné, mais seulement dans leur distribution.

Cournot est le premier, à notre connaissance, qui ait envisagé cette possibilité, à moins qu'on ne veuille remonter jusqu'à Descartes. Mais Descartes
avait rendu sa thèse inacceptable, en demandant que l'*âme* pût apporter des
changements de *direction* dans les mouvements donnés, sans modifier la
quantité de ces mouvements. On peut bien imaginer que cette quantité soit
la même avant et après un tel changement de direction, ainsi qu'il le mon-
trait sans peine, mais non pas que le changement s'opère mécaniquement
sans une force introduite à cet effet, et, par conséquent, nouvelle et ajoutée au
système. Ce qui modifie l'état de la question, depuis Descartes, c'est une idée
étrangère à la science de son temps, l'idée des forces potentielles, des forces
emmagasinées, des mouvements moléculaires, insensibles pour nous, qui,
après certaines ruptures d'équilibre, se traduisent en mouvements de masse, et
enfin de ces actions de *décrochement* ou *détente*, dont la moindre est susceptible de produire les plus grands effets. Voilà ce qui a permis à Cournot de
poser le problème d'une manière originale.

Ce n'est pas qu'il l'ait envisagé expressément sous le point de vue de la conciliation du libre arbitre avec le mécanisme du monde, ni même qu'il se soit
tout spécialement préoccupé du principe de la conservation de l'énergie à
sauvegarder. Ce principe, au moment où il écrivait, ne tenait pas cette place
importante en philosophie que lui ont value les spéculations évolutionnistes de
physique universelle; et quand à la liberté, Cournot, déterministe au fond de
l'âme, aussi bien que par l'esprit qui anime toutes les parties de sa critique
philosophique, évitait le plus possible de la mettre en cause, apparemment de
peur de heurter la tradition théologique officielle, ou sous l'impression de
« l'effroyable responsabilité dont se chargent ceux qui ne craignent point de
devenir pour les autres une pierre d'achoppement et une occasion de scandale,

en opposant orgueilleusement leur propre sagesse à la sagesse des siècles » (¹).
La question qu'il avait en vue était plus générale, en même temps que plus
conforme au genre des débats philosophiques, d'alors, entre matérialistes et
spiritualistes. Il s'agissait pour lui de concevoir certaines forces qui ne fussent
pas du domaine du mécanisme et qui néanmoins fussent susceptibles d'influer
sur le développement des forces mécaniques, d'entrer par leurs effets dans ce
domaine où elles ne trouvent pas leur définition en qualité de causes. L'hypothèse porte sur les phénomènes de la vie et de l'organisation, et non pas précisément sur ceux qui dépendent du libre arbitre; mais la question est la même,
en tant qu'elle a trait à une conciliation à trouver entre un ordre mécanique
et des actions qui s'exercent sur lui sans lui appartenir. On voit qu'au fond
nous revenons toujours à l'ancien et insoluble problème cartésien de « l'action
de l'âme sur le corps » ou de la « communication des substances ». Mais encore
une fois, ce qu'il y a de nouveau ici, c'est l'introduction de l'idée mécanique
de la détente, et ce qu'il y a d'intéressant, en outre, pour le philosophe, c'est
la nécessité, que nous espérons en faire ressortir, de passer du point de vue
illusoire des forces *transitives* à celui de *l'occasionalisme*, systématisé dans
l'harmonie préétablie de Leibniz. La forme des questions et la terminologie
ont beau changer, les difficultés restent les mêmes et aux mêmes endroits. Il
ne faut que savoir les dégager. Cournot s'efforce de faire de la philosophie,
sans philosophie, sans étudier et discuter, que dans de rares occasions, et
d'une manière insuffisante, avec peu de bonheur, les doctrines des philosophes.
Il ne réussit qu'à se priver de certains des éléments essentiels pour l'élucida-
tion de ses propres idées.

Nous empruntons ici l'excellent résumé que M. Boussinesq a donné de la
thèse de Cournot sur le point qui nous occupe. Les explications de l'auteur
lui-même ont de la peine à être aussi claires (²) :

« M. Cournot, dit M. Boussinesq, dès l'année 1861, avait développé de profondes réflexions, dont M. Saint-Venant et moi n'avons eu connaissance
qu'après nos publications... Il dit d'abord, comme A. de Humboldt et Berzélius,
que le « propre de la vie est d'établir entre les parties de l'être vivant une soli-
» darité, un *consensus* de réactions harmoniques, qui mettent en jeu des forces
» physiques destinées à rester latentes et inefficaces sans l'influence de ce prin-
» cipe d'unité harmonique, de direction commune et d'homogénéité ».

» Il donne ensuite, pour faire comprendre par des comparaisons le mode d'action du principe vivifiant dont il parle, l'exemple d'une armée bien organisée,
où le chef suprême remplit un rôle analogue, l'exemple d'un navire que dirigent
les manœuvres de l'équipage pendant que le vent fournit la force motrice, etc.
Enfin, il montre la possibilité d'atténuer indéfiniment, en améliorant et com-

---

(¹) Cournot, *Traité de l'enchaînement des idées fondamentales dans les Sciences
et dans l'histoire*, 1861. Préface, p. ix.

(²) Cournot, Ouvrage précité, t. I, p. 364 à 383. — Boussinesq, *Conciliation du
véritable déterminisme mécanique avec l'existence de la vie et de la liberté morale*,
1873 (Gauthier-Villars, p. xlviii ci-dessus).

binant de mieux en mieux les rouages, la part de travail physique que doit
dépenser l'ouvrier chargé de diriger une machine, notamment pour la mettre
en train; et il ne doute pas que cette part ne soit nulle, dès qu'il s'agit du
pouvoir directeur d'un organisme vivant. « Ainsi, conclut-il, nous ne man-
» quons pas de termes de comparaison qui puissent nous aider à comprendre
» comment le principe de la vie et de l'organisation pourrait intervenir et
» agir, non à la manière des forces physiques, non en ajoutant son action aux
» leurs, ou en les neutralisant par une action contraire du même genre, mais en
» leur imprimant une direction appropriée. Ce que l'homme fait par com-
» binaisons réfléchies, l'énergie vitale le ferait spontanément, sans conscience
» d'elle-même, bien plus sûrement et avec un artifice infiniment plus mer-
» veilleux; grand mystère, sans doute.... »

Et il attribue, plus loin, l'impossibilité où il se trouve d'annuler par un raisonnement direct le petit travail préalable (ou décrochant) dont il s'agit, à
une imperfection du procédé logique auquel il a eu recours; à peu près comme
lorsqu'un mode imparfait ou mal choisi de calcul donne pour résultat d'un
problème d'arithmétique la fraction périodique o,1111..., au lieu de la valeur
simple et exacte, $\frac{1}{9}$, de cette fraction indéfinie. « De même, ajoute-t-il, dans la
» question qui nous occupe, on pourrait dire que ce raisonnement indirect,
» duquel il résulte que l'intervention du principe vital comme force physique
» peut être atténuée autant que l'on veut, équivaut au fond, pour qui sait
» l'interpréter d'après toutes les analogies, à quelque raisonnement direct, qui
» nous échappe faute de données convenables ou de moyens convenables de les
» mettre en œuvre, et duquel il résulterait que cette part concomitante peut et
» doit être rigoureusement nulle. »

Il ne manque à ce résumé qu'une mention particulière, que M. Boussinesq
a jugé sans doute superflue, des phénomènes naturels que Cournot a cités
aussi comme exemples de forces mécaniques très amples et très intenses, mises
en jeu par des forces, du même genre, sans doute, mais dont le minimum
indispensable est aussi petit qu'il plaît de l'imaginer. Toutefois, c'est bien
dans les machines qu'on se représente le mieux ce *décrochement* dont
M. de Saint-Venant s'est servi à son tour pour arriver à la même conclusion
que Cournot. Nous continuons à citer M. Boussinesq, faute cette fois d'avoir
sous la main le travail de M. de Saint-Venant ([1]).

« L'éminent académicien y réduit dès l'abord l'action mécanique de la
volonté à un très petit travail, auquel il donne nom de *travail décrochant*,
parce qu'il le compare à celui de l'ouvrier qui tire le *déclic* retenant élevé de
plusieurs mètres un mouton destiné à enfoncer des pieux, ou à celui d'un
homme qui presse la détente d'une arme chargée. Il montre ensuite qu'un
perfectionnement de plus en plus grand des mécanismes permet de réduire
indéfiniment ce travail; et il est d'avis que la nature, plus parfaite que l'art,

---

([1]) *Comptes rendus de l'Académie des Sciences*, t. LXXXIV, p. 119 (5 mars 1877).
Article « sur l'accord des lois de la Mécanique avec la liberté de l'homme dans
son action sur la matière ».

peut bien avoir réussi à l'annuler tout à fait dans les organismes animés. Au fond, si l'on tient compte des affinités, naturelles des idées, ou de notre répugnance à croire que des forces vitales, dynamométriquement mesurables, existeraient sans jamais produire aucun travail, cette opinion de M. de Saint-Venant revient à celle de M. Claude Bernard, qui admet l'influence d'un principe directeur, tout en lui refusant le pouvoir de créer aucune force mécanique, c'est-à-dire de modifier en quoi que ce soit les équations différentielles du mouvement (¹).

Il y a bien, à vrai dire, quelque différence entre l'opinion de Claude Bernard et celle de Cournot ou de M. de Saint-Venant. Ces derniers se rapprochent évidemment de l'animisme, quoiqu'ils ne précisent rien, touchant la nature de l'agent *directeur* apte à opérer le *déclic* pour l'entrée en jeu des forces mécaniques; au lieu que le premier paraît avoir en vue une *loi* générale d'évolution morphologique, dont le sens se révèle par la finalité, inséparable de l'organisation. Mais le rapprochement que fait M. Boussinesq est parfaitement exact, pour la question qui nous occupe; car ces savants s'accordent, en somme, à admettre deux domaines absolument distincts : celui du mécanisme et celui d'une action ou influence *directrice* qui n'a rien, en elle-même, et ne produit non plus rien, au dehors, de ce que les sciences admettent aujourd'hui à titre de forces pouvant entrer en composition dans un système mécanique.

On doit voir de mieux en mieux que, si la séparation radicale, admise par ces auteurs, entre les forces mécaniques et des actions d'un genre tout différent — qui ne se comprennent au fond que comme mentales, — ressemble un peu à la distinction absolue de Descartes entre l'ordre de la pensée et celui du mouvement local, en revanche, l'action *directrice* dont ils cherchent à se faire une idée, est d'une application toute générale à la marche des phénomènes externes, d'une part; de l'autre, peut se manifester par de simples ruptures d'équilibre à provoquer, *sans force mécanique*, dans des systèmes mécaniques donnés, et n'a rien de commun avec ces *changements de direction* dont Descartes, en sa physique, attribuait le pouvoir à l'âme, et qui étaient certainement incompatibles avec son principe de la conservation de la *quantité de mouvement*. Il y aurait donc, dans l'emploi du terme de *direction*, une équivoque possible contre laquelle il est bon d'être prévenu (¹).

(¹) L'auteur (M. Boussinesq) a cité un peu auparavant une page de Claude Bernard en son *Rapport* de l'année 1867 (p. 223), où se trouve la distinction entre les forces *directrices ou évolutives*, qui sont *morphologiquement vitales*, et les *forces exécutives*, qui sont les mêmes que dans les corps bruts. « La morphologie organique caractérise donc l'être vivant; mais cette loi morphologique qui donne sa naissance à la matière organisée, est servie cependant par les forces physico-chimiques générales. » Au surplus, Claude Bernard ne s'explique pas soit sur l'identité, soit sur la distinction des forces que la Science considère en Physique, en Chimie, en Mécanique; mais il les regarde comme faisant toutes ensemble un parfait « déterminisme », qui enveloppe également tout ce qui se produit extérieurement de phénomènes physiologiques.

(¹) M. Paul Janet ne s'y est point trompé. Dans son rapport à l'Académie des

Avant de passer à l'examen philosophique de ce point capital du décrochement à provoquer sans force mécanique — unique point de notre question
d'ailleurs, puisque la partie plus vague des idées de Cournot, sur l'action directrice générale des phénomènes d'un organisme vivant, n'a rien de nouveau ni
de particulièrement intéressant — achevons la brève exposition que nous avons
commencée. Nous arrivons à l'idée éminemment originale de M. Boussinesq.

Ce savant professeur croit avoir trouvé le mode de « raisonnement direct »
qui était le desideratum de Cournot pour remplacer cet objectionnable *passage à la limite*, ce raisonnement indirect, qui consiste à montrer que, la
force mécaniquement indispensable pour un décrochement pouvant être supposée aussi petite qu'on veut, on peut aussi bien aller jusqu'à admettre qu'elle
est *nulle* dans la nature. M. Boussinesq a pris, comme on dit, le taureau par
les cornes. Sans se contenter de considérations communes sur le mécanisme et
le déterminisme, sans même se préoccuper tout spécialement du principe de
la conservation de l'énèrgie qui s'oppose à l'introduction de mouvements dont
les équivalents n'existeraient pas déjà dans le monde, il a dû faire la réflexion
que voici : le déterminisme mécanique, s'il existe, doit se traduire mathématiquement par l'existence d'équations du mouvement réglant rigoureusement, pour le
passé, le présent et l'avenir, les positions respectives de tous les points matériels à chaque instant, auxquelles équations nulle détermination touchant l'un
quelconque de ces points ne saurait se dispenser de satisfaire. Si donc il
y a dans notre esprit un fondement réel pour nous représenter un monde matériel
mécanique de cette sorte, et si, d'un autre côté, nous nous demandons :
est-il possible que la vie et la liberté introduisent des exceptions dans le déterminisme, c'est nous demander : les équations du mouvement admettent-elles
quelque indétermination? Contre toute apparence, et par des arguments
mathématiques dont la conclusion seule peut sembler paradoxale, M. Boussinesq répond affirmativement à cette question.

Nous ne pourrions mieux exposer en termes généraux la pensée de l'auteur,
ni emprunter à son Mémoire des citations mieux choisies, que ne l'a fait
M. Janet, de la manière qui suit (¹) :

« L'idée de M. Boussinesq consiste à utiliser, au profit de la liberté morale,
une théorie bien connue des géomètres sous le nom de *solutions singulières*....
D'après cette théorie; il y aurait, nous dit M. Boussinesq, des cas d'indéter-

---

Sciences morales et politiques (janvier 1878) sur le Mémoire de M. Boussinesq,
après avoir cité le passage de Cournot où il est question d'un « *pouvoir directeur* qui
interviendrait et agirait, non pas à la manière des forces physiques, mais en leur
imprimant une *direction appropriée* », M. Janet fait cette remarque : « C'était, de la
part de Cournot, dit-il, revenir au principe de Descartes; mais peut-être — le peut-être
est de trop — avec cette différence qu'au lieu d'une direction rigoureusement mécanique, qui avait pu prêter aux objections de Leibniz, il s'agissait ici d'une direction d'un tout autre genre, n'ayant rien de commun avec les forces de la Mécanique. Ajoutons ici seulement que l'objection de Leibniz était d'une nature
irréfutable.

(¹) Rapport mentionné ci-dessus, *voir* plus haut, p. xxxiii.

mination mécanique parfaite, c'est-à-dire des cas où un mobile arrivé à certains points, appelé par l'auteur *points de bifurcation*, pourrait indifféremment prendre deux ou plusieurs directions différentes, tout en satisfaisant, dans l'un comme dans l'autre cas, à l'équation. Il y aurait des cas où un corps pourrait indifféremment ou rester en repos, ou aller en avant ou en arrière, à gauche ou à droite, sans que l'état précédent déterminât d'une manière nécessaire l'une de ces hypothèses, toutes donnant satisfaction également à tous les principes de la Mécanique; de telle sorte que, pour déterminer l'une de ces hypothèses, nul travail nouveau ne serait nécessaire. On comprend que, dans cette supposition, une action extra-physique, extra-mécanique, pût être l'effet d'un pouvoir directeur. L'auteur compare ingénieusement la volonté à un ingénieur, qui, « chargé de construire un canal le long d'une ligne de faîte, peut, » de tous les points de ce *parcours singulier*, distribuer à volonté l'eau du » canal dans l'une ou l'autre des deux vallées adjacentes, sans avoir à la faire » dévier de ses lignes de pente naturelles ».

Il y aurait donc des cas, dans des conditfons à la vérité très spéciales, et qu'il serait peut-être aussi difficile de produire artificiellement, même les plus simples, que de faire tenir un cône sur sa pointe, mais qui sont théoriquement possibles, où l'état initial d'un système ne tracerait pas aux phénomènes des chemins complètement déterminés. Ces chemins admettraient des bifurcations nombreuses, qui se reproduiraient même indéfiniment sur tout le tracé du système et permettraient ainsi l'existence continue d'un pouvoir directeur chargé à chaque instant de déterminer la direction. L'analyse ne peut démontrer ce théorème que dans des cas extrêmement simples, par exemple, dans un système de deux atomes, et dans d'autres systèmes fictifs, infiniment moins compliqués que ne peut être le système d'un organisme vivant. Mais la nature a des ressources que l'art ne connaît pas; et l'on peut supposer qu'elle a réalisé, par un calcul transcendant qui ne dépasse pas ses forces, des cas où non pas deux atomes, mais des milliards d'atomes, composés en système et grâce à une préparation préalable, se prêteraient à des milliards de bifurcations (¹). La flexibilité de la vie se concilierait ainsi avec la rigueur des lois mécaniques.

« En un mot, ce que nous recueillons de la théorie précédente, c'est que les mathématiques n'excluent pas et autorisent même à supposer, dans de certaines

---

(¹) Nous goûtons médiocrement cette froide personnification de la nature. Ne vaudrait-il pas mieux se placer tout uniment au point de vue de l'esprit humain, si étroit, si borné, condamné à des généralisations et à des abstractions qui sont des simplifications à outrance, et qui paraissent devoir tenir toute mécanique moléculaire à une distance énorme des réalités. C'est nous, et non pas la nature, qui avons besoin des béquilles du « calcul transcendant ». Et il faudrait quelque chose de mieux que les mathématiques, pour analyser les conditions de l'équation du mouvement d'un *seul atome réel*, sur une *courbe réelle*, incessamment modifiée par des actions de tout genre, déterminées en elles-mêmes, sans doute, mais qu'on ne peut espérer de réduire à l'unité, et où l'on aurait à marquer en outre les innombrables points singuliers auxquels peuvent se placer les *actions directrices*, vitales ou psychiques, non mécaniques, capables d'opter entre plusieurs trajectoires possibles.

conditions, une sorte d'indétermination, et des possibilités de bifurcation où la chiquenaude, pour décider le mobile dans un sens ou dans l'autre, pourrait être nulle, en tant que force calculable par les procédés scientifiques. Le physicien, le mécanicien qui observeront le résultat retrouveront toujours la quantité permanente dont ils ont besoin. Le pouvoir directeur n'entrera pas dans le calcul, et son action n'aura pas moins été réelle, quoique non évaluable au dynamomètre.... »

Nous omettons les passages relatifs aux antécédents mathématiques de la question des *solutions singulières;* encore moins pouvons-nous songer à donner une idée des équations différentielles dans lesquelles se rencontrent ces solutions, et que M. Boussinesq croit être de celles qui conviendraient au calcul des cas où les lois de la mécanique souffrent des lieux d'indétermination dans la direction d'un mobile. « La présence ou l'absence de solutions singulières, et de la flexibilité qu'elles permettent dans l'enchaînement des faits, continue-t-il, paraît fournir un caractère géométrique propre à distinguer les mouvements essentiellement vitaux, ceux surtout qui sont volontaires, des mouvements accomplis sous l'empire exclusif des lois physiques. Un être animé serait par conséquent celui dont les équations du mouvement admettraient des intégrales singulières, provoquant, à des intervalles très rapprochés, ou même d'une manière continue, par l'indétermination qu'elles feraient naître, l'intervention d'un principe directeur spécial. Ce principe, bien différent du principe vital des anciennes écoles, n'aurait à son service aucune force mécanique qui lui permît de lutter contre celles qu'il trouverait dans le monde; il profiterait seulement de leur insuffisance, dans les cas singuliers considérés ici, pour influer sur la suite des phénomènes. Inconscient au début de l'existence individuelle, et même toujours en ce qui concerne la vie végétative, mais d'autant plus docile à une loi supérieure ou extra-physique, qui nous est encore inconnue, il réaliserait à sa manière, dans chaque animal et dans chaque plante, un type spécifique héréditairement transmis, en employant à cet effet des matériaux communs empruntés au milieu minéral ou à d'autres organismes. Parvenu ensuite, chez l'homme et les animaux supérieurs, à un degré assez avancé de développement, et après avoir acquis des organes suffisamment délicats, c'est-à-dire un système nerveux, il deviendrait sensible à certains rapports de ces organes avec le reste de son corps et avec le monde extérieur, s'éveillerait sous leur choc mutuel, et apprendrait dès lors à diriger sciemment la force physique pour la faire servir à l'accomplissement de desseins prémédités.

« Le jeu habituellement trop étroit des lois du mouvement l'empêcherait d'ailleurs de se manifester dans d'autres cas, c'est-à-dire chez les corps privés de vie; en sorte qu'il n'y aurait dans sa manière d'apparaître rien d'irrégulier, rien de fortuit. Tout en agissant avec le caractère de conscience ou d'inconscience, de liberté ou de nécessité, qu'il présente chez les divers êtres vivants, il entrerait en exercice, comme les forces physico-chimiques elles-mêmes, dès que l'occasion lui en serait offerte ou que certaines conditions déterminées se trouveraient réalisées. Je n'ai pas besoin de faire observer que l'existence de ces conditions n'aurait nullement pour effet de dicter à la volonté son choix;

leur réalisation la mettrait au contraire en pleine possession d'elle-même, en état de s'abstenir ou d'agir à sa guise (¹). »

En résumé, selon M. Boussinesq (²), « les phénomènes de mouvement doivent se diviser en deux grandes classes : la première comprendra ceux où les lois mécaniques exprimées par les équations différentielles détermineront à elles seules la suite des états par lesquels passera le système, et où, par conséquent, les forces physico-chimiques ne laisseront aucune place disponible à des causes d'une autre nature. Dans la seconde classe se rangeront, au contraire, les mouvements dont les équations admettront des intégrales singulières, et dans lesquels il faudra qu'une cause distincte des forces physico-chimiques intervienne, de temps à autre ou d'une manière continue, sans d'ailleurs apporter aucune part d'action mécanique, mais simplement pour *diriger* le système à chaque bifurcation d'intégrales qui se présentera.

» Je donnerai à cette cause le nom de *principe directeur*, et je la qualifierai d'extra-physique, pour signifier que, ne changeant absolument rien aux équations différentielles du mouvement, elle ne peut pas être comparée aux forces physico-chimiques que le savant a l'habitude de manier, qu'elle ne peut, en conséquence, être évaluée, ni *statiquement*, par sa mise en équilibre avec ces forces, ni *dynamiquement*, par une accélération qu'elle imprimerait à ses points d'application, ou par un travail qu'elle effectuerait; en un mot, cette cause, par la nature du rôle qui lui est dévolu, se dérobe à tous les moyens de mesure qu'emploient les mécaniciens, les physiciens et les chimistes. »

Ce qui précède suffit pour faire bien comprendre le côté philosophique de la théorie de M. Boussinesq. Quant au côté technique, nous ne connaissons pas d'objection bien claire qu'on y ait opposée, si ce n'est qu'on peut évidemment demander à l'auteur pourquoi les équations différentielles du mouvement d'un corps vivant seraient de cette espèce très exceptionnelle qui admet des *intégrales singulières*. Mais comme personne ne peut apporter de raisons scientifiques pour décider de quelle espèce elles sont, le champ des hypothèses reste ouvert à tout le monde.

Nous avons maintenant à examiner le rapport des théories de Cournot, de M. de Saint-Venant et de M. Boussinesq avec deux points de philosophie qui s'y trouvent impliqués : 1° le sens vrai à attacher aux termes de *force* et de *cause;* 2° la nature du lien à se représenter entre les pouvoirs non mécaniques de décrochement ou de *direction* et le fait de la détermination mécanique *initiale* du mouvement.

(*La fin prochainement.*)

RENOUVIER.

(¹) *Voir*, à propos des actes délibérés, le Tome III du Cours, p. 352, n° 352 *bis* J. B.. juillet 1921).

(²) *Conciliation du véritable déterminisme*, etc., p. 23, ci-dessus.

DE QUELQUES OPINIONS RÉCENTES
SUR LA
CONCILIATION DU LIBRE ARBITRE AVEC LE MÉCANISME PHYSIQUE;

PAR M. RENOUVIER.

(*Suite et fin.*)

[Extrait de la *Critique philosophique* du 1ᵉʳ juillet 1882 (11ᵉ année, nᵒ 22).]

Généralement, quand les savants composent des théories philosophiques, ils ont soin d'éviter les apparences de la philosophie. On n'a pas à reprocher à M. Boussinesq cette puérilité. Autorisé par son travail mathématique à reconnaître une part possible pour la vie et la liberté, jusque dans des mouvements réglés par des équations, il distingue formellement deux sortes d'actions : les unes qui interviennent à certains endroits des trajectoires pour « diriger » les mouvements sans en produire aucun et sans avoir elles-mêmes rien de mécanique, les autres dont l'idée claire et scientifique est définie par leurs effets seulement, dans la formule de l'accélération. Une question se présente alors tout naturellement, c'est de savoir de quel côté se trouve l'idée la plus profonde et la plus vraie de la *force* et de la *cause*. M. Boussinesq ne se refuse pas à la poser, et son opinion, mieux motivée peut-être que fermement conclue, est au fond trop conforme à la nôtre pour que nous ne cédions pas au plaisir de reproduire les passages de la *Note* qu'il a consacrée à ce sujet, à la fin de son Ouvrage (¹), D'ailleurs nous avons à en tirer d'importantes conséquences.

« *Origine probable de la notion de force mécanique.* — Ce que nous nous représentons vaguement hors de nous comme des *forces*, comme des causes de mouvement, c'est pas autre chose, dans la réalité physique, que certains produits de masses par des accélérations.

» D'une part, les lois physiques ont voulu que les produits des masses des divers atomes, par leurs accélérations respectives, dépendissent des distances mutuelles de ces atomes ; d'autre part, nos sensations se trouvent aussi en rapport avec les mêmes distances, en ce qui concerne les atomes dont se composent nos organes. De là, entre les produits des masses par des accélérations, dans le monde matériel, et les sensations d'effort en nous, un parallélisme qui explique notre tendance à associer constamment ces deux choses, malgré la

---

(¹) BOUSSINESQ, *Conciliation du véritable déterminisme*, etc., p. 168 (ci-dessus).

dissemblance de leur nature, objective pour la première, purement subjective pour la seconde.

» Les mots *force*, *résistance* et même *inertie* n'ont vraiment leur sens élevé de cause, de réaction active et de réaction passive ou purement absorbante de force, que là où ils perdent leur sens géométrique, et où les objets qu'ils désignent cessent d'être capables d'une mesure précise, c'est-à-dire dans la psychologie et la dynamique sociale, où l'on considère l'action d'êtres intelligents sur eux-mêmes et sur leurs pareils....

» *Nécessité de ne pas confondre l'idée d'effort avec celle de tension musculaire, non plus qu'avec toute autre notion mécanique ou purement physiologique.* — Les vraies puissances du monde physique ont-elles assez d'analogie avec celles que nous sentons s'agiter en nous, ou dont la conscience nous fournit quelque notion, pour que nous puissions espérer les connaître jamais autrement que par leurs effets perceptibles, c'est-à-dire autrement que dans les changements de forme, dans les mouvements susceptibles de mesure, de représentation géométrique, seuls objets que notre nature intellectuelle nous permette de voir clairement parmi ceux qu'elle nous présente comme extérieurs au *moi*? Il faudrait pouvoir répondre à cette question avant d'imposer, avec quelque chance de rencontrer juste, le *type* de notre propre force aux agents inconnus de l'ordre matériel.

» En tout cas, il ne serait guère probable que le sentiment de l'*effort*, ou de quelque chose d'équivalent approprié à la manière d'être des corps bruts, fût le caractère vraiment distinctif de l'activité déployée par les puissances physico-chimiques, si l'on continuait à admettre que celles-ci se confondent avec les forces des mécaniciens. Car, en nous, le sentiment de l'effort n'est pas corrélatif uniquement aux contractions musculaires qui mesurent la force mécanique mise en œuvre, bien que, vraisemblablement, ces contractions ne manquent jamais de le précéder ou de l'accompagner (¹). Dans les actes volontaires, par exemple, la conscience nous fait rattacher le sentiment d'effort à l'action même du moi, de ce qui se sent *principe directeur*, comme à sa cause *immédiate :* elle nous le montre en rapport de grandeur ou d'intensité, avec cette action du principe directeur, laquelle échappe pourtant aux mesures dynamométriques; de sorte que la valeur en kilogrammes de la *vraie cause* du mouvement, du *moi* voulant et agissant, est alors nulle, quoique un *effort* considérable lui corresponde et en donne une certaine appréciation quantitative, pour le moins autant qu'il correspond à l'effet dynamométrique produit. L'effort ne serait donc pas exclusivement propre à la force mécanique et n'en constituerait pas le caractère distinctif.

(¹) *Jamais*, dit l'auteur; n'y aurait-il pas pourtant à tenir compte de l'*effort moral*, exercé sur les pensées mêmes, et qui ne rentre pas moins dans l'idée générale d'*effort* que celui qui se rapporte spécialement aux contractions musculaires?

[Je suis parfaitement d'avis qu'il faut en tenir *aussi* le plus grand compte. J. B. (avril 1922)].

» Est-ce à dire que le mécanicien doive s'abstenir désormais de se représenter les produits algébriques de masses et d'accélérations par des cordes, ou d'autres liens matériels, attachés à ces masses et qu'une main invisible tirerait plus ou moins fort dans le sens des accélérations? Nullement, cette image est légitime, puisque de pareils liens, ainsi tirés, produiraient précisément les accélérations qu'on a en vue; et elle présente l'immense avantage de traduire la question géométrique dans la langue si riche du sentiment, des connaissances vagues acquises peu à peu par l'expérience des choses, mais trop complexes pour avoir pu être débrouillées. Elle permet donc au géomètre d'utiliser, dans les questions difficiles où la claire vision lui fait défaut, un fond inépuisable de demi-lueurs, devenues instinctives, ou puisées dans le domaine du sens commun; et il lui suffit d'en retraduire ensuite les données dans la langue de la mécanique positive, pour les dépouiller de leurs éléments purement subjectifs. »

Il nous semble que la pensée qui, pour un lecteur philosophe, se dégage de ces considérations, et dont l'expression nette dissiperait un reste d'obscurité qu'on y peut trouver, ce n'est pas seulement qu'il est nécessaire de distinguer la vraie notion d'*effort* de tous les rapports positifs qui se traduisent pour la Mécanique et la Physique mécanique en formules mathématiques, mais encore qu'on doit déclarer nettement que la coutume reçue (quelque utilité qu'elle puisse avoir) de regarder l'idée de *force* comme rendue par ces formules, n'a aucun fondement scientifique. La Mécanique ne s'occupe pas et ne peut pas réellement s'occuper des *forces* (¹). Il résulte clairement de là que l'unique notion que nous ayons de la force est toute subjective, le surplus de ce que nous connaissons comme s'y rapportant n'étant que des effets; et il en résulte encore que si nous voulons, — en philosophes, non plus en purs mécaniciens, concevoir des forces dans la nature, en reconnaître dans les corps, même dans les corps bruts, il faut que ce soit sur le type de ces forces subjectives, les seules dont nous ayons réellement l'idée d'après nous-mêmes. En conséquence, au lieu de se contenter de dire, avec M. Boussinesq, « que l'effort, dans la nature, n'est pas exclusivement propre aux forces mécaniques », qu'il n'en est pas le « caractère distinctif », on doit affirmer que, nulle part, l'effort n'appartient à ce qu'on appelle *forces mécaniques*, mais qu'il y a seulement à chercher quelle sorte de rapport peut exister entre les *fonctions du mouvement* auxquelles on donne le nom de *forces*, et des forces proprement telles, c'est-à-dire qui n'ont rien de mécanique. Et, après tout, n'est-ce pas là précisément ce que font les auteurs dont nous nous occupons, quand ils cherchent à montrer la possibilité d'une dépendance où certaines modifications du mouvement se trouveraient par rapport à des actions, elles-mêmes sans mouvement, dans les cas où il s'agit d'un *décrochement*, d'une *mise en train*, d'un *choix* à faire entre des directions également autorisées par les équations, en un mot de

---

(¹) D'Alembert avait déjà très nettement exprimé cette vérité dans le *Discours préliminaire* de son *Traité de dynamique* (1743).

quelque acte qu'on peut appeler un *premier commencement relatif* et qu'on nous permettra de nommer, pour être bref, un acte *initiateur*, dans tous ces cas.

Il est à remarquer, en effet, que le principal type des *solutions singulières* dont M. Boussinesq tire parti pour sa théorie, répond à un *point d'arrêt* d'un mobile, point duquel celui-ci peut, « au gré du principe directeur » et sans que la loi physique soit violée, s'arrêter pendant un temps *quelconque*, puis effectuer son départ *arbitrairement* du côté vers lequel les *s* (arcs de la courbe comptés de l'origine) croissent, ou du côté opposé, du moins dans le cas ordinaire où le point d'arrêt considéré est un sommet. Lorsque c'est un point d'inflexion, le mobile ne pouvant que descendre devra revenir sur ses pas; mais *l'instant du départ* restera au *choix* du principe directeur. Enfin, si c'est un point singulier, le choix portera également sur la branche de courbe qui deviendra la nouvelle trajectoire.

Et M. Boussinesq réfute, par d'excellentes raisons d'ailleurs, les géomètres qui ont cru pouvoir interpréter ces points d'arrêt, en donnant la préférence au repos sur la continuation du mouvement, comme s'il existait une réelle force d'inertie dans la nature, une sorte de *paresse* (¹). Nous donnons ici cet éclaircissement, pour bien montrer que l'action du principe directeur est bien de la même nature que celle que Cournot et M. de Saint-Venant envisagent dans le *pouvoir décrochant*, non mécanique, des cas où il existe des effets mécaniques en puissance. C'est un acte absolument *initiateur*.

Arrivons à notre question qui paraît suffisamment préparée. L'acte initiateur peut-il être mécaniquement nul? D'après les termes du problème de nos auteurs, voici un dilemme qui s'offre à nous. Voulons-nous, comme persistent encore à l'exiger beaucoup de philosophes, voulons-nous que la cause ait un caractère *transitif*, qu'il existe des *substances*, que toute action doive être conçue (et non pas seulement représentée à l'imagination et exprimée symboliquement) comme le passage de quelque chose d'une substance dans une autre? Alors, comme nous ne posons rien de commun entre l'acte initiateur et les fonctions du mouvement, entre le pouvoir décrochant ou directeur, non mécanique, et le mécanisme, il est clair que nous ne pouvons supposer aucun passage de l'un à l'autre. Les théories de nos auteurs restent sans fondement philosophique à ce point de vue.

Sommes-nous phénoménistes, au contraire, distinguons-nous, aussi radicalement qu'on l'ait jamais fait en aucune école, les phénomènes représentés dans l'étendue, la figure et le mouvement, d'avec ceux qui ont un caractère mental, non objectif, non mécanique, et dont la *cause* proprement dite fait partie; et entendons-nous par le lien de causalité entre les phénomènes les plus divers, le fait du conditionnement des uns par les autres, tel que l'expérience seule le fait connaître? En ce cas, rien ne s'oppose à ce que nous pensions qu'un certain état d'ordre mental, dans un être donné, — c'est ici l'acte

---

(¹) *Conciliation du véritable déterminisme*, etc., p. 78.

initiateur, — soit lié harmoniquement avec la production spontanée, externe, de certaines modifications du mouvement, modifications telles d'ailleurs qu'il n'en résulte aucun trouble pour les lois générales de ce dernier.

On voit qu'en ce qui concerne le problème de la causation, il faut revenir purement et simplement, pour pouvoir admettre la thèse de nos auteurs, à la doctrine, on peut dire commune, des cartésiens et de Leibniz, appelée *occasionnalisme*, d'un côté, et *harmonie préétablie*, de l'autre. Cette doctrine, presque toujours mal appréciée aujourd'hui, à cause de son mélange avec des fictions de substances et des idées théologiques dont on ne sait pas la dégager, est bien vraiment la même des deux parts, en tant que renoncement de la raison à la vaine imagination des causes transitives; et elle a préparé, en ce sens-là, l'abandon des anciennes spéculations métaphysiques, la reconnaissance des lois des phénomènes comme objet véritable à substituer aux essences et aux causes du monde physique.

« Descartes, dit Leibniz dans sa *Monadologie*, a reconnu que les âmes ne peuvent donner de la force aux corps, parce qu'il y a toujours la même quantité de force dans la matière. Cependant il a cru que les âmes pouvaient changer la direction des corps. Mais c'est qu'on n'a point su de son temps la loi de la nature qui porte encore la conservation de la même direction totale dans la matière. S'il l'avait remarqué, il serait tombé dans mon système de l'harmonie préétablie. »

Cette remarque profonde de Leibniz n'est juste qu'à moitié, attendu que l'indépendance respective absolue de l'âme et du corps dans le système cartésien, entraînait l'obligation de réduire la communication des substances à une simple corrélation et de recourir à Dieu pour trouver des causes réelles et directes propres à établir et à conserver une telle corrélation; et cette nécessité, reconnue par les cartésiens, équivalait à quelque chose de fort semblable à l'harmonie préétablie. Il n'est pas seulement vrai qu'un philosophe, après avoir admis la conservation de la « même quantité de force », et de la « même direction » dans la matière, ne pouvait plus, du temps de Leibniz, se flatter de définir une intervention laissée libre pour l'« âme » dans les mouvements du monde externe, et se voyait forcé de « tomber dans le système de l'harmonie préétablie » — toute question théologique à part; — ajoutons et dans le déterminisme absolu. Il est vrai également que les auteurs récents qui ont montré la place que les lois générales du mouvement laissent encore libre et ouverte à l'indéterminisme, sans qu'il y ait à déroger à la conservation ni de ce que Leibniz appelait la quantité de force, ni à celle de la direction totale, dans le sens mathématique où il la réclamait; que ces auteurs, disonsnous, n'ont pas pu rendre plus facile à comprendre un caractère transitif de la relation entre le pouvoir décrochant, ou celui de déterminer une trajectoire au lieu d'une autre, et l'acte, seul mécanique et d'une nature toute différente, du mobile lui-même qui suit cette trajectoire ou dont l'équilibre instable se rompt. Encore une fois, la seule idée qu'ils puissent avoir au fond, est celle d'une loi d'harmonie donnée, et en elle-même inscrutable, entre des déterminations de genre mental et des modifications de figure et de mouvement dans le monde externe.

M. P. Janet nous paraît donc faire fausse route, quand, dans son rapport académique sur le Mémoire de M. Boussinesq (¹), il présente les idées nouvelles sur l'indéterminisme comme ayant le mérite de permettre aux partisans de la liberté de l'âme d'échapper à l'obligation d'embrasser une des « hypothèses métaphysiques les plus contraires au sens commun ». C'est l'hypothèse de l'harmonie préétablie que M. Janet qualifie en ces termes, ainsi qu'il est d'usage d'ailleurs, et quoiqu'il avoue lui-même que, si cette théorie a passé pour « absolument chimérique », c'est « parce qu'on ne faisait pas assez attention aux motifs profonds qui l'avaient suggérée ». Ces motifs, on ne se douterait pas, à le lire, qu'il les a bien pesés ou qu'il a trouvé quelque manière d'en diminuer la force. Mais il faut dire, à la décharge de ce philosophe, qu'il y a une raison pour que la doctrine de l'harmonie préétablie lui semble entraîner « les affirmations les plus exhorbitantes et, en conséquence, les plus étranges ». L'idée qu'il s'en fait est celle qui régnait dans l'école éclectique, et qu'il serait bien temps de rectifier.

« D'abord, dit M. Janet, cette hypothèse contredit non seulement le sens commun, mais encore le sens intime, qui semble bien nous attester de la manière la plus éclatante une action directe de la volonté sur les organes. » Observons ici que le sens commun n'est pas un critère définissable et qui puisse donner l'authenticité à ses arrêts. Quant au sens intime, il atteste la force mentale seulement, et l'expérience seule atteste les phénomènes physiques. Ce que nous appelons *action directe* est donc toujours une corrélation et la transitivité n'est qu'imaginative.

« De plus, s'il est vrai, comme l'a dit Leibniz, que tout se passe dans les âmes comme s'il n'y avait pas de corps, et que tout se passe dans les corps comme s'il n'y avait pas d'âme, ne s'ensuit-il pas que tout l'univers des corps pourrait être détruit sans que nous nous en apercevions? Ainsi, qu'il plaise à Dieu d'anéantir le monde sauf une seule monade, cette monade persisterait à elle toute seule à représenter l'univers? Et pourquoi supposer qu'il existe autre chose que cette monade unique? Réciproquement, qu'il plaise à Dieu d'anéantir les âmes en laissant subsister les corps, le cours de l'histoire n'en resterait pas moins tel qu'il doit être; et pour un observateur extérieur rien n'aurait changé. Voyez-vous ces révolutions, ces guerres, ces grandes entreprises politiques, ces luttes parlementaires, ces grands discours éloquents, voire même ces séances académiques et ces lectures publiques, » — chose effroyable à penser pour les académiciens qui écoutaient M. Janet, — « tout cela, accompli par des corps sans âme, par des automates sans vie et sans pensée! Une telle division du monde en deux portions si indépendantes l'une de l'autre, si séparées, si étrangères l'une à l'autre, qu'elles ne peuvent pas s'assurer de leur existence respective, une telle hypothèse, qui ressemble à un somnambulisme universel, est-elle bien préférable au fatalisme lui-même? Et est-ce une garantie bien solide pour la morale que de la faire reposer sur les conceptions les plus extraordinaires de l'esprit humain? »

Bien rugi, lion! Bien déclamé, philosophe! Il n'y a qu'un petit inconvé-

---

(¹) *Voir* plus haut, p. XXX.

nient, c'est que, les corps, selon Leibniz, n'étant que des composés de monades, et les âmes n'étant non plus que des monades, et l'harmonie préétablie étant donnée entre toutes les monades, la supposition de l'anéantissement des corps seulement, ou, *vice versa*, des âmes seulement, est un parfait non-sens. Quant à la question : Pourquoi supposer plus qu'une monade unique? la réponse est simple : c'est qu'on peut, en effet, imaginer le cas où il n'y en aurait qu'une, telle, par exemple, que le Dieu des théologiens avant la création : mais on préfère, en général, admettre qu'il y en a un grand nombre. On est, du moins, en cela, d'accord avec la décision la plus constante de ce sens commun dont M. Janet accepte l'autorité.

Pour arriver à notre conclusion, nous partirons maintenant d'une remarque qui nous est suggérée par l'un des passages cités ci-dessus de M. Boussinesq. Nous voulons parler de la division des phénomènes de mouvement en deux grandes classes : l'une dans laquelle des lois purement mécaniques déterminent absolument toutes les modifications, l'autre où des causes distinctes, — de vraies causes, de vraies forces dans ce cas, d'après ce que nous avons dit, et nouvelles, et initiatrices, précisément parce qu'elles ne procèdent pas du mécanisme, n'y entrent pas, n'en font pas partie, — peuvent intervenir et modifier les trajectoires des mobiles, à la faveur de ce que les équations différentielles du mouvement admettent en ce cas des intégrales singulières. Cette distinction de l'auteur est irréprochable si on l'applique aux seuls besoins d'une théorie mathématique divisant son sujet pour ses convenances spéciales, et envisageant deux sortes d'équations, toutes deux parfaitement inconnues d'ailleurs, pour représenter les mouvements possibles d'un point réel donné à la surface du globe. Mais il est clair que la distinction ne peut plus se maintenir, s'il s'agit des phénomènes eux-mêmes. S'il est vrai qu'il entre un élément d'indétermination dans les mouvements de *certains* atomes qui sont dans la dépendance des actions libres ou des actions vitales (comme l'entend M. Boussinesq), la position d'un atome *quelconque* à un moment donné, cesse également de pouvoir être déterminée d'une seule manière par une équation; car toute modification survenue dans les trajectoires des premiers peut amener indirectement, en vertu des lois mécaniques cette fois, dans la position de n'importe quels autres atomes, des modifications aussi, que les équations de leurs mouvements comme corps bruts n'auraient pas produites, dont elles ne renfermeraient pas les conditions.

La chose est facile à voir, eu égard aux actions libres, de beaucoup les moins étendues de toutes. Si l'on admet que des actes humains, tels que ceux qui font entreprendre des voyages, des navigations, des exploitations agricoles ou minières, — et des guerres; — ceux qui mènent à des inventions industrielles et à de grands travaux d'ingénieurs; ceux qui changent tant de choses sur la terre et dans les coutumes des nations, et bouleversent les conditions d'existence d'une foule d'êtres, ont dépendu en partie de certaines décisions mentales que le mécanisme de l'univers ne prédéterminait point; on est bien obligé d'admettre aussi que des nombres immenses, indéterminés, d'atomes des corps bruts, du sol, de la mer et de l'atmosphère, sont entraînés dans des tourbillons, suivant des trajectoires différentes de celles que le mécanisme leur réservait pour le cas où certains décrochements ne se seraient pas produits, où certains pouvoirs directeurs ne se seraient pas exercés de la manière qu'ils l'ont fait. Il y a donc une sorte de propagation inévitable de l'indéterminisme, des cas où on le pose directement, à ceux où il existe par voie de conséquence. Il n'est plus possible d'imaginer un seul atome soumis purement et simplement à des équations absolument déterminatives de ses mouvements pour une époque quelconque, puisque il n'en est pas un seul qui puisse être regardé comme ayant été ou devant être certainement soustrait, à un moment passé ou futur *quelconque*, à l'action tout au moins indirecte des forces libres (¹).

Mais cette vérité devient encore plus frappante lorsqu'on appelle, comme nos auteurs, non seulement les forces créées par le libre arbitre, mais de plus toutes les forces vitales, du plus haut au plus bas de l'échelle de la vie, à introduire dans le mécanisme de l'univers les modifications qui, sans porter atteinte à certaines lois générales de ce mécanisme, donnent à l'indéterminisme, même matériel, un jeu aussi étendu qu'on puisse le désirer. Elles ne vont pas à moins, nous venons de le voir, qu'à interdire la détermination mathématique de la position respective des points matériels quelconques à un instant quelconque, partout où il y a de la vie.

Mais, s'il en est ainsi, les conséquences de la doctrine de nos auteurs ne mènent pas loin du point de vue où s'est placé avec force et hardiesse un philosophe dont M. Janet résume la thèse dans les termes que voici. C'est de M. Boutroux (²) qu'il est question :

« Il (M. Boutroux) s'est efforcé de prouver que l'on chercherait vainement à conserver la liberté humaine, tant qu'on accepterait comme démontré que l'univers physique, dont notre corps fait partie, est régi absolument et sans exception par des lois mathématiques. Il a soutenu cette doctrine, que les mathématiques n'expriment que la résultante abstraite de tous les phénomènes naturels; que le réel proprement dit, en tant que réel, est contingent et indéterminé; que les lois mathématiques ne sont que des approximations, des moyennes représentant en gros les phénomènes, mais que, partout où il y a du concret, fût-ce dans le dernier atome de matière, il y a oscillation entre deux états possibles, une alternative qui ne peut être décidée que par la liberté suprême. »

Ajoutons ici un passage emprunté à M. Boutroux lui-même (³) : « L'univers ne se compose pas d'éléments égaux entre eux, susceptibles de se transformer les uns dans les autres, comme des quantités algébriques. Il se compose de

---

(¹) Aussi est-il nécessaire, dans l'intégration des équations d'un phénomène par approximations successives et la méthode de variation des constantes, avec détermination de celles-ci à partir d'un état initial donné, de renouveler souvent cette détermination directe, de manière à n'y employer que des données *récentes*. On évitera ainsi les accumulations d'erreurs par le temps, inévitables dans un univers soumis à des changements continus sans doute, mais incessants et plus ou moins imprévisibles.   (J. B., juillet 1921.)

(²) *De la contingence des lois de la Nature*, 1874.

(³) *Ibidem*, p. 157.

formes *superposées* les unes aux autres, quoique reliées entre elles, peut-être, par des gradations, c'est-à-dire par des additions tout à fait insensibles.

« Et de même que chaque monde contient quelque chose de plus que les mondes qui lui sont inférieurs, de même, au sein de chaque monde, *la quantité d'être n'est pas absolument déterminée*. Il y a un perfectionnement possible, comme aussi une décadence; et *la contingence du degré de perfection comporte celle de la mesure quantitative*.

» S'il en est ainsi, le vieil adage : *rien ne se perd, rien se crée*, n'a pas une valeur absolue. L'existence même d'une hiérarchie de mondes irréductibles les uns aux autres sans être coéternels, est une première dérogation à cet adage; et la possibilité du perfectionnement ou de la décadence au sein de ces mondes eux-mêmes en est une seconde.

» Or les sciences positives reposent sur ce *postulatum*. Elles étudient le changement en tant qu'il se ramène à la permanence. Elles considèrent les choses au point de vue de la conservation de l'être. Quelle est donc la valeur des sciences positives?

» Certes, la stabilité n'est pas simplement une catégorie abstraite, un *moule* où l'entendement jette les choses : elle règne dans le monde donné. Les faits sont des cas particuliers des lois générales, le monde est intelligible, et ainsi ce ne sont pas des possibilités idéales, c'est la réalité elle-même dont la science nous présente le tableau systématique. Mais la stabilité ne règne pas sans partage. Au sein même de son empire apparaît, comme un élément primitif indispensable, l'action d'un principe de *changement absolu*, de *création proprement dite*; et il est impossible d'établir une frontière entre les deux domaines. On ne peut dire qu'une *partie* des êtres ou qu'une *face* des choses soient régies par des lois, tandis que les autres êtres ou l'autre face des choses seraient soustraits à la nécessité. Ce qui est vrai, c'est que, dans les mondes inférieurs, la loi tient une si large place qu'elle se substitue presque à l'être; dans les mondes supérieurs, au contraire, l'être fait presque oublier la loi. Ainsi, *tout fait relève non seulement du principe de conservation, mais aussi, et tout d'abord, d'un principe de création.* »

Nous voudrions citer les pages très belles et très profondes qui suivent dans les conclusions de l'ouvrage de M. Boutroux. Mais il faut se borner à ce qui touche notre sujet. Entre ce philosophe et les savants dont nous nous occupons, l'accord va de soi, quand on considère les véritables forces, les véritables causes, desquelles résultent, pour ces derniers, des phénomènes non prédéterminés du monde, et même du monde de la figure et du mouvement, c'est-à-dire des effets réels du *principe de création* de M. Boutroux. La différence consiste en ce que celui-ci voudrait supprimer jusqu'à cette conservation de la *mesure quantitative* à laquelle nos mathématiciens gardent une place, mais définie, suffisante, pour faire droit à la conception abstraite d'un mécanisme scientifique. La question porte sur le fait de la réalité ou absolue, ou seulement très approximative, de la constance de certaines quantités géométriques et mécaniques qui entrent dans la représentation que nous avons à nous faire du monde objectif. En ces termes-là, est-il possible de la résoudre? A-t-elle d'ailleurs beaucoup d'importance?

M. Janet, à la fin du rapport académique dont nous avons parlé, a exprimé des craintes au sujet de celle des deux solutions, celle de M. Boutroux, où, ne regardant les lois de la nature que comme « des à peu près », ce qui revient, pense-t-il, à dire, « qu'il n'y a pas de lois », on s'expose, d'après lui, à n'échapper « au fatalisme » que pour tomber dans le « positivisme ». Ce bizarre contresens, touchant le caractère du positivisme, ne suffit pas à ce philosophe : il éprouve le besoin d'être rassuré, non seulement contre un certain indéterminisme dans le jeu des lois naturelles, mais encore contre toute dérogation au principe absolu de causalité; et c'est de l'idée de M. Boussinesq qu'il attend ce service, sans s'apercevoir qu'il la défigure et la pousse à la négation de tout libre arbitre.

« Le contingent, dit M. Janet, n'est-il pas bien près du fortuit, et, *pour* échapper à la causalité stricte, n'est-on pas certain de tomber dans le hasard?

» C'est ici que le travail de M. Boussinesq viendrait au secours de celui de M. Boutroux.... S'il pouvait être vrai, ce dont les mathématiciens peuvent seuls juger, qu'il y a une sorte d'indétermination qui laisse intacte *l'application la plus rigoureuse possible des lois mécaniques*, peut-être trouverait-on là une conciliation plus satisfaisante entre les deux lois fondamentales de notre esprit : la loi de causalité efficiente, *qui veut que tout s'explique par ce qui précède et qu'il n'y ait pas plus dans l'effet que dans la cause,* et la loi de finalité ou de progrès, qui veut que nous ajoutions sans cesse, à ce qui précède, quelque chose de nouveau qui n'y est pas implicitement contenu. Le monde physique soumis à la première loi, sans cesser d'être jamais le domaine de la quantité constante, pourrait, grâce à la flexibilité indiquée par le savant auteur de notre Mémoire, devenir l'expression du monde idéal où règne une autre loi. »

Il y a bien des remarques à faire sur ce peu de lignes. D'abord, il est on ne peut plus inexact de dire que l'hypothèse de M. Boussinesq laisse intacte l'application la plus rigoureuse des lois mécaniques. Il faudrait pour cela que les trajectoires de tous les mobiles fussent regardées comme déterminées, et c'est bien ainsi que la chose s'entend dans le déterminisme mécanique, tel qu'il est défini dans la célèbre formule de Laplace, curieusement développée par Albert Lange. Mais, au contraire, M. Boussinesq admet que la vie a le choix entre des trajectoires différentes, qui, à de certains points, peut-être indéfiniment multipliés, se bifurquent et sont également propres à satisfaire aux équations différentielles du mouvement. Ensuite, il est inutile de consulter les mathématiciens. comme tels, sur la possibilité de cette espèce d'indétermination; car, d'une part, ils ne peuvent nier l'existence des solutions singulières qui établissent cette possibilité *in abstracto*, et, d'autre part, comme ils ignorent absolument de quel genre sont les équations qui représenteraient le mouvement réel d'un point matériel donné dans le monde vivant, ils n'ont pas plus de lumières que le premier philosophe venu pour se former une opinion sur la question (¹).

Mais ce qui nous intéresse le plus ici, c'est la conciliation imaginée par M. Janet entre la stricte causalité efficiente et une hypothèse sur l'action du libre arbitre, et même de la vie, dans le monde de la figure et du mouvement, de laquelle il résulterait que des mobiles de ce monde admettraient, dans leurs mouvements, des modifications qui ne seraient pas entièrement déterminées par des mouvements antérieurs. Cette prétendue conciliation est, comme plusieurs autres auxquelles cette terrible question de la liberté a donné lieu, une simple position de termes contradictoires que l'on charge de se concilier. La contradiction est même bien peu déguisée chez M. Janet, puisque, dans la même phrase, il assemble « deux lois fondamentales de notre esprit, dont « l'une veut que *tout s'explique par ce qui précède* » et l'autre exige « que nous ajoutions sans cesse, à ce qui précède, quelque chose de nouveau *qui n'y est pas implicitement contenu!* » Et comment serait-il possible que le monde matériel et le monde moral se missent en harmonie tout en se partageant entre ces deux lois, comme le demande M. Janet? Si, dans le premier, tous les phénomènes sont rigoureusement déterminés par ceux qui les précèdent, il faut qu'il en soit de même à l'égard du second, la possibilité pour lui d'ajouter ou de retrancher quelque chose à l'autre devenant illusoire. Et si, certaines modifications du premier étant réellement soustraites à la détermination absolue, en raison de l'action du second, ce qui est la pensée de M. Boussinesq, la vie et la liberté introduisent leurs effets dans le domaine du mécanisme, il n'y a pas davantage conciliation dans le sens où l'entend M. Janet.

La véritable conciliation, pour un philosophe qui admet franchement la liberté et ses conséquences, sans craindre de « tomber dans le hasard », en échappant à la « causalité stricte », ne peut s'obtenir que d'une manière. Il faut d'abord nier le déterminisme absolu des mouvements; ensuite il faut reconnaître certaines lois mécaniques générales qui les régissent, et, en ceci, tenir compte : 1° de ce que l'expérience peut constater de l'existence réelle de ces lois; 2° de l'induction à laquelle notre esprit est enclin à se fier pour les porter à l'absolu. Quelle valeur, quelle force probante devons-nous attribuer à une telle induction? Voilà la question. Remarquons qu'elle peut aller extrêmement loin et jusqu'à assujettir (en idée) tous les mobiles imaginables à l'obligation de satisfaire à des équations différentielles du mouvement, pour toutes les positions qu'ils peuvent occuper, et néanmoins réserver une place suffisante à tout ce que peut exiger d'indétermination l'acte d'un *principe directeur* non mécanique. C'est la théorie originale de M. Boussinesq. Mais

---

(¹) Renouvier oublie ici de remarquer, ce me semble, l'instabilité extrême des êtres vivants, indice non douteux de la multiplicité des voies qui s'y ouvrent à chaque instant aux phénomènes et, par suite, de la présence presque incessante, chez ces êtres, de solutions singulières, ou proprement dites, ou surtout asymptotes, de leurs équations de mouvement.   (J. B., juillet 1921.)

est-on forcé d'aller jusque-là? La pensée que tous les mouvements de l'univers pourraient être représentés par des équations est-elle certainement autre chose qu'une haute abstraction, par laquelle on essaie de soumettre la nature aux concepts de la plus abstraite des sciences? Considérons en particulier la loi de conservation de quantité pour certaines fonctions du mouvement (principe des forces vives). Nous avons vu que ce principe pouvait demeurer sauf, sans pour cela nier à des pouvoirs non mécaniques une faculté de *décrochement* qui ne change rien à la susdite quantité. Mais est-on forcé de croire que la loi de conservation est absolue, qu'elle n'est pas seulement ce que sont les pures lois géométriques, une abstraction que l'expérience vérifie et reçoit comme règle, mais dont l'ordre concret des choses ne souffre jamais une exacte réalisation? Aucune science au monde et aucune expérience ne sauraient donner de réponse à de semblables questions, non plus que légitimer jamais des inférences poussées à l'absolu qui, bien examinées, se trouvent tenir à de violents *a priori* chez les savants qui voudraient nous les imposer à titre de vérités positives.

En résumé, quelque parti que l'on prenne, quelque opinion qu'en veuille soutenir touchant la valeur *in concreto* de la représentation qu'on se forme d'un monde mécanique, il résulte, ce me semble, des études que je termine ici, que cette représentation, en ce qu'elle a de nécessaire, n'implique nullement le déterminisme absolu et universel. Mais ce dernier est un déterminisme préconçu qui s'introduit dans l'interprétation des lois scientifiques et leur donne un caractère auquel, d'elles-mêmes, elles ne pourraient jamais prétendre.

RENOUVIER.

FIN DES COMPLÉMENTS AU TOME III.

TABLE DES MATIÈRES

(¹) La Table des matières de la première Partie est en tête du Volume, **page v.**

NOTES COMPLÉMENTAIRES.

NOTE I. — *Du rôle des équations aux dérivées partielles en Physique mathématique.*

NOTE II. — *Évaluation et loi physiologique des sensations.*

NOTE III. — *Sur le rôle et la légitimité de l'intuition géométrique.*

Il y a lieu de remarquer spécialement, dans ce second article, deux notes complémentaires, qui me sont personnelles, et relatives : l'une,

p. 202, à l'utilité de déterminer fréquemment, par des observations toujours récentes, les constantes arbitraires que contiennent les intégrales
générales des équations des phénomènes terrestres, afin d'empêcher
l'accumulation des petites erreurs qu'introduisent incessamment, dans ces
intégrales, les influences quotidiennes imprévisibles de la vie et de la
volonté; l'autre, p. 205, à l'instabilité *physico-chimique* distinctive des
êtres vivants, prouvant expérimentalement la multiplicité des voies qui
s'y ouvrent sans cesse aux phénomènes : circonstance capitale qui, à cet
endroit, paraissait avoir échappé à Renouvier.

ERRATA ET PETITS COMPLÉMENTS.

*Complément au n° 56 (p. 96) sur l'impossibilité d'appliquer en Physique, au moins
d'une manière simple et naturelle, les géométries non euclidiennes.*

On voit, et la chose était, du reste, évidente tout de suite, que le bon sens
conduit jusqu'à présent à renoncer, au moins en Physique, aux géométries non
euclidiennes, dont notre intuition rend les figures impossibles à construire et,
par suite, les raisonnements incompatibles avec les faits palpables. Malheusement, les meilleurs analystes se sont peu à peu, il y a une quarantaine d'années,
habitués à ces géométries contre nature, dont la nouveauté et les ingénieux
raffinements dans l'ordre abstrait les séduisaient, en même temps que certains
aperçus non euclidiens s'y révélaient propres à fournir, dans le champ imaginaire, des analogies pour exprimer certaines fonctions. Et tout cela leur avait
fait fermer les yeux sur le côté sophistique, dangereux même (en tant qu'inintelligible au fond), de telles spéculations.

La difficulté de les introduire en Physique s'accroîtrait encore, si l'on essayait
d'effectuer sur les éléments de ces prétendues figures des calculs symboliques,
que suggérerait sans doute, comme automatiquement, l'algèbre ordinaire. Il
faudrait s'attendre alors à des résultats de plus en plus obscurs, et probablement impossibles à débrouiller, à moins de revenir à notre intuition naturelle,
unanime dans toute l'espèce humaine et qui persiste à refuser aussi fermement
que jamais, aux figures des nouvelles géométries, tout droit d'accès dans nos
idées concernant le *monde réel*.

Il importe, en effet, d'observer que si la physique (c'est-à-dire la *nature*) devait
admettre ces figures non euclidiennes, le dessin linéaire, la géométrie descriptive, les arts graphiques, les cartes de géographie et autres, ne pourraient pas
les refuser et les auraient probablement utilisées depuis longtemps. Or, il n'en
est rien; et les figures dont il s'agit continuent à être absolument *inimaginables*.
C'est donc, semble-t-il, qu'elles sont des illusions pures, impliquant foncièrement contradiction. Et il y a tout lieu de craindre que les analystes, en s'enthousiasmant ainsi pour des chimères, se seraient chargés d'un poids *mort* énorme,
propre seulement à les engager dans d'inextricables impasses.

Ce serait d'autant plus regrettable, que leur science pourrait y perdre son
caractère resté jusqu'à nos jours le plus distinctif, savoir, la certitude où sont

jusqu'ici ces savants de pouvoir s'entendre, de pouvoir, avec de la bonne volonté et une attention suffisante, en arriver tous à une opinion unique, de quelque race et de quelque siècle qu'ils fussent ou soient issus. Ce n'est effectivement, de toutes les études spéculatives ou rationnelles, que celles du domaine mathématique, où l'accord ait jusqu'à présent réussi à se faire entre les écoles les plus diverses; et cela, grâce à la netteté, regardée comme parfaite, du sens géométrique.

Il semble donc peu probable qu'un examen approfondi de doctrines prétendues plus larges, laissât longtemps subsister celles-ci, malgré la stricte possibilité, peut-être, de les faire servir, *après élaboration suffisante*, à des calculs utiles, par combinaison de symboles à imaginaires se neutralisant.

Page XXIII, ligne 2 en remontant; au lieu de « Note finale III », lire « Note finale II ».

Page 74, ligne 5; au lieu de « *inanime* », lire « *inanimé* ».

Page 115, au titre du haut de la page; au lieu de « EXPLIQUENT », lire « *expliquant* ».

ÉPILOGUE

Comme le présent Volume, complémentaire à mon *Cours de Physique mathématique de la Faculté des Sciencès*, comprend *une très grande variété* de matières dont une esquisse seule est possible dans l'état actuel de nos connaissances, mais que l'avenir ne manquera probablement pas de développer, le lecteur me saura peut-être gré d'en grouper ici la plupart, en un Tableau raccourci de trois ou quatre pages, propre à lui en montrer tout l'intérêt.

I. Le Volume débute par un aperçu très succinct sur l'existence probable de corps *mous* (dans le genre d'un amas de laine non pressée) qui semblent résister beaucoup plus aux petits glissements mutuels de leurs couches qu'à leurs petits rapprochéments, de manière à transmettre avec une *célérité sensible* des vibrations *transversales,* à l'exclusion de vibrations *longitudinales; comme l'éther lumineux,* mais pour d'autres raisons que celui-ci, où l'espacement des atomes est sans doute suffisant pour supprimer leurs plus fortes répulsions mutuelles.

Vient ensuite un Chapitre assez étendu sur l'aplatissement, par la *tension superficielle,* d'une goutte liquide de révolution, possédant une vitesse angulaire donnée de rotation autour de son axe. Ce problème fournit une belle application physique des intégrales elliptiques. Dans le cas simple d'une vitesse angulaire modérée, ne produisant qu'un faible aplatissement, le diamètre équatorial est la moyenne proportionnelle entre le diamètre polaire et celui de la goutte supposée en repos ou sphérique.

II. Presque tout le reste du Volume constitue un *complément* à la cinquième Partie du Tome. III, concernant la Mécanique des organismes vivants. C'est une étude physico-mathématique, sur une importante question de philosophie naturelle qui préoccupe, depuis au moins deux siècles, un grand nombre d'esprits.

Que présentent de particulier, pour le mécanicien géomètre, ces curieux systèmes matériels qu'on appelle des *organismes*? Si la vie à ses divers états est la manifestation d'un *principe directeur* spécial, comme l'affirme le bon sens et comme l'admettent Berzélius, Claude Bernard, Cournot, etc., comment ce principe directeur peut-il présider à la formation des organes et influer sur leurs mouvements, sans créer ni détruire aucune énergie, sans disposer même d'aucune force mécanique, physique ou chimique, évaluable en poids ou par son travail, ainsi que l'ont conclu de leurs expériences les plus grands physiologistes et chimistes contemporains? Telle est la question que j'y aborde. J'en indique, et en développe pour les cas les plus simples, l'unique solution, constituée par des bifurcations de voies, c'est-à-dire par la multiplicité des intégrales qu'admettent dans des circonstances singulières, à partir d'un même état initial, les équations différentielles du mouvement de certains systèmes matériels. De pareils cas existent, contrairement à une opinion généralement enseignée, depuis Leibniz, dans les cours de Mécanique. Le Volume actuel a justement pour but principal d'établir ce fait, d'en signaler des exemples et de montrer que le principe de détermination qui doit alors suppléer à l'insuffisance des équations différentielles, n'est pas une force au sens des géomètres, c'est-à-dire n'est pas une cause modifiant les accélérations des points du système dans des situations données.

III. L'Analyse ne peut actuellement examiner en détail, de ce point de vue, que des systèmes très simples, infiniment moins complexes que ne sont les organismes connus. Cependant, dès ses premiers pas dans la voie nouvelle, elle prouve à sa manière l'impossibilité pratique de la génération spontanée. Persistance en quelque sorte indéfinie (pour des conditions de milieu assez favorables) de la vie une *fois produite*, mais probabilité infiniment faible de première réalisation des circonstances physico-chimiques propres à l'apparition d'êtres vivants dans un système matériel limité, tel est le double fait qui se révèle au géomètre dès l'étude d'un couple d'atomes.

IV. Accessoirement, je suis amené à traiter diverses questions fondamentales, intéressant soit la science proprement dite, soit la philosophie des mathématiques.

Telles sont, *en particulier*, l'interprétation de la continuité et de l'asymptotisme dans les applications de l'Analyse aux choses réelles; l'analogie du mécanisme de la vie avec celui d'un mouvement ondulatoire; la dissipation de l'énergie et la réversion des mouvements purement matériels; le rôle et la légitimité de l'intuition géométrique; la notion des forces mécaniques; l'application du *seuil* des sensations à une théorie possible de certains *quanta* et à l'explication de l'extrême difficulté, sinon même parfois de l'impossibilité, que nous éprouvons à percevoir les phénomènes *intramoléculaires* ou atomiques (notamment chimiques, électriques, etc.), contrairement à ce qui arrive pour les phénomènes *intermoléculaires* ou physiques *proprement dits :* distinction capitale, d'où résulte peut-être une manière d'apprécier approximativement, d'un côté, par les *efforts musculaires sentis*, de l'autre, par la *fatigue nerveuse éprouvée*, les énergies, respectivement *physique* et *chimique*, dépensées dans certaines opérations de notre organisme.

V J'insiste, vers le milieu du Volume, sur la nécessité (que notre temps oublie beaucoup trop), dans les sciences de la nature, de l'élément mathématique ou rationnel, *surtout géométrique et intuitif*, élément permettant à l'homme de s'élever jusqu'aux idées générales, donc aussi jusqu'au *sens* des mots de la langue, et auquel semble liée, par suite, sa supériorité intellectuelle sur la bête.

Or, de là résulte encore l'impossibilité où l'on a toujours été réellement, du moins jusqu'ici, d'appliquer aux phénomènes naturels les géométries non euclidiennes, dont notre intuition rend les figures impossibles à construire et même à imaginer. Cela tendrait à faire supposer ces prétendues figures *foncièrement contradictoires* et, par suite, à les exclure même de l'Analyse pure.

PARIS. — IMPRIMERIE GAUTHIER-VILLARS ET Cⁱᵉ,

Quai des Grands-Augustins, 55.

66190-22

LIBRAIRIE GAUTHIER-VILLARS et Cie

55, QUAI DES GRANDS-AUGUSTINS, PARIS (6e)

Tous les prix marqués sont nets

ABRAHAM (Henri), Maître de Conférences à l'École Normale supérieure, Secrétaire général de la Société française de Physique. — **Recueil d'expériences élémentaires de Physique**, publié avec la collaboration de nombreux Physiciens. Deux volumes in-8 (23-14).

Ire PARTIE : *Travaux d'atelier. Géométrie et Mécanique. Hydrostatique. Chaleur.* Vol. de xii-247 p. avec 260 fig.; 1904, broché. 7 fr. 50

IIe PARTIE : *Acoustique. Optique. Électricité et Magnétisme.* Volume de xii-454 pages, avec 424 figures; 1904, broché............ 12 fr. 50

APPELL (Paul), Membre de l'Institut. — **Éléments d'Analyse mathématique** *à l'usage des candidats au certificat de mathématiques générales, des ingénieurs et des physiciens.* (Cours professé à l'École centrale des Arts et Manufactures.) 4e édition entièrement refondue. In-8 (25-16) de x-716 pages, avec 220 figures; 1921........ 65 fr.

BOUSSINESQ (J.), Membre de l'Institut, Professeur à la faculté des Sciences de l'Université de Paris. — **Théorie analytique de la chaleur**, *mise en harmonie avec la Thermodynamique et avec la Théorie mécanique de la lumière.* (COURS DE PHYSIQUE MATHÉMATIQUE DE LA FACULTÉ DES SCIENCES.) Trois volumes in-8 (25-16) se vendent séparément :

TOME I : *Problèmes généraux.* Volume de xxvii-333 pages avec 14 figures; 1901.. 20 fr.

TOME II : *Refroidissement et échauffement par rayonnement. Conductibilité des tiges, lames et masses cristallines. Courants de convection. Théorie mécanique de la lumière.* Vol. de xxxii-625 p. ; 1903. 36 fr.

TOME III : *Complément aux théories de la chaleur de la lumière. Aperçu de Philosophie naturelle.* In-8 de x-417 pages; 1921.... 65 fr.

BOUSSINESQ (J.), Membre de l'Institut. — **Sur une importante simplification de la théorie des ondes que produisent, à la surface d'un liquide, l'émersion d'un solide ou l'impulsion d'un coup de vent.** In-4 (28×23) de 34 pages; 1910.................................... 6 fr.

BOUSSINESQ (J.), Membre de l'Institut, Professeur à la Sorbonne. — **Contribution à l'Optique cristalline.** In-4 (28-23) de 32 pages; 1911.. 3 fr.

BOUSSINESQ (J.). — **Contribution à la théorie de l'action capillaire** *avec extension des forces de viscosité aux couches superficielles des liquides et applications, notamment au lent mouvement vertical, devenu uniforme, d'une goutte fluide sphérique, dans un autre fluide, indéfini et d'un poids spécifique différent.* Brochure in-4 (28-23) de 71 p.; 1915.. 7 fr.

BOUSSINESQ (J.), Membre de l'Institut. — I : **Sur le problème du refroidissement de la croûte terrestre, considéré à la manière et suivant les idées de Fourier.** — II : **Calcul correct de l'influence de l'inégalité climatérique sur la vitesse d'accroissement des températures terrestres avec la profondeur sous le sol.** In-8 (25-16) de 34 pages; 1915.. 3 fr.

66190-23 Paris. — Imprimerie GAUTHIER-VILLARS et Cie, 55, quai des Grands-Augustins.

www.ingramcontent.com/pod-product-compliance
Lightning Source LLC
Chambersburg PA
CBHW061450060726
47597CB00002B/552